LES SAISONS DE VENDÉE

YVES VIOLLIER

LES SAISONS DE VENDÉE

ROBERT LAFFONT

ISBN 2-266-07509-8

À Jacques Peuchmaurd, à toute la bande, à l'amitié.

Un enfant de six à sept ans, beau comme un ange, et les épaules couvertes, sur sa blouse, d'une peau d'agneau qui le faisait ressembler au petit saint Jean-Baptiste des peintres de la Renaissance, marchait dans le sillon parallèle à la charrue et piquait le flanc des bœufs avec une gaule longue et légère, armée d'un aiguillon peu acéré.

George Sand
La Mare au diable

I

L'ORPHELIN DE MORTEVIEILLE

1

Il était trois heures du matin. Un rossignol se mit à chanter. La vieille Athanaïse dressa la tête sur son oreiller, attendant la seconde sonnerie de la pendule. Elle s'émerveillait de si bien entendre l'oiseau. Sa voix s'envolait, glissait, roulait. Qu'est-ce qui le prenait à une heure pareille ? La nuit était calme. Une flaque de lumière pâle tombait par le conduit de la cheminée.

Athanaïse se tourna sur le côté gauche. Les battements de son cœur dans son oreille se mêlèrent aux roulades du rossignol. Elle se tourna sur le côté droit et se redressa. Le souffle de grand-père Athanase, son fils, montait paisible du coin de la salle commune, en face. Et le rossignol continuait de lancer son appel. Il devait nicher dans la barge de bois le long de la grange. Athanaïse glissa les jambes hors de son lit, tâtonna derrière elle, entre les draps, et trouva la jambe chaude d'Augustin, son arrière-petit-fils, qui dormait avec elle. Il était découvert, la chemise remontée jusqu'à la ceinture. Athanaïse tira le drap sur lui, trouva ses sabots à leur place sous son lit, sa canne contre le mur. Elle traversa lentement la salle en suivant le bord de la table. Le chien dormait dessous. Quand elle ouvrit la porte, le chant du rossignol et la lumière de la nuit la suffoquèrent, et elle craignit d'avoir réveillé quelqu'un. Elle tira vite la porte et resta, appuyée contre l'embrasure de brique, à reprendre souffle.

Elle avait l'habitude de se tenir ainsi dans la journée, debout à l'ombre de la treille, soutenue par le mur. Elle sourit du chant de ce rossignol pris de folie. Tout dormait sur la terre. Ni les coqs, ni les poules, ni les chiens, ni les hommes n'étaient réveillés. Elle voyait presque comme en plein jour le lourd bâtiment de la grange et le toit de la maison des voisins derrière. La terre bosselée de la cour luisait, et les ombres s'y allongeaient, gigantesques. Athanaïse s'avança vers le tas de bois. Le rossignol était bien là. Elle ne le voyait pas, mais sa voix sonnait claire à son oreille. Il n'avait pas peur d'elle. Il s'arrêtait un instant et recommençait.

Elle entra dans l'ombre de la grange, en chemise et en cheveux, toute blanche de la tête aux pieds, très vieille et toute petite. Elle boitait bas. Elle craignait d'être découverte dans cette nuit de grande clarté. Elle entendit cliqueter une chaîne contre le bois de la crèche, dans l'étable. Elle pensa à Charmante. Mais il y avait bien longtemps que la grande vache rouge aux cornes orgueilleuses en forme de lyre avait cessé de la pousser tendrement de son mufle humide.

C'était en 1793. Elle avait sept ans. Elle se rappela son père. Le souvenir était encore plus ancien. Elle ne devait pas être plus vieille qu'Augustin. Pourtant, après quatre-vingt-dix ans, elle le distinguait avec une grande précision. Son père, la faucille à la main, se tenait au milieu du champ de blé qu'il moissonnait. Ses dents brillaient au milieu de sa barbe très bleue. Il souriait, et elle courait vers lui dans le sillon. Elle se jetait contre sa jambe qu'elle serrait entre ses bras. La couture d'un empiècement de toile de sa culotte lui entrait dans la joue. Elle respirait son odeur de poussière et de sueur.

Une quinte de toux ramena Athanaïse à la réalité. Le tas de fumier exhalait des odeurs tièdes. Le rossignol chantait toujours. Elle eut envie de pousser plus loin malgré sa mauvaise jambe. Chaque pas lui enfonçait un couteau à hauteur de la hanche. Le vent chaud portait le parfum sucré des prunes Sainte-Catherine à travers la haie du verger. Elle aurait aimé en cueillir une. Comment appelait-on les cristaux de sucre formés sur la peau des prunes ? Des crottes de coucou !

Elle sortit de la cour et s'engagea dans la descente du chemin. Elle rit toute seule. Elle imaginait les cris poussés par Athanase et ses enfants en la découvrant si loin sur ses jambes. Elle ne s'était pas aventurée jusque-là depuis des années. Elle était folle, elle aussi. Ce rossignol détraqué lui avait transmis sa folie. Elle s'arrêta à la barrière d'un champ moissonné. Les gerbes rassemblées en treizaines montaient une garde immobile à travers le champ. Elle attendit que vienne jusqu'à elle l'odeur poivrée du blé. Dieu merci, avec l'âge, elle n'avait rien perdu de son nez, pas plus que de son oreille. Et la chaleur de cette nuit exaltait tous les parfums du monde. Elle essuya son front mouillé de sueur avec sa manche. Elle reconnut l'arôme subtil d'un chèvrefeuille dans la haie. Un oiseau battit des ailes dans les branches et se dégagea lourdement. Sa tache blanche obliqua dans le chemin. Une chouette. Athanaïse la suivit.

— Deux vieilles chouettes ! dit-elle tout haut.

Le chemin descendait vers la rivière. Les branches des chênes se rejoignaient au-dessus. Des fenêtres s'y ouvraient par places, et la lumière un peu rousse de la lune y ruisselait. Les sabots d'Athanaïse résonnaient comme dans une nef d'église. Elle n'entendit plus le chant du rossignol. La vallée tout entière était pleine de la clameur des grenouilles. Leurs cris se mélangeaient en une chanson monotone, régulière, sans rythme ni respiration. Athanaïse s'agrippa à la rambarde du pont, posa le pied sur la planche, et le silence se fit aussitôt, comme si on la regardait traverser. Elle avait été présomptueuse.

Elle était lasse. Malgré le silence des grenouilles, sa tête était maintenant remplie de bourdonnements comme si elle renfermait une ruche d'abeilles. Elle s'efforça de contempler l'eau de la rivière. Le ciel y agitait ses lanternes. Une longue tresse argentée y bougeait. Elle se moqua de sa fatigue et des élancements douloureux qui lui remontaient jusqu'aux épaules. Elle s'encouragea :

— Allez, bonne femme !

Elle arracha ses pieds et traversa le pont. Le chemin montait de l'autre côté, plus à découvert, avec de larges clairières de ciel. Sitôt qu'elle l'eut atteint, la clameur des grenouilles reprit. Athanaïse se cramponnait à sa canne. Elle faisait suivre maintenant chaque pas d'une halte, tremblante, la tête basse, cherchant son souffle. Elle relevait le nez, les yeux rivés sur le grand noyer dont l'embranchure s'étalait de plus en plus d'un bord à l'autre du ciel. Elle entra enfin sous son ombre et en fut réconfortée. Elle s'adossa à son tronc. Il était tel qu'il lui paraissait quatre-vingt-dix ans plus tôt.

— Un noyer, murmura-t-elle, c'est cent ans petit, cent ans moyen, cent ans gros.

Une quinte de toux la ploya encore. L'arbre était immobile. Mais le vent respirait à côté dans la lande de genêts. Son souffle agitait les taillis dans l'éblouissante lumière orange de la lune.

Le vieil Athanase s'aperçut le premier de la disparition de sa mère, le lendemain matin. Il apportait une brassée de bois pour allumer le feu, en bras de chemise, la ceinture de flanelle bleue autour de la taille, quand il découvrit le lit vide auprès de la cheminée. Il ne prit pas le temps de poser son fagot et s'approcha, inquiet.

— Mais où est-elle ?

— Qui ? demanda Moïse, son fils, en train de s'habiller.

— Ta grand-mère, Athanaïse.

Léa, sa belle-fille, entra, grande et maigre, la blouse boutonnée sur sa poitrine étroite. Elle passa devant lui, l'air de penser qu'il avait perdu la raison, tira le drap. Le petit Augustin y dormait en boule, seul, les jambes ramenées sous lui, la tête tournée vers la venelle. Ils se regardèrent. D'ordinaire, l'aïeule ne bougeait pas de son lit avant que la soupe ne fume sur la table. La tête sur l'oreiller, elle assistait en silence au réveil de la maisonnée. D'ailleurs, elle n'en bougeait pas toute seule. Elle attendait l'aide d'Athanase. Il lui approchait ses sabots, la prenait sous le bras et la conduisait jusqu'à son fauteuil où elle mangeait avant de s'habiller. Elle y restait, immobile, presque toute la journée, ses « petites affaires », comme elle disait, devant elle en bout de table : son chapelet, son tricot, son couteau, des épingles à cheveux, un vêtement à repriser. Elle demandait, quand elle voulait sortir. Elle disait à Léa :

— Ah ! ma pauvre petite, je vous donne de la misère ! Il serait temps que j'aille retrouver là-haut ceux qui m'attendent !

Malgré sa petite taille et son air de vieille rétrécie, Athanaïse était vive encore. Ses yeux, devenus pâles, brillaient derrière les plis de ses épaisses paupières. En fait, elle s'était pratiquement arrêtée de marcher l'année de ses quatre-vingt-dix ans. Elle avait décrété qu'elle n'irait plus à la messe et avait demandé au curé de lui apporter le bon Dieu.

Moïse sortit faire le tour de la maison.

— Elle ne peut tout de même pas être loin !

Il rentra bredouille et leva les bras, désolé. Les bruits de voix avaient réveillé toute la maison, et la tante Fine était là, et les enfants de Moïse sortaient de la chambre nu-pieds, pantalons et cotillons sur les bras. Ils regardaient l'agitation, les yeux embués, ne comprenant pas.

— Vous ne l'avez pas vue ? leur demanda bêtement le

grand-père qui tournait et retournait la robe noire de sa mère comme si elle avait pu s'y cacher.

Ils la cherchèrent dans la grange, l'étable, la boulangerie, la souillarde. Ils l'appelèrent. Baptiste, l'aîné des garçons, rencontra le voisin qui descendait à la rivière avec ses vaches. Le voisin haussa les épaules en grattant sa moustache. Le soleil se levait, allongeant un long rayon de lumière blonde à travers le feuillage des chênes au bord de la cour. Des pies s'y querellaient. L'air était encore bon à respirer. Plus tard la brume de chaleur allait monter et on se mettrait à étouffer.

Athanase revint du jardin les épaules accablées, épongeant ses sourcils blancs avec son mouchoir. De petite taille, lui aussi, il avait été râblé, mais il était maintenant fatigué, et la ride verticale, à la racine du nez, était profonde.

— Vous ne risquez pas de la retrouver si vous restez là à ne rien faire ! se révolta-t-il vivement.

Il n'était pas homme à se mettre en colère, et on l'entendait rarement élever la voix. Il repoussa nerveusement du sabot Fauvette, qui avait sauté dans ses jambes, trouva son bâton près de la porte.

— Eh bien, il va falloir aller chercher plus loin ! dit-il sur le même ton irrité.

Alors le petit Augustin parla, du creux de son lit.

— Elle marchait toute seule, mémé Athanaïse..., fit-il, la voix enrouée de sommeil. Elle faisait le tour de la table avec sa canne, elle sortait sous la treille, mais elle m'avait demandé de ne rien dire.

Ils se retournèrent vers l'enfant, qui sourit de les voir décontenancés.

— Elle marchait ?

— Quand vous n'étiez pas là, elle disait : « Allons, je vais faire mon petit tour ! Mais chut... »

C'était bien dans le caractère d'Athanaïse de profiter de ce qu'ils avaient le dos tourné.

— Est-ce qu'elle t'a dit quelque chose ?

Augustin haussa les épaules. À six ans, il avait toujours ses grosses joues de bébé. Il contemplait la danse des paillettes de poussière dans la lumière de la porte. Moïse dit :

— Si elle marchait, il faut aller voir partout !

Il envoya son fils Baptiste jusqu'au puits, la tante Fine à la rivière. Grand-père Athanase décrocha son chapeau de paille du clou derrière la porte.

— Je vais monter à la lande des genêts.

— Je vais avec vous, grand-père ! s'écria Augustin.

Il se précipita vers ses culottes au pied du lit. Léa proposa à son beau-père, qui portait le pichet d'eau à ses lèvres :

— Vous allez manger votre soupe avant de partir.

Il ne répondit pas et s'assit sur le banc pour serrer les lacets des brodequins d'Augustin. Léa sortit la miche du torchon, sur la table, et leur coupa une tranche de pain. Elle avait les joues creuses. Son abondante chevelure noire blanchissait sur les tempes. Elle tendit une figue à chacun, en plus de sa tartine. Le grand-père reprit son bâton près de la porte. Fauvette courut devant eux en aboyant joyeusement.

Athanase marchait en silence, à pas lourds, ses sabots cloutés martelant la terre. L'enfant trottinait près de lui.

— Vous allez vite, grand-père ! dit-il, essoufflé, son tour de pain encore entier dans la main.

Le grand-père s'arrêta.

— Allez, mords une grosse bouchée !

La descente vers la rivière était creusée d'ornières profondes comme des ruisseaux. Les charrettes avaient labouré la terre jaune jusqu'à l'os, dégageant la pierre de schiste rouge. L'eau y dormait, çà et là, par flaques, malgré la saison. Les sabots du bétail y avaient creusé des chapelets. Ils croisèrent Pierrot, le frère de Baptiste et de Marcelline, remontant du lavoir armé de son lance-pierres. La grand-mère n'y était pas. Pierrot fit demi-tour et les accompagna. Il tira de sa poche une grenouille que sa pierre n'avait pas manquée. Augustin ouvrit des yeux ronds et lui tendit un morceau de sa tartine. Pierrot avait onze ans, la figure longue de Léa, sa mère, et ses membres effilés. Il dépassait Augustin de la tête et de la poitrine, il serait bientôt un homme.

Le niveau de la rivière, la Vie, avait baissé. Par endroits, elle était aussi étroite qu'un chemin creux. L'eau grise aurait paru immobile sans la dérive de quelques feuilles. Les crues du printemps avaient maculé les basses branches des vergnes et des saules. Pierrot tira soudain. Il avait vu bouger entre des racines.

— Un rat d'eau ! s'écria-t-il.

Le rat d'eau avait plongé. Restait son sillage parmi les lentilles.

Ils surgirent dans le soleil, de l'autre côté. Le schiste et le granit se mêlaient sur ce versant plus abrupt. Les arbres y étaient plus rares. La lande était abandonnée aux genêts et aux broussailles, fendue par le chemin qui conduisait au bourg des Moutiers. Les enfants précédèrent leur grand-père. Il s'était arrêté pour se moucher, pour reprendre souffle. Il donna un bruyant coup de trompette et épongea sa figure rougie. Pierrot et Augustin coururent vers l'ombre du noyer où Fauvette haletait. L'arbre bornait la lande des genêts. À partir de son pied commençait la végétation lugubre des taillis impénétrables, dominée par le feuillage de quelques chênes et châtaigniers. Au printemps pourtant les genêts fleurissaient et la colline se montrait dans sa gloire, coiffée d'un casque d'or.

Le bâton en avant, le grand-père Athanase chercha un passage dans la bruyère du talus.

— Si elle a réussi à venir jusque-là, elle n'est pas allée beaucoup plus loin !

Il franchit le fossé.

— Regardez où vous posez les pieds ! Attention aux vipères !

L'ombre était blanche sous les genêts. L'air n'y circulait pas et une chaleur de four y régnait déjà. Fauvette aboya, tout près, en agitant son moignon de queue avec un gémissement de plaisir. Elle attendit le grand-père et, s'approchant, elle poussa du museau l'épaule d'Athanaïse comme pour la provoquer à jouer. Mais Athanaïse ne bougea pas, allongée parmi les longues herbes pointues du sous-bois, les yeux grands ouverts.

— On dirait qu'elle rit..., murmura Augustin.

— Oui, elle nous a joué un dernier drôle de tour..., répondit Athanase.

Il s'agenouilla péniblement devant sa mère, lui caressa délicatement les paupières et lui ferma les yeux. Il ôta la feuille morte collée sur la joue, tira sur le bas de la chemise qui dénudait le genou, se découvrit de son chapeau. Les enfants, muets, regardaient s'affairer leur grand-père. Athanaïse était pâle, très pâle. L'ombre du sous-bois accentuait sa pâleur. Les rides serrées autour de sa bouche lui donnaient, en effet, l'air de sourire. Athanase tira le petit vers lui et l'entoura de son bras.

— Pierrot, mon garçon, fit-il d'une voix très douce, veux-tu aller les prévenir, à Mortevieille ? Tu leur diras de venir avec la charrette pour ramener ta grand-mère.

Fauvette suivit Pierrot. Le vieil homme et l'enfant restèrent l'un contre l'autre. À la tête des genêts, un loriot sifflait. Le grand-père se laissa glisser sur le côté et s'assit. Augustin s'assit près de lui, bras et jambes croisés.

— Ton arrière-grand-mère, commença-t-il sans desserrer ses lèvres minces comme un trait, c'était quelqu'un... Elle a eu sept ans en 1793. Son père était parti faire la guerre contre les Bleus comme tous les hommes des Moutiers, commandés par le comte des Fontenelles. Sa mère s'était cachée ici dans la lande des genêts avec ses beaux-parents et ses cinq enfants. Athanaïse était la troisième. Les voisins qui avaient déjà perdu leur fils étaient venus avec eux. Ils avaient rentré une charrette sous les genêts, tendu une bâche sur le timon et s'étaient mis à l'abri dessous. Une nuit du mois d'octobre, sa mère a secoué Damien, le frère d'Athanaïse, couché près d'elle :

« — Je crois que j'ai entendu quelque chose.

« Damien s'est glissé jusqu'au pied du chêne où ils montaient pour surveiller la vallée en jouant à la guerre. Athanaïse l'a suivi. Ils étaient encore en train de grimper lorsqu'une voix a crié :

« — Rendez-vous ! Vous êtes cernés !

« Des lanternes se sont allumées. Les enfants sont restés cachés dans les branches. Ils ont entendu les soldats hurler, leur mère, leur grand frère, les voisins crier. Les soldats les ont poussés hors des genêts. Les lanternes ont descendu le chemin vers la Vie. Peu après, les enfants ont vu les flammes s'élever sur Mortevieille. Ils sont restés tremblants dans leur arbre tout le reste de la nuit. Quand le jour s'est levé, ils sont descendus. Ils n'avaient rien à manger. Les Bleus avaient tout emporté. Heureusement les châtaignes étaient mûres sous les châtaigniers. Les enfants se sont approchés de Mortevieille, mais les soldats étaient toujours là. Ils ont passé une deuxième nuit en l'air dans le chêne. Le lendemain, les Bleus étaient partis en emmenant les bêtes. La grange et les étables brûlées étaient vides. Damien et Athanaïse ont enjambé la charpente effondrée de la maison. Leur mère, le grand-père, le grand frère, les petites sœurs étaient rassemblés dans un même tas. Les Bleus les avaient enfermés dans la maison et y avaient mis le feu. Les enfants sont partis en pleurant. Les voisins étaient morts aussi. Damien et Athanaïse ont marché longtemps, longtemps. Ils ont rejoint la Grande Armée près de Cholet, ont traversé la Loire sur une barque en se tenant par la main. Ils ont fait la grande Virée de Galerne et croyaient toujours retrouver leur père. Ils ne l'ont pas retrouvé. Damien est mort sur le chemin du retour. Le comte des Fontenelles avait été tué devant les murs de Granville. Athanaïse est revenue aux Moutiers en compagnie de quelques rescapés... »

Le grand-père s'arrêta. L'essieu de la charrette claquait dans la montée de la lande des genêts. Il avait sorti son mouchoir, et ses doigts en formaient et déformaient la boule nerveusement.

— Tu te souviendras, mon petit gars ? dit-il. Tu es intelligent, tu as de la mémoire. Tu comprends pourquoi elle est venue mourir ici ?

Augustin hocha la tête, les yeux grands, contemplant les rides autour des paupières de son grand-père et la verticale profonde à la racine de son nez. Athanase ajouta avec un étrange sourire :

— Elle disait que le souvenir le plus fort qu'elle gardait de son père, c'était l'odeur de sa poire à poudre lorsqu'il revenait de la guerre...

Moïse arrivait, écartant les genêts, un peu essoufflé. Il ôta sa casquette. Ses cheveux clairsemés restèrent debout et s'affaissèrent lentement. Baptiste, son aîné, se décoiffa à son tour. À dix-sept ans, il dépassait son père de la hauteur du front. Pierrot avait refait le voyage. Fauvette tourna autour de la morte avec la nonchalance du déjà-vu. Le grand-père, assis, les contempla tous, l'air de dire : « Eh bien, voilà ! » Moïse se pencha et aida son père à se relever. Il adressa un signe à Baptiste. Il prit la grand-mère aux épaules, Baptiste la prit par les pieds.

Ils la couchèrent sur la charrette. Elle parut plus petite sous le soleil. Le grand-père eut ce geste de rassembler les cheveux épars de sa mère. Baptiste s'empara de l'aiguillon et commanda les bœufs. Le cortège funèbre descendit la colline des genêts.

Les deux métairies de Mortevieille avaient été reconstruites presque à l'identique après la guerre. M. des

Fontenelles, le frère du héros des guerres de Vendée, en avait commandé les travaux pour les seize ans d'Athanaïse et son mariage avec Louis Vernageau, le fils d'un de ses métayers rentré miraculeusement intact des champs de bataille. Il leur avait donné la culture à moitié des dix hectares en friche autrefois labourés par les parents d'Athanaïse. Le couple y avait élevé ses quatorze enfants. Tout ce monde s'était logé dans les deux petites pièces de la maison. À mesure que la famille grandissait, les paillasses des aînés s'étaient alignées en haut, près de l'échelle meunière du grenier.

Avec huit vaches et deux petits bœufs, un cochon, deux chèvres, des poules et quelques lapins, les Vernageau n'avaient pas été riches. Ils avaient pu nourrir leur famille. Le maître n'était pas un mauvais maître : il prenait sa part.

Les enfants étaient partis chacun à leur tour, lorsqu'ils avaient été en âge. Athanase était resté, parce qu'il était l'aîné. Il s'était marié avec Rose. Ils avaient élevé douze enfants. Et leur génération avait été poussée à son tour par celle de Moïse. Moïse avait épousé Léa.

En cette fin juillet 1880, la maison de Mortevieille était habitée par les trois enfants du couple, Baptiste, Pierrot et Marcelline, par Augustin, leur neveu orphelin, la tante Fine, une sœur de Léa restée vieille fille à cause d'un bec-de-lièvre, le grand-père Athanase, et la vieille Athanaïse jusqu'alors. Les traces des massacres des guerres de Vendée ne paraissaient plus. Les pierres noircies par l'incendie avaient été dissimulées sous une succession de lait de chaux.

M. des Fontenelles envoya Bertin, son régisseur, ordonner à tous ses métayers d'assister à l'enterrement d'Athanaïse, l'ultime témoin de l'épopée vendéenne dans la commune. Le bras droit du comte fut reçu avec mauvaise humeur. La cérémonie tombait mal. Les blés étaient mûrs. Toute la population travaillait sans relâche.

— Vous viendrez ! commanda le pète-sec Bertin. M. des Fontenelles exige tout le monde.

Le comte possédait la quasi-totalité de la commune des Moutiers-sur-Vie, plus la moitié de sa voisine, La Genétouze. Il était maire des Moutiers, député, conseiller général, président du conseil de Fabrique. Le flot des métayers obéissants déborda sur la place de l'église Saint-Pierre.

Le soleil écrasait le village d'une lumière de craie. Les femmes et les hommes engoncés dans leurs vêtements noirs du dimanche se serraient dans les coins d'ombre. Il n'était pourtant que dix heures. Les plus courageux, et les plus méfiants, avaient trouvé des places de bonne heure dans la fraîcheur de l'église.

Les moins dévôts s'abreuvaient aux tables des buvettes. La moitié de l'église était réservée à la famille Vernageau. Dix des quatorze enfants d'Athanaïse étaient encore vivants. Athanase conduisait le cortège, ses frères et sœurs près de lui. Malgré les déformations de l'âge, leur ressemblance était impressionnante. Les gens des Moutiers murmuraient en les voyant passer :

— C'est tout de même une belle famille !

— Quand on pense, ajoutaient les plus vieilles, qu'Athanaïse aurait pu en avoir d'autres si son Louis n'était pas parti trop vite, emporté en huit jours par un chaud et froid !

Les places manquaient pour les lointains cousins en fin de cortège. Il fallut réquisitionner des chaises pour eux dans les cafés. L'église des Moutiers était encore une fois trop petite. On avait pourtant édifié une première tribune au-dessus de la porte du fond, puis une seconde au-dessus de la première, enfin une troisième parmi les poutres de la charpente.

Les Fontenelles occupaient leurs deux bancs derrière

les chanteuses. Le comte Henri était en frac au bord de l'allée, la comtesse près de lui, la tête couverte d'un simple rectangle de guipure. Il était le petit-fils d'Henri-Nicolas-Philippe des Fontenelles tué à la guerre. Leurs domestiques se tenaient dans les deux bancs suivants. Mlle Jeanne, une sœur du comte, jouait de l'harmonium.

Le curé Désamy entonna le requiem. Il prononça l'éloge de la défunte. Arrivé aux Moutiers depuis trois ans, il avait révolutionné la paroisse en lançant le projet de la construction d'une église nouvelle dès la première réunion du conseil de Fabrique. Après réflexion, le comte applaudit l'initiative de son nouveau curé. Il consulta les architectes de l'évêché, obtint des subventions grâce au ministre de la Guerre en compagnie duquel il prenait les eaux à Évian.

On avait transporté le vieux cimetière à l'extérieur du bourg pour y installer la nouvelle construction. Le curé Désamy était jeune, vif. Sa haute stature en imposait. Il prit à témoin la porteuse du cierge d'honneur, la vieille sage-femme qui avait mis au monde tous les enfants des enfants d'Athanaïse, rappela les grandes étapes de l'existence de la défunte, son enfance meurtrie, la résurrection par le mariage à seize ans et la révolte des berceaux. Il fut superbe dans la péroraison.

— Car sa foi en Dieu, son amour pour la Sainte Vierge, mes frères, soutenaient sa vie. Elle n'était pas de ceux, comme c'est trop souvent la mode aujourd'hui, qui se complaisent dans le désespoir. Elle avait gardé une foi toute simple, la grande et noble foi de ses sept ans que les fusils et les flammes des barbares n'avaient pu détruire. Elle avait trouvé dans son malheur non pas de quoi s'endurcir, mais de quoi résister. Elle a cultivé, jusqu'à son extrême limite, cette ténacité paysanne que vous connaissez bien, qui fait creuser un sillon après un autre. Elle est un modèle de courage pour sa famille. Elle doit en être un, aussi, pour nous tous, mes frères. Comment pensez-vous que l'a accueillie le Bon Pasteur ?

Le bruit circula jusqu'à l'extérieur de l'église que le curé Désamy disait de bien belles choses. Les Vernageau étaient bouleversés par ce rassemblement considérable auquel ils ne s'attendaient pas. Ils croyaient la grand-mère trop vieille pour déplacer les gens du village. Qui se souvenait d'elle ? Les jeunes ignoraient même son existence depuis qu'elle ne venait plus à la messe. Tout d'un coup, la vieille femme insignifiante retrouvait sa place de fondatrice exemplaire de la tribu et sa légende s'installait dans la mémoire des Vernageau et de tout le pays.

Avec le défilé interminable de l'offrande, la chaleur devint suffocante. Une femme se sentit mal dans la deuxième tribune. Le prêtre célébra l'absoute en s'épongeant plusieurs fois et ordonna à l'enfant de chœur chargé de la croix de sortir au plus vite.

Le contremaître avait commandé l'arrêt du chantier de la nouvelle église au moment de la sonnerie du glas de sortie. Les ouvriers, heureux de l'aubaine, avaient rejoint eux aussi les buvettes. Les cylindres de granit rose sortaient de terre. Les murs d'enceinte d'une hauteur de un mètre dessinaient les contours de l'édifice sacré. Le grand portail à triples colonnettes dressait déjà ses chapiteaux surmontés d'un gabarit de bois représentant l'arceau de sa voûte.

Athanase avait dit à ses frères :

— On est six. On descendra nous-mêmes le cercueil de notre mère dans la fosse.

Le soleil se réverbérait sur le bronze des tombes. Athanase fut pris d'un éblouissement.

— Allez-y, vous autres, dit-il en s'efforçant de ne rien montrer, mais une sueur glacée lui mouillait le front et les tempes.

Il vit à peine ses frères empoigner les cordes à travers

une fumée. Ses sœurs, immobiles à son côté, le surveillaient, inquiètes.

— Comment ça va ? lui demanda l'un de ses frères en revenant auprès de lui.

— Ça va, ça va ! répondit-il vivement.

Il y voyait plus clair, et ses tempes se réchauffaient. Il s'en voulait de cette faiblesse. Il bénit la tombe en grognant contre lui-même. Ils s'alignèrent pour les condoléances, et sa sœur Octavie insista :

— Mets donc ton chapeau, il tombe du feu !

Il feignit de ne pas l'avoir entendue, et se couvrit tout de même. Le comte s'avança et tendit la main à Athanase.

— Votre mère comptait. C'est une part de notre mémoire que nous mettons en terre aujourd'hui.

Il serra la main d'Octavie.

— Ne restez pas comme cela en plein soleil, vous allez tous attraper du mal !

Et il entraîna toute la famille jusqu'à l'ombre étroite du mur nord du cimetière.

2

En octobre, cette année-là, Augustin prit le chemin de l'école pour la première fois. Il s'était préparé à l'événement depuis longtemps. Il avait failli y aller un an plus tôt, pour ses cinq ans, mais Marcelline, sa cousine de son âge, souffrait de la coqueluche. Athanaïse lui avait répété souvent :

— Va à l'école, mon petit gars ! Toi, surtout ! Toi qui n'as personne ! Si tu sais lire et écrire, tu seras toujours capable de te débrouiller !

Elle n'avait pas eu de mal à le convaincre. Augustin éprouvait une furieuse envie d'étudier. Il aurait aimé que Pierrot lui apprenne à déchiffrer les lettres de son catéchisme. Mais ses explications se bornaient aux images. Après quelques informations sur le triangle représentant Dieu, et sur les éléphants, les cygnes et les serpents du paradis terrestre, il jetait bien vite son catéchisme au fond de son sac pour courir les buissons, tirer les merles, voire les pigeons du comte. Augustin en avait été réduit à enregistrer, plus vite que son cousin, les prières qu'il devait apprendre pour sa communion : Acte d'adoration... Acte de désir... Acte de contrition...

Augustin était déjà allé à l'école plusieurs fois pour la fête de Noël. Mme des Fontenelles y offrait des jouets aux enfants de la paroisse. Il y avait reçu un beau cheval de bois rouge sur lequel il montait encore. Il avait examiné les grandes tables rangées au fond de la classe et leurs encriers de porcelaine à la mystérieuse odeur aigrelette. Le frère directeur avait posé sa main froide sur sa tête et, le menton soulevé par son rabat bleu et blanc, avait demandé :

— Quand le verra-t-on chez nous, ce nouvel élève ?

Augustin sortit le premier de la maison, ce matin d'octobre 1880. Il était prêt. L'automne hésitait encore. Les brumes paresseuses avaient des odeurs de pomme. Il s'approcha prudemment de l'oncle Moïse poussant sa brouette de fumier.

— Tu es beau comme un marié ! lui dit l'oncle.

Augustin sourit, vêtu du costume en velours apporté pour lui par la comtesse. Elle donnait à l'orphelin les vêtements de son neveu plus âgé de deux ans. Le tissu était lourd aux épaules d'Augustin.

— Tu verras si tu ne supporteras pas de l'avoir sur toi ! avait dit tante Léa en reprenant l'ourlet des jambes de pantalon un peu longues.

Grand-père Athanase parut à la porte de l'étable avec son seau de lait. Il le posa prudemment par terre.

— Veux-tu en boire un peu ? fit-il. Ça te donnera des forces pour marcher.

Augustin s'accroupit et posa les lèvres au bord du seau. Il n'avait pas faim. La perspective de cette journée lui nouait l'estomac. Il téta tout de même quelques gorgées pour faire plaisir à son grand-père.

— Tu es bien dans tes sabots ? demanda-t-il. Ils ne te font pas mal ?

Augustin secoua la tête. La veille au soir, Athanase lui avait fait la surprise de ces sabots en vergne, neufs, très légers. Léa l'avait coiffé d'un large béret.

— Tu as bien toute ta tête ?

Et Athanase dénombra sur ses doigts :

— Ton intelligence, ta curiosité, ta mémoire, ton attention, ton obéissance ? Tu es sûr que tu n'oublies rien ?

— Oui, lui répondit gravement le garçon.

— Qu'est-ce qu'elles fabriquent ? Elles ne sont pas prêtes ? Il serait temps que vous partiez !

Léa sortit, tirant Marcelline derrière elle. La petite traînait les pieds.

— Je ne veux pas y aller !

Léa, inflexible, continuait de tirer. Les cris de Marcelline augmentèrent.

— Écoute, Marcelline, tu te décides, ou je connais le moyen de te faire marcher !

La fillette avait déjà expérimenté la main dure de sa mère. Elle suivit en pleurnichant. Mortevieille était à quatre kilomètres des Moutiers. Ils passèrent sous les feuilles rouillées du noyer. Augustin repéra une noix dans l'herbe et la ramassa prestement. Il aurait aimé la présence de son arrière-grand-mère, en ce premier jour qui lui faisait peur. Il était sûr qu'elle l'aurait pris contre elle, ce matin, entre les draps, sans rien dire. Depuis sa mort, les lits avaient été redistribués. Augustin dormait maintenant avec Pierrot dans le grenier. Et Pierrot n'était pas du genre à se laisser aller à des sensibleries. Il lui avait griffé la jambe, ce matin, avec l'ongle de son gros orteil.

— Allez, à l'école !

Pierrot était fier d'en être désormais dispensé, puisqu'il avait fait sa communion en juin. Augustin, orphelin, avait été recueilli par son grand-père Vernageau, le père de sa mère. Aux questions posées sur ses parents à Athanase ou Athanaïse, il n'avait obtenu que cette réponse brève :

— Ta mère est morte en te mettant au monde.

Quant à son père, on avait été catégorique :

— Tu n'as pas de père !

Il avait du mal à comprendre. Mais il faisait confiance à son grand-père et à son arrière-grand-mère. Athanaïse avait lâché, un autre jour, en marchant :

— Donatienne, c'était le nom de ta mère, il n'y avait pas plus courageux qu'elle !

Et puis :

— Tu lui ressembles. Elle avait le même petit nez bien droit, et la marque V des Vernageau, au menton, et de grands yeux comme toi, mais noirs. Il n'y a que toi qui as de beaux yeux bleus comme ça, mon petit Augustin.

Augustin était allé devant la glace. Il avait considéré l'incongruité de ses yeux bleus, avait cligné des paupières. Mais ses yeux ne devenaient pas noir Vernageau. S'ils s'assombrissaient, ils prenaient des lueurs violettes.

Ils avaient rejoint le sommet de la colline, là où le chemin débouchait sur la vraie route empierrée des Moutiers-sur-Vie. Une troupe d'écoliers arrivait, sur toute la largeur de la route, les grands devant, la musette sur l'épaule, avec des airs avantageux de chef. Ils plaisantaient. Ils riaient aux éclats pour manifester leur supériorité de vieux routiers des rentrées scolaires.

Deux femmes venaient derrière, tenant chacune un enfant par la main. Elles aussi accompagnaient leurs petits pour leur premier jour de classe. Elles s'attendrirent des larmes aux yeux de Marcelline et essayèrent de la consoler en lui parlant des chères sœurs et de la gentillesse de la bonne mère. Leurs propos accentuèrent les sanglots de Marcelline. Elles détaillèrent alors la troupe. Il y avait des Brodu de La Millière, des Bouron de La Chapelière, des Couteau de Pierre-Levée, des Roux et des Blanchard de La Blanchère...

Ils aperçurent les premières fumées des cheminées des Moutiers. Le bourg était calé à flanc de coteau, tourné vers le sud, bien à l'abri des vents du nord. Plus ils approchaient, plus le village se découvrait, étagé sur la pente, avec le vaste espace de la place du marché au milieu et la vieille église sur sa terrasse rocheuse, que commençaient à dépasser les hauts murs de la nouvelle église. Ils franchirent le pont sur le Ruth, un affluent de la Vie. Et Marcelline, distraite un moment par les paroles des femmes, se souvint de pleurer.

Le soleil effleura d'un premier rayon les façades des maisons. L'école des frères se trouvait à une extrémité du bourg, sur la route de La Roche. L'école des sœurs à l'autre, sur la route de Palluau. Les deux avaient été construites en 1860 par M. des Fontenelles et confiées aux frères de Saint-Gabriel et aux dames ursulines de Chavagnes. La troupe se divisa sur la place du champ de foire. Tout d'un coup, les garçons s'écartèrent des filles et parurent les fuir : la troupe de la route de Belleville arrivait. Les garçons poussaient devant eux une balle en chiffon. Les frères Brodu se précipitèrent. Léa hésita, et puis :

— Écoute, Augustin, suis-les ! Moi j'emmène Marcelline, il n'y a pas moyen de l'empêcher de pleurer.

Augustin ne répondit pas et resta immobile. Léa arrangea le col de sa chemise.

— Tu n'as pas l'air content ! Je ne peux tout de même pas me couper en deux !

L'une des femmes, Juliette Lebœuf, s'avança.

— Il va venir avec nous, bien sûr ! (Elle tenait son fils, Bernard, par la main.) Ça lui est bien égal de ne pas être conduit jusque dans la cour de l'école comme ces pleurnichardes de filles !

Juliette posa familièrement la main sur le cou d'Augustin, qui se dégagea. Son béret glissa sur le côté. Marcelline hurlait derrière eux.

Le frère directeur attendait devant le portail de la cour de récréation.

— Ah ! dit-il, voilà de nouveaux écoliers !

Il était impressionnant, grand, maigre, en soutane, les

cheveux taillés en une courte brosse grisonnante. Il appuya sa main froide, aux doigts immenses, sur le crâne tondu à ras d'Augustin, qui s'était découvert. Il ne lui inspecta ni les cheveux ni les mains, comme à d'autres.

— Allez, entre, mon petit...

Il lui entrouvrit le portail et resta converser avec Juliette Lebœuf et son fils. Lorsque la cloche sonna, Augustin s'aligna dans les rangs de la classe des petits dirigée par le frère adjoint Legland. Le frère lui indiqua une place au fond de la classe, en bout de table. La gorge d'Augustin se serra. Les yeux lui firent mal. Les larmes jaillirent malgré lui. Il essaya de les retenir, renifla, s'essuya avec sa manche. Il surprit des rires moqueurs sur les visages de ses camarades. Le frère Legland lui demanda pourquoi il pleurait. C'était un homme de constitution robuste, à la voix puissante, aux épaules larges de paysan. Augustin ne lui répondit pas et larmoya de plus belle.

Le frère l'envoya recouvrer ses esprits dans la fraîcheur du dehors. Augustin s'assit sur la pierre des marches. Il regarda le préau, la maison des frères, les deux portes des cabinets. Les feuilles tombaient du grand tilleul, en pluie. Augustin avait plusieurs fois demandé à Pierrot et à Baptiste :

— À quelle place me mettra-t-on ?

Ils lui avaient répondu qu'au début de l'année on était classé par âge. Or il était plus vieux que le fils de Juliette Lebœuf. Il était persuadé qu'il était le dernier parce qu'il était orphelin et n'avait eu personne pour le présenter.

À midi, il ne put avaler une cuillerée de la soupe servie par le frère cuisinier. Certains élèves mangeaient à la table des frères qui les surveillaient pour qu'ils ne laissent rien dans leur bissac. Et sa protectrice, la comtesse, lui avait offert ce privilège. Il pleura encore, l'après-midi, silencieusement par intervalles. Il ne pleura plus à quatre heures, à la sortie de l'école, lorsqu'il suivit la troupe, et supporta sans broncher les brimades des grands qui tournaient autour des petits en criant :

— Les nouveaux ! Les nouveaux !

Marcelline, épanouie, confia à sa mère qu'elle s'était beaucoup amusée, et lui montra la belle image du Saint Enfant Jésus donnée par la chère sœur. Elle lui chuchota aussi à l'oreille qu'Augustin avait pleuré toute la journée et que les garçons s'étaient moqués de lui.

La veille de Noël, Augustin revint de l'école les yeux rayonnants. Il faisait froid. Il avait refusé de s'arrêter avec Marcelline au village de La Baillerie pour prendre de la braise dans une chaufferette. Il avait couru. Le froid lui rougissait le nez, lui gerçait les lèvres. Il suspendit son bissac au clou et demanda, essoufflé :

— Où est grand-père ?

— Au Bois-Pointu. Il promène la chèvre et cueille des prunelles.

Augustin repartit, son cache-nez sur la tête. Le soleil lie-de-vin s'enfonçait à l'horizon. À cause de sa casquette à oreilles, le grand-père Athanase n'avait pas entendu Augustin saboter sur la terre gelée. Il le découvrit soudain à quelques mètres et agita joyeusement la main. Il avait attaché la corde de la chèvre à sa ceinture et, tandis qu'elle broutait, il avait les mains libres pour cueillir les prunelles.

— Grand-père, demanda Augustin, croyez-vous que nous aurons de la neige ?

Athanase considéra le couchant.

— Ce n'est pas impossible. Si le vent tombe.

La chèvre dressa la tête en croquant un rameau d'épine noire. Athanase confia la corde à Augustin, et la chèvre, tenue moins ferme, s'enhardit à grimper sur le sommet du talus. Elle chercha dans les profondeurs du taillis et ressortit sa tête rousse avec un brin d'oseille.

— Grand-père, interrogea Augustin, incapable de retenir plus longtemps son secret, tu sais combien je suis à la composition ?

— Je ne sais pas, moi, dixième ?

— Non.

— Cinquième ?

— Non.

— Troisième ?

Augustin, les doigts gourds, tira sur sa veste pour la déboutonner. La poitrine gonflée, il montra la médaille fixée à sa chemise par un beau ruban rouge.

— Fais voir ! dit Athanase.

En se penchant sur la médaille, il contemplait davantage les yeux illuminés de son petit-fils.

— Alors, comme cela, tu es le premier ?

Augustin hocha la tête, puis :

— Le frère Legland m'avait mis le dernier, le jour de la rentrée. Je les ai eus. Je suis passé devant !

Le grand-père tira sur la visière de sa casquette, ému par le plaisir de revanche d'Augustin.

— C'est bien, mon petit, c'est bien.

Il ramena le tricot d'Augustin, s'efforça de reboutonner sa veste.

— Couvre-toi. Tu prendrais froid.

Mais les doigts du grand-père étaient plus maladroits que ceux de l'enfant.

Il garda sa première place en janvier, la céda en février au fils du Caïffa. Le fils du commerçant avait pris de l'avance en calcul avec son père pendant ses tournées, et la cuisine de l'école profitait des cadeaux divers de la boutique. Augustin retrouva sa médaille à Pâques et ne la lâcha plus. Il aimait tout, l'écriture, la lecture, le calcul mental, les leçons de choses, la morale, curieux de tout. Le frère Legland se passionnait pour la recherche entomologique et botanique. Augustin l'assaillait de questions, planté devant ses boîtes de collection.

— Tu me volerais toute ma science, dit le frère, si je ne me méfiais pas !

La troupe faisait le détour par le chantier de la nouvelle église, le soir, pour vérifier l'avancement des travaux. La forêt des échelles contre les échafaudages, les chèvres soulevant des blocs énormes, la casquette bleue des maçons, leur manière négligente de siffler en travaillant impressionnaient les enfants.

Avec les beaux jours, les ouvriers attaquèrent la construction de la voûte de la nef. Les blocs posés sur les chapiteaux des piliers déviaient maintenant de la verticale, défiant les lois de la pesanteur. Les gamins se penchaient, s'interrogeaient sur les appuis, vérifiaient du regard la solidité des étais. Ils enviaient l'aisance de ces hommes à grimper aux échelles, à aller et venir sur leurs chemins de planches, comme si le vertige n'existait pas. Les maçons en rajoutaient en leur présence. Ils interpellaient les écoliers.

— Montrez-nous vos mains. Le porte-plume vous a-t-il mis de la corne aux doigts ? Le frère vous fait-il bien la peau avec sa baguette ?

Un petit homme à lourdes moustaches, au foulard de cou négligemment noué sur le côté, suffoqua plusieurs fois les enfants en se lançant dans le vide, avec un grand cri, du haut du troisième étage de l'échafaudage. Pendu au croc de la chèvre, il descendait en agitant les jambes et provoquait le rire de ses collègues avec ses pitreries.

Un soir, un jeune ouvrier nouvellement arrivé sur le chantier, au visage aimable et aux muscles roulant sous la chemise, s'adressa à Augustin.

— C'est toi le cousin de Baptiste Vernageau ? J'ai joué aux quilles contre lui lorsque je travaillais à la nouvelle église de Saligny. Sais-tu s'il a toujours envie de devenir maçon ?

Augustin haussa les épaules. Baptiste n'aimait pas la terre. Il avait voulu s'engager à la Société des chemins de fer de l'Ouest, mais l'oncle Moïse s'était fâché et le lui avait interdit. Alors il s'intéressait maintenant à la maçonnerie.

Le lendemain, à midi, le frère cuisinier envoya Augustin chercher le pain chez le boulanger. L'enfant goûtait au privilège de ces sorties que lui valaient ses bonnes notes. Il ralentissait devant l'atelier de son oncle tonnelier, la boutique de tabac de sa grand-tante. La descendance d'Athanaïse avait essaimé partout dans la commune, et il avait l'impression d'être toujours dans la famille. L'odeur des deux gros pains de six livres lui ouvrait délicieusement l'estomac. Il n'en avait jamais subtilisé une croûte, se permettant seulement quelques coups de langue pour en lécher la farine.

Il fut appelé alors qu'il s'apprêtait à traverser la place. C'était le jeune maçon de la veille. Le chantier était désert, les autres ouvriers étant partis manger à l'auberge des Trois Épis. Il voulait finir son mortier avant de les rejoindre. Accroupi devant l'auge, il gâchait avec la truelle en souriant.

— As-tu dit à ton cousin que tu m'avais vu ? interrogea-t-il.

— Oui.

— Alors ?

— Rien.

Le maçon sourit. Une goutte de mortier lui avait sauté sur les sourcils. Il voulut l'essuyer du dos de la main et en tartina sa tempe. Il souleva l'auge et la posa sur sa tête, monta souplement aux échelles jusqu'au quatrième étage d'échafaudage entourant le clocher en formation. Augustin s'apprêtait à partir, le pain au bord des lèvres. Le maçon se retourna là-haut, sur son madrier.

— Veux-tu venir voir ce que cela donne d'en haut ?

Augustin hésita.

— Ils m'attendent à l'école !

— Je descends te chercher, ça ira plus vite !

Il dégringola les échelons à la volée, s'accroupit.

— Monte sur mes épaules. Tu n'auras pas le tournis ?

Augustin sentit sous ses jambes les muscles des épaules tendus comme des cordages, serra les mains sur le front. Le maçon l'interrogea au deuxième étage :

— On continue ?

— Oui.

Il le déposa sur le madrier du quatrième.

— Tiens-toi bien au poteau !

Augustin cligna des paupières, ébloui par la réverbération de la lumière.

— Comment tu trouves ?

Augustin ne répondit pas. Le soleil aplanissait les toits de tuile, blanchissait les façades autour de la place. L'enfant la découvrait petite alors qu'il la croyait grande. Une femme tournait le volant de la fontaine au milieu. L'eau sortait du tuyau en un trait d'argent. Il eut soif. Il vit danser quelques étoiles. Il s'aperçut qu'il avait le vertige, se cramponna au poteau et ferma les yeux. L'ouvrier, sans perdre de temps, s'était mis à maçonner, étalant le mortier sur les pierres qu'il tassait du manche de sa hachette.

Une odeur de beurre frit rouvrit les yeux d'Augustin. Il eut faim, contempla son pain abandonné en bas sur une dalle, se sentit un instant coupable. Mais ses prunelles avaient retrouvé leur aplomb, il s'exalta de plus belle d'être perché sur ce promontoire. Ses gros pains de six livres semblaient de petites mottes dorées. Dans le beurre frit on devait faire revenir des oignons. Il chercha d'où venait cette délicieuse odeur, vit trembler de la fumée au-dessus d'une cheminée, en face. Quelques tuiles brillaient comme des miroirs. Il releva son béret et exposa son visage à la brûlure du soleil.

Le bourg des Moutiers allongeait ses maisons le long

des routes et les arbres serrés escaladaient la colline comme une forêt. Il chercha l'école et reconnut le toit d'ardoise de la maison des frères. Une paire de bœufs déboucha lentement de la route de Palluau et s'avança dans la lumière de la place, tirant une charrette chargée de fagots. Les ho ! du toucheur montaient très nets. La main du maçon se posa sur l'épaule d'Augustin.

— Tu ne veux pas passer le déjeuner ici ! Réveille-toi !

Son auge était vide. Il descendit quelques échelons et chargea de nouveau Augustin sur ses épaules.

— Si le patron nous voyait, il m'adresserait sans doute des compliments !

Sitôt à terre, Augustin s'empressa de ramasser ses pains et la baguette de noisetier où ils étaient cochés. Il traversa la place en courant.

— Je vais être puni ! Je vais être puni !

Il se heurta à la soutane du frère directeur, qui arrivait en sens inverse. Une main autoritaire lui saisit l'oreille.

— Où étais-tu passé, galopin ? Tout le monde te cherche !

La tête de côté, les dents serrées par la douleur :

— J'étais sur le chantier de l'église.

— Tu y récitais sans doute le bénédicité ?

— Je regardais travailler un maçon.

— Eh bien, tu vas aller méditer sur la désobéissance !

Soulageant Augustin de son fardeau, il le conduisit par l'oreille dans le cabinet noir, en l'occurrence, la resserre de bois des frères.

— Quel étonnant bonhomme ! dit-il au frère Legland, il ne pleure pas. On dirait qu'il n'a pas peur.

Augustin avait peur. L'idée des rats sur les rondins lui donnait des frissons. Mais il savait sa punition méritée. Il ne regrettait rien. Il ferma les yeux et se retrouva là-haut, dans l'aveuglement du soleil. Lorsque le frère tira le verrou, à l'heure d'entrer en classe, il dormait.

3

À la rentrée d'octobre 1881, il hérita du surnom de « Bisse ». Les écoliers appelaient ainsi les roitelets et les petits oiseaux méritant à peine un tir au lance-pierres : « Ce n'est qu'une bisse ! » Augustin était resté petit. Il n'avait pas grandi depuis un an d'école. Ses jambes sans muscles comme des pattes de poulet, sa poitrine menue et rentrée l'accablaient. Il était encore le plus petit de la classe des petits. Une réflexion de la tante Léa reprenant une chemise du neveu de Mme des Fontenelles pour la diminuer à ses mesures, blessa profondément Augustin.

— Ce n'est pas possible, ce petit, on n'en fera jamais un homme ! On va nous accuser de ne pas le nourrir.

Il avait toujours feint de ne pas entendre son surnom. Ce soir-là, les cèpes avaient détourné la troupe de son chemin. Marcelline avait découvert des bolets au croisement du sentier conduisant à La Bizière. Augustin en avait déniché d'autres, sous les fougères. Ils furetèrent parmi les mousses et les feuilles pourrissantes. La troupe se reforma au croisement, et chacun entrouvrit son sac pour exposer ses trouvailles. Le grand Pogu se retourna vers Augustin.

— Bisse, montre-nous ce que tu as trouvé !

La réaction d'Augustin fut immédiate et incontrôlée. Il fonça tête baissée sur Pogu, qui mesurait le double de sa hauteur. Il le heurta si violemment à la ceinture que Pogu s'effondra dans l'herbe mouillée. Le grand paysan aux oreilles décollées en resta un moment cloué par la surprise. Il n'était pas méchant. Il contempla le contenu de son bissac répandu autour de lui et se contenta de menacer :

— Ne t'avise pas de recommencer !

L'action d'éclat d'Augustin ne lui fit pas que des amis. Ils marchaient à pleins sabots dans les feuilles mortes, quelques semaines plus tard, couverts de capuchons de laine à cause de la gelée matinale, lorsque Bernard Lebœuf s'approcha de lui. Piètre élève, il s'était signalé depuis la rentrée par une boîte de crayons de couleur, cadeau de sa marraine, femme de chambre à la préfecture. Il avait négocié la cession des minuscules tas de poussière colorée des mines taillées avec ses meilleurs amis. Augustin n'avait jamais obtenu les faveurs de cette poudre encore utilisable avec l'extrémité de l'index. La présence de Bernard Lebœuf à son côté le surprit. Ils marchèrent d'abord sans parler, écoutant seulement le bruit de leurs sabots dans les feuilles. Et puis Bernard montra la lune dans le ciel de ce matin polaire : un quartier très pâle parmi un troupeau de nuages. Il demanda :

— Premier ou dernier quartier ?

Augustin, réjoui de la question, répéta la leçon du frère Legland.

— Il suffit d'ajouter une barre au quartier, si elle forme un P, c'est le premier, si elle forme un D, le dernier.

Bernard demanda alors sur le même ton :

— C'est qui, ta mère ?

Le cœur d'Augustin, conscient d'être piégé, se contracta dans sa poitrine. La troupe s'était rapprochée. Bernard insista :

— C'est qui ?

— Je n'ai plus de mère. Elle est morte quand je suis né.

— Mais c'était qui ?

Tout le monde se taisait. Les bouches gonflaient des nuages de fumée.

— C'était la sœur du père de Marcelline.

— Et ton père ?

Il attendait cette question. Il eut le courage de répondre, la gorge serrée :

— Je n'ai pas de père.

Bernard ricana. Marcelline prit la main d'Augustin.

— Laissez-le tranquille !

Augustin n'appréciait guère sa cousine. Il ne comprenait pas ses pleurnicheries si vite changées en rire. En la circonstance, il serra la mitaine de Marcelline, la remerciant de son renfort. Bernard se tut, car la fillette avait soumis le garçon à ses caprices. Après un moment de marche silencieuse dans la lumière blafarde de ce matin fleuri de gelée blanche, le grand Pogu indiqua l'abondante fumée sortant de la cheminée de la ferme de Pont-de-Vie.

— J'y serai le premier ! cria-t-il en enfonçant sa casquette jusqu'aux sourcils.

La troupe s'élança derrière lui.

— On court ? demanda Marcelline à Augustin.

— Oui.

Mais le lendemain soir Marius Blanchard harcela Augustin au moment où ils atteignaient la lande des genêts. Il était aussi puissant que le grand Pogu, peut-être plus. Sa démarche était moins pesante. Son regard fuyait. Pour cette raison, sans doute, il acceptait d'être son lieutenant, sans oser remettre en cause son autorité.

— Pourquoi tu t'appelles Vernageau, comme ta mère ? demanda-t-il à Augustin d'un air faussement naïf, avec cette irritante voix de nez qu'il accentuait dans ces circonstances.

— Je l'ai dit, répondit sourdement Augustin.

Se retournant, il chercha le secours de Marcelline, mais elle riait avec des amies.

— ... Je n'ai pas de père.

Blanchard donna un coup de coude à Lebœuf et déclara, moqueur :

— On a toujours un père. Il n'y a pas de vache sans taureau, pas de poule sans coq !

Augustin entendit les rires et se sauva en criant :

— Menteurs ! Vous êtes des menteurs !

Il dégringola le chemin de la lande, remonta vers Mortevieille et se réfugia dans le grenier de la grange au-dessus des vaches. Il s'étala sur le plancher, pleura, la tête dans ses bras, répétant entre les sanglots :

— Menteurs !

Mais il n'était pas dupe. Il savait qu'ils avaient raison. Il ne se sentait pas la force d'affronter la vérité et les questions vertigineuses. L'odeur du foin, et les tranquilles mouvements des vaches au-dessous séchèrent ses larmes. Il descendit l'échelle. La tante Fine et le grand-père Athanase étaient seuls à la maison. Il en profita pour les interroger.

— Est-ce que c'est vrai qu'on ne peut pas ne pas avoir de père ?

La tante Fine poussa un petit cri effarouché comme à l'apparition d'une grosse araignée. Ils triaient des haricots répandus sur la table, tirant les bons grains dans un bol. Le grand-père lui indiqua de s'asseoir auprès de lui sur le banc.

— Qui est-ce qui t'a dit cela, mon petit, les copains ?

— Oui.

La main du grand-père continuait d'aller sur la table et de choisir les grains.

— Ils ont raison, tes copains. On a tous un père.

La tante émit un marmonnement incompréhensible. Tante Fine était toujours ainsi, craintive, contemplant les choses et les gens d'un œil doux et triste. Dans ses rares moments de colère, elle disait : « Les vieilles filles, c'est le fumier de la société ! » Augustin ressentit une vive douleur dans la poitrine.

— Alors, fit-il tout bas, et les larmes lui remplirent à nouveau les yeux, c'était qui, mon père ?

Athanase s'arrêta et posa la main sur la jambe d'Augustin.

— Je ne sais pas. Nous ne savons pas.

Lui aussi parlait à voix basse, et son regard fixait des choses tristes.

— Pourquoi ? interrogea Augustin dans un cri.

— Ta maman est morte sans nous avoir dit qui c'était.

Athanase tira Augustin vers lui, le serra contre sa vareuse de grosse laine piquante, le découvrit de son béret et lui caressa la tête.

— Ne pleure pas, mon petit gars.

Sa voix chevrotait. Augustin leva les yeux. Le bord des paupières de son grand-père était mouillé.

Le soir, il ne réussit pas à avaler sa soupe. Ils le regardaient tous comme un malade. Marcelline avait rapporté les réflexions de Bernard Lebœuf et de Marius Blanchard.

Le lendemain matin, dès la rencontre avec la troupe, il y eut de l'hostilité dans l'air. Lebœuf et Blanchard ricanèrent. Heureusement, le grand Pogu, marchant en tête, son bissac à la bandoulière de cuir rejeté sur le dos, ne paraissait pas intéressé par ces jeux cruels. Augustin resta près de sa cousine. Mais les autres, restés en arrière, les dépassèrent soudain en criant :

— Bâtard ! Bâtard !

Lebœuf le bouscula. À la récréation de onze heures, Marius Blanchard s'avança à la tête d'une bande.

— Tu sais ce que c'est qu'un bâtard ? se moqua-t-il, le doigt sur la poitrine d'Augustin. C'est le chiot d'une chienne qui court !

Augustin fonça sur lui. Blanchard esquiva, lui tordit le poignet et le fit rouler dans la poussière. Il lui assena un brutal coup de sabot dans les reins. Quelques autres s'y ajoutèrent, venus du cercle formé autour de leur pugilat. Et tous se sauvèrent en criant :

— Bisse est un bâtard ! Bisse est un bâtard !

Le frère directeur, jouant aux billes avec quelques élèves de la grande classe, n'avait rien vu. Augustin fut aidé à se relever par son concurrent à la première place, le fils du Caïffa, Marcel, un blondinet aux cheveux si clairs qu'ils semblaient blancs. Quelques autres petits calibres comme eux les entouraient, compatissants. Augustin releva la jambe de son pantalon et découvrit un genou ensanglanté.

À la récréation de midi, il se mit à l'abri en se proposant pour la vaisselle. Mais il descendait à peine les marches à la récréation de trois heures qu'il les vit s'approcher.

— Bisse, bâtard ! répétaient-ils tout bas pour ne pas être entendus par le frère.

Blanchard s'avança, le dominant de la tête et des épaules. Augustin soutint le regard de son agresseur, leva le genou et le frappa entre les jambes. Blanchard s'effondra, la main sur le bas-ventre. Le frère directeur apparaissait sur le seuil de sa classe, son chapeau rond sur la tête. En quelques enjambées, il fut sur les lieux.

— Qui a fait cela ?

Augustin baissa la tête. Le frère, surpris, hésita.

— Encore toi ?

Augustin, le regard contrit, tendit l'oreille. Le frère se saisit sans brusquerie du morceau de chair rose qu'on lui offrait et conduisit Augustin au cabinet noir.

— Tu connais désormais l'endroit ! dit-il en le poussant entre les stères de bois.

Il entra avec lui et tira la porte derrière son dos.

— Qu'est-ce qui te prend, parfois, Augustin Vernageau ? interrogea-t-il d'une voix plus douce qui ne dissimulait pas l'affection. Tu es un bon élève. Le diable s'empare de toi par périodes ?

Augustin baissait le nez. La voix du frère se fit plus sévère.

— Tu ne veux pas parler ? Nous nous expliquerons ce soir, ou demain matin.

Il vint lui ouvrir à la sortie de quatre heures.

— Allez, file ! Va chercher tes affaires. Mais tu ne perds rien pour attendre. Demain nous aurons le temps de mettre les choses au clair avec Marius Blanchard. Tu n'avais pas à le frapper !

Augustin ne desserra pas les dents. Le frère Legland lança un regard réprobateur à son bon élève par-dessus ses lunettes cerclées de fer.

— Ton crayon d'ardoise ! dit-il à Augustin, qui l'oubliait dans la rainure sur la table.

Augustin se sauva. La nuit allait vite tomber. De lourdes nuées charbonnaient le ciel. Le vent les avait chassées tout le jour. Mais, s'il faiblissait, il allait se mettre à pleuvoir. Et il faiblissait. Augustin avait rabattu la capuche de sa cape d'écolier un peu trop longue, pour le cas où il se déciderait à grandir.

Il ne prit pas la route de Mortevieille, certain d'être attendu par Marius Blanchard pour un règlement de comptes. Il fit lentement le tour de la place, hésitant devant la cour de la tonnellerie de son oncle, traînant devant la boutique de tabac de sa grand-tante. Il aimait assister à ses opérations de pesage du tabac à priser. Elle puisait le tabac à la cuiller et le versait dans la coupelle de cuivre de sa balance, libérant des odeurs musquées. Le chien de la boulangère, un croisé de berger briard, le suivit. Ils se connaissaient, ayant sympathisé à l'heure du pain des frères. Le briard était un chien bonasse, affectionnant la compagnie des enfants. Augustin le menaça une fois, deux fois :

— Va-t'en !

Heureusement, l'animal flaira une odeur capiteuse autour d'un décrottoir de porte et s'y attarda sans savoir quelle patte lever. Augustin accéléra, se retrouva devant la grille du cimetière, poussa la porte. À cette heure, par ce temps, personne n'avait le souci de ses morts. Il eut pourtant la surprise de se trouver nez à nez avec le père Dubois, le fossoyeur, sortant du trou qu'il avait creusé. Le bonhomme avait de la boue jaune sur la casquette, sur la figure, sur les mains, sur les manches, sur les culottes. Un balai de moustache lui tombait sous le nez. Il en approcha une pincée de tabac.

— Qu'est-ce que tu viens faire, à cette heure, mon gars ? demanda-t-il.

— Je vais sur la tombe de ma grand-mère, mentit Augustin, en l'indiquant du doigt.

— C'est bien. Mais dépêche-toi. Moi, je laisse attendre jusqu'à demain la fosse de la mère Picoron. Je n'y voyais plus, au fond de mon trou.

Augustin pressa le pas et rejoignit la tombe d'Athanaïse. La pluie avait creusé des rigoles dans son talus. Un cœur de métal, sur la croix de bois, portait l'inscription : *Athanaïse Vernageau, 1786-1880.*

— Mémé ! supplia soudain Augustin dans un sanglot.

Il avait l'impression qu'elle était partie en emportant avec elle le secret de ses origines. Un gros escargot montait sur le bras de la croix. Augustin s'avança pour le cueillir et le glissa dans sa poche. La main grasse de terre du père Dubois se posa sur son épaule.

— Mon gars, il faut t'en aller. Il fera grand noir quand tu arriveras à Mortevieille.

La nuit avait déjà installé ses ombres bleues dans les recoins du cimetière. Chargé de sa pelle et de sa pioche, le fossoyeur accompagna Augustin jusqu'à la place.

— Tiens, il pleut, maintenant ! dit-il.

Quelques gouttes tombaient. Et, en guise d'au revoir :

— Allez, dépêche-toi !

Augustin descendit jusqu'au bord du Ruth. À cette heure, probablement, Blanchard et les autres ne l'attendaient plus. Pourtant il s'attarda sur le pont à voir les gouttes de pluie allumer encore quelques ronds lumineux à la surface du ruisseau. Il avait remonté sa capuche. Il trembla lorsque le Caïffa le dépassa avec sa charrette à bras recouverte d'une bâche. Le marchand l'aurait reconnu, il lui aurait posé des questions. Augustin le suivit de loin, remontant vers la place. Il ne restait de jour que le ciel, noyé de pluie.

Augustin aperçut une silhouette dégringolant les échelles du clocher en construction. Il crut reconnaître son ami et s'approcha. Ce n'était pas lui. Un groupe d'ouvriers conversait dans la cabane de chantier. Ils sortirent en hâte à cause de la pluie et s'en allèrent vers l'auberge. Le jeune maçon parut le dernier et resta un moment à parler dans la porte avec un compagnon. Le son de sa voix réchauffa Augustin, dissimulé sur le côté.

La pluie tombait sans violence, mais elle l'empêchait de comprendre ce qu'ils se disaient. Son ami aurait été seul, Augustin se serait montré. Les deux hommes fermèrent la porte à clé et disparurent ensemble, les mains dans les poches, faisant le gros dos sous la pluie. Augustin vit miroiter les lampes de l'auberge dans les carreaux lorsqu'ils ouvrirent la porte. Elle se referma. Il eut envie de pleurer.

Et il pleura en cherchant un endroit où se mettre à l'abri sur le chantier. Il trouva une encoignure. Une gouttière giclait à quelques centimètres de ses pieds. Il avait froid. Le vent mouillé pénétrait sous son capuchon et lui levait des frissons sur le corps. Il aurait aimé maintenant rentrer à Mortevieille, mais les quatre kilomètres dans la nuit lui semblaient un obstacle infranchissable. La pluie donnait de l'épaisseur au noir. Il distinguait à peine quelques lueurs aux carreaux des maisons. Beaucoup avaient fermé leurs volets. Il était seul. Il entendit passer quelques voitures, vit filer le falot d'un équipage au trot, se balancer la lampe d'un homme qui traversa la place à pied et passa non loin de lui. Ce pouvait être M. le curé. Il faillit se lever, et le laissa disparaître.

À mesure que le temps passait, les bruits se faisaient plus rares. Il n'y eut plus que le vent et la pluie, les giclements de la gouttière. À quelques mètres, le vent travaillait un bout de tôle, le froissait, le ployait, s'arrêtait, le reprenait. Pressé contre le mur, Augustin serrait les pans de sa cape sur son bissac, qui lui tenait le ventre chaud. Il avait faim. Mais il ne lui restait pas une croûte de son déjeuner. Les frères les obligeaient à manger tout le contenu de leur panier après la soupe. Il pensa à la soupe fumante de Mortevieille. Il sursauta. Quelque chose était venu heurter sa jambe. Il recula. C'était un chat qui frappait de la tête contre lui. L'animal recommença plusieurs fois et se glissa entre ses jambes avec douceur. Le chat avait le poil mouillé. Sous le poil, la main d'Augustin trouva la chaleur. C'était un gros matou à l'échine large, au ventre lourd, à la queue très longue. Augustin le sentit ronronner, et il souleva le chat contre sa joue et son oreille.

— Grand-père ! Grand-père ! appela-t-il à haute voix.

Le chat se dressa et bondit dans la nuit. Augustin sortit derrière lui, sous la pluie. Le ciel continuait de se vider avec la même monotonie régulière. Le vent s'emparait des gouttes et fouettait. Augustin posa la main sur le montant d'une échelle et, sans savoir pourquoi, ni où il allait, il se mit à monter. Les échelons glissaient. Plus il montait, plus il se sentait soulevé par une irrésistible aspiration. Il marcha sur l'échafaudage, à l'aveugle, en se guidant sur le mur. La nuit et la pluie le protégeaient du vertige. Il trouva une nouvelle échelle et monta encore. Il se rappelait le bonheur de sa première ascension au grand soleil sur les épaules du maçon. Le vent avait rejeté sa capuche, et Augustin ne l'avait pas ramenée sur son béret. L'eau avait commencé de descendre dans la gouttière de son dos.

Il trouva une troisième échelle, puis une quatrième. Il atteignit la plate-forme du clocher où s'achevait la maçonnerie et où les charpentiers avaient commencé de tendre les premiers arbalétriers de la flèche vers le ciel. La nuit remuait sous lui comme une mer. Les vagues de la pluie roulaient en ronflant. Aucune lumière ne perçait. Il s'accroupit, de crainte d'être emporté par une rafale. Il progressa ainsi sur la plate-forme en canard et tâtonna. Il trouva les madriers et les planches des charpentiers, s'y blottit. Il y dénicha un passage, s'y glissa. Il y était à l'abri comme dans une niche. Il s'y sentait bien. Il allongea les jambes, glissa son bissac sous sa tête. Il reconnut les coups de tête contre ses mollets. Le matou l'avait suivi. Il l'appela.

Le chat ronronnait déjà lorsqu'il le prit en écharpe sur sa poitrine. L'animal sentait fort le poil mouillé. Augustin ferma les yeux. Il vit le grand Blanchard le poursuivre en répétant : « Bisse est un bâtard ! » Il ouvrit les yeux et aperçut une clairière de lune entre deux planches. Il s'endormit en mêlant les noms d'Athanase et d'Athanaïse.

Il ne vit pas les lanternes descendre vers le Ruth où on l'avait aperçu pour la dernière fois. Il n'entendit pas le remue-ménage du village sur le pied de guerre. Il s'éveilla le lendemain matin lorsque deux charpentiers vinrent se servir dans la pile de madriers. Il sortit un visage fripé, le béret de travers.

— Mais qu'est-ce que tu fais là ? demanda le charpentier, stupéfait.

Il reposa son madrier et tira l'enfant de son trou de

planches. Augustin grimaça. Il avait mal partout. Sa gorge le brûlait.

— Tu ne serais pas le petit Vernageau ? demanda encore le charpentier, rejoint par son collègue, un crayon de bois rouge glissé derrière l'oreille.

Le silence d'Augustin, ses grands yeux clairs suppliant la clémence furent interprétés comme un aveu. Le charpentier se précipita jusqu'à l'échafaudage.

— Je l'ai trouvé !

— Qui ?

— Le petit Vernageau !

La nouvelle se répéta jusque sur la place. Le charpentier au crayon rouge s'approcha du bord, sa sombre moustache soulevée par un sourire étincelant. Il portait Augustin dans ses bras. Le matin était gris. Il ne pleuvait plus. Les toits luisaient sous un vernis d'eau. Augustin se frotta les yeux. Les trous du chantier étaient remplis de grandes flaques immobiles. Il avait un peu mal au cœur, aussi. Le frère Legland, le nez levé, se détacha d'un groupe d'hommes et s'écria :

— C'est bien lui !

Le jeune maçon gravissait déjà une échelle.

— Je vais le chercher !

Il adressa un clin d'œil à Augustin.

— Tu descends sur mes épaules ?

Augustin murmura :

— Mon capuchon, mon bissac !

Ils les lui mirent sur les épaules.

— Accroche-toi bien ! dit le maçon.

Et puis :

— Tu es monté tout seul ? Tu n'as pas eu peur ? Tu es un drôle de gaillard !

Grand-père Athanase attendait au pied de l'échelle. Il descendit Augustin des épaules du maçon et le serra dans ses bras.

— Mon petit gars ! lui dit-il seulement.

Augustin nicha son visage contre les plis chauds du cou de son grand-père.

— Tu es tout mouillé !

Augustin était trop lourd pour qu'il le garde dans ses bras. Athanase le prit par la main, le frère Legland par l'autre. La patronne des Trois Épis, habituée au brouhaha de l'auberge, clama d'une voix forte :

— Amenez-le chez moi ! Il doit mourir de faim, ce petit. Je vais lui servir une soupe bien chaude !

L'événement avait sorti toute la population du bourg. Le père Dubois, le fossoyeur, lui posa sa lourde patte sur l'épaule.

— Eh bien, mon vieux, si j'avais su... Pourquoi ne me l'as-tu pas dit ?

Augustin goûta à peine quelques cuillerées de soupe. Avaler lui était un supplice. Il éternua, toussa. Il demanda :

— Qu'est devenu le chat ?

Sa question étonna.

Il souffrit d'une angine doublée d'une bronchite. Il garda le lit une quinzaine, sans recevoir le moindre reproche. Les motifs de son escapade avaient été découverts la nuit même de sa disparition. Le frère directeur invita Marius Blanchard à la méditation le lendemain matin, dans la solitude du cabinet noir, et l'accompagna chez lui, le soir, après la classe. Le père Blanchard offrit à boire au frère et, s'adjugeant une réconfortante première gorgée, ordonna à son fils de lever sa chemise. Il déboucla la ceinture qui soutenait son ventre considérable et entreprit de décoller la peau du dos du coupable. Les hurlements du garçon et les sifflements du cuir soulevèrent le cœur du frère directeur. Sitôt après la correction, Marius fut enfermé dans la boulangerie.

— Au pain et à l'eau ! décréta le père Blanchard en bouclant sa ceinture et en reprenant son verre.

Il poussa du coude le frère directeur.

— Dites, cher frère, entre nous, il n'avait pas tout à fait tort... Ce Vernageau, c'est un petit bâtard...

Augustin goûtait les plaisirs mêlés de tourments de la maladie. Il écoutait s'éveiller la maison, du coin de son grenier partagé avec Pierrot. Il s'amusait de la précipitation de son cousin, appelé à se lever pour la troisième fois par la rude voix de son père.

— Tu t'en fiches, toi, grognait Pierrot en se glissant dans ses culottes. Tu verras comme je te ferais lever, si j'étais le patron !

Et il glissait prestement la main entre les draps pour le pincer. La maladie d'Augustin n'était pourtant pas feinte. La fièvre l'emportait dans des gouffres de délire. À son réveil, il était rempli d'une euphorie extraordinaire. Les savates de la tante Fine gravissaient l'escalier : step, step, step. Fine arrivait avec un bol de bouillon chaud. Elle avait cette manière particulière de souffler sur la fumée, sans ouvrir la bouche, par l'échancrure de son bec-de-lièvre.

Grand-père lui rendait visite plusieurs fois chaque jour. Augustin identifiait sa respiration haletante dans l'escalier, le frôlement de sa main un peu sèche sur la rampe. L'automne était très humide, et une triste lumière spectrale entrait par les deux carreaux de la lucarne du grenier. Grand-père s'asseyait sur le lit.

— Comment se porte notre malade ? demandait-il en appuyant sa main pleine de taches brunes sur le front d'Augustin.

Il sortait de sa poche un cadeau, prétexte à sa visite : une poignée de noix, un poirillon dont le parfum emplissait le grenier. Sa voix sourde ronronnait agréablement dans le silence troublé par les sautes de vent. Il finissait par lui parler de sa mère. Il s'obligeait manifestement à ces confidences. Par nature, il n'était pas homme à se livrer à des déclarations intimes, mais il s'était imposé cette mission par crainte d'autres folies de son petit-fils. Souvent, il se contentait de détails de la vie ordinaire, plus faciles à communiquer.

— Elle était gourmande, ta mère. Elle était friande de mûres comme une guêpe. Même grandette, elle ne se retenait pas devant un buisson de grosses ronces...

Ou bien :

— Elle avait des cheveux qui lui descendaient jusqu'aux chevilles. Elle en faisait une tresse grosse comme le bras...

Et puis sa voix devint moins ferme lorsqu'il dit :

— Tout cela est arrivé parce qu'elle est partie. Donatienne était notre petite dernière. On était déjà onze à la maison. On lui a proposé cette place de domestique aux Astiers. Dieu sait qu'elle voulait rester à Mortevieille. Lorsque je l'ai accompagnée, la première fois, avec ses affaires dans un torchon, elle a pleuré jusqu'à la grille du château. Je l'ai disputée. Les Astiers n'étaient pas si loin, à douze kilomètres sur la commune des Lucs. Elle m'a écouté. Elle s'est essuyé les yeux avec sa robe et m'a demandé : « Ça se voit ? » Elle a tiré l'anneau de la cloche de l'entrée...

Il reprit un autre jour, après lui avoir montré un gros caillou blanc destiné à servir de leurre pour les poules :

— On ne l'a plus revue souvent, Donatienne. C'est loin, douze kilomètres, quand on doit les faire à pied et demander sa journée à sa patronne qui n'aime pas ça. Elle ne s'est jamais plainte. On ne l'avait pas élevée à ça. Elle était fière de nous encourager aux bonnes manières du château. Un dimanche, elle m'a demandé d'aller tirer une pichetée à la barrique. Lorsque j'ai posé le pichet sur la table, elle a sorti des verres de son sac : « À partir d'aujourd'hui, chacun aura son verre. Ce n'est pas propre de mettre le nez au même pot ! » On s'attendait bien à ce qu'elle change en entrant là-bas. Je connaissais un peu M. Tireau, le père de celui des Établières. Je n'avais jamais vu sa femme avant de lui présenter Donatienne. Je l'ai trouvée autoritaire. Donatienne s'est liée d'amitié avec la cuisinière du château, qui lui mettait des gâteries de côté et lui apprenait à préparer des viandes et des poissons, avec du beurre, de la crème, du vin. « Tu vas prendre de mauvaises habitudes, lui disait ma défunte mère. Tu verras si tu mettras de la viande sur la table, quand tu seras chez toi ! »

Athanase et Augustin s'en allèrent ramasser des châtaignes, un après-midi de sa convalescence. Ils prirent le chemin montant derrière Mortevieille. La gîte des châtaigniers était un peu plus haut, à cinq cents mètres.

Tous les sept ans, on en abattait un tiers pour en tirer des perches. On avait laissé s'épanouir les plus beaux baliveaux sur le talus de bordure pour les châtaignes. La matinée avait été gâtée par de longues averses de pluie violente, et maintenant on aurait dit un retour de l'été au cœur de l'automne.

Athanase, transpirant, commença de retourner ses manches. Augustin dénoua son cache-nez de laine et le posa sur le talus près de la veste du grand-père. La pluie et le vent avaient jonché le sol d'un matelas de bogues rousses. Les bogues s'enfoncèrent dans la terre saoule d'eau lorsque Augustin voulut les ouvrir avec son sabot. Il leur écarta les lèvres avec son bâton, et se piqua les doigts en y cherchant les châtaignes. Son grand-père ne prenait pas garde aux piquants.

— Ça ne vous fait pas mal, grand-père ?

— J'ai les mains dures. Tu verras quand tu auras de la corne...

— Qu'est-ce qui est arrivé à Donatienne, grand-père ?

Le grand-père ne répondit pas tout de suite, surpris d'entendre l'enfant appeler sa mère par son prénom, et pris de court par sa question directe.

— Je te l'ai dit, elle ne venait pas souvent. On la voyait trois fois dans l'année, à Pâques, le 15 Août et à la Toussaint. On se trouvait de temps en temps à la foire des Lucs. Elle n'écrivait pas. Ni sa mère, ni sa grand-mère ni moi ne savions lire. Elle a écrit, cette fois, pour le 15 Août. Elle nous annonçait qu'elle ne viendrait pas à cause de son travail. On ne s'est douté de rien. Elle est allée demander à ma sœur Octavie de la prendre chez elle, à La Roche-sur-Yon, lorsqu'elle a été chassée des Astiers. Un matin de décembre, il y aura donc huit ans de cela, Octavie est arrivée en larmes. Donatienne était morte pendant la nuit en te mettant au monde. Je suis reparti avec elle. Je t'ai découvert dans le berceau. Tu avais de grands cheveux tout noirs. Nous t'avons ramené à Mortevieille. Ta tante Léa avait accouché de Marcelline trois mois plus tôt. Elle avait trop de lait...

Augustin était posté à côté de son grand-père, à genoux sur un sac qu'il faisait suivre en même temps que le panier. Tout en parlant, sa main ne cessait d'ouvrir les bogues et d'en retirer les châtaignes. Lorsque son grand-père se tut, il attendit, voulut parler, en fut empêché par une quinte de toux.

— Tu vois, tu n'es pas bien guéri. Va remettre ton cache-col !

Augustin obéit. Une nuée cachait le soleil. L'air redevenait plus frais.

— On va avoir fini, précisa Athanase. Si tu m'aides, on n'en a pas pour longtemps.

— Grand-père, demanda Augustin en enfonçant son bâton dans une bogue, est-ce que tu sais qui est mon père ?

— Non, mon petit. Ta maman est morte sans avoir

prononcé son nom. On a interrogé Octavie. Elle a juré que Donatienne avait toujours refusé d'ouvrir la bouche à ce sujet. Après l'enterrement, je suis allé trouver M. Tireau aux Astiers. Il m'a répété ce qu'on savait déjà : Donatienne avait été mise à la porte du château lorsqu'on avait appris qu'elle attendait un enfant.

Des nuages s'étaient attroupés pendant qu'ils finissaient d'emplir le panier. Le ciel était maintenant très noir au-dessus de leurs têtes. Les premières gouttes tombèrent au moment de leur départ. Très vite, la pluie s'abattit dans de grandes fumées d'eau.

— Dépêche-toi, lui cria Athanase lorsqu'ils aperçurent la maison, cours ! Il ne faudrait pas que tu rechutes !

II

LA PETITE FILLE DES ÉTABLIÈRES

1

Les frères avaient repris plusieurs fois la même leçon de morale durant l'absence d'Augustin : « Ne fais pas à autrui ce que tu ne voudrais pas qu'on te fît. » Nono Bessonnet, l'idiot de service, avait compris : « Ne fais pas aux truies ce que tu ne voudrais pas... » Et il avait suscité l'hilarité générale en racontant au frère que son cousin lui avait emprunté son couteau et l'avait caché dans le derrière de la truie !

Leur enseignement porta ses fruits. Car, contrairement à son inquiétude, Augustin n'eut à souffrir d'aucune remarque désagréable à son retour. Marius Blanchard, refroidi par la correction de son père, ne lui témoigna pas d'amitié mais ne l'ennuya pas. Ses complices suivirent son exemple. Augustin leur parut différent. L'amaigrissement de la maladie lui avait enlevé ses joues poupines. Il leur semblait avoir grandi. Ils le considérèrent désormais comme un camarade étrange, voire redoutable.

Il s'aventura jusqu'aux portes du château des Établières, un vendredi soir du mois de juin suivant. On était à deux jours de la Fête-Dieu, et le frère directeur entra dans la classe de frère Legland accompagné d'un sonore froissement de soutane. Les enfants se levèrent, bras croisés. Le frère directeur escalada l'estrade et occupa la place du frère Legland. Il demanda aussitôt :

— Les enfants, pourquoi la Fête-Dieu sera-t-elle exceptionnelle cette année ?

Une multitude de doigts se levèrent.

— À cause de l'église, frère directeur ! répondit Nono Bessonnet, interrogé.

— Vous le savez tous déjà. En effet, M. le curé célébrera la messe dimanche, pour la première fois, dans notre église toute neuve. Monseigneur viendra la bénir plus tard. Mais il faut que, dimanche, le bourg des Moutiers soit recouvert d'un manteau de fleurs. Alors ce soir, quand vous arriverez chez vous, vous irez cueillir des fleurs, toutes les fleurs, autant que vous pourrez, pour le bon Dieu et sa nouvelle demeure.

Il se tourna vers le frère Legland et, l'interrogeant du regard :

— Je pense qu'à cette occasion, frère, vous dispenserez de leçon tous ceux qui rapporteront des fleurs.

Au hochement de tête du frère Legland succéda un hurlement enthousiaste. Le frère directeur laissa s'épanouir le vacarme des cris et le considéra avec satisfaction. Ce n'était pas son habitude. Mais il avait plus d'un motif de contentement. Outre l'achèvement de l'église et la Fête-Dieu, avait eu lieu, la veille au soir, une réunion importante du conseil municipal. En application de la loi Jules Ferry, le maire, M. des Fontenelles, avait consulté ses conseillers sur l'implantation aux Moutiers d'une école laïque, gratuite et obligatoire. Dix-huit avaient voté pour les frères, deux pour un instituteur laïc. La cause religieuse avait triomphé.

La troupe, ce soir-là, ne musarda pas au retour de l'école. Tout le monde était pressé d'entreprendre sa moisson de fleurs, et chacun craignait le passage du voisin sur son territoire. Le grand Pogu soupira, en rejetant sa casquette vers l'arrière à la manière d'un homme qui réfléchit.

— Je sais bien où on en trouverait, des fleurs, et beaucoup. C'est aux Établières, dans le pré derrière le château. Mais Tireau préfère les laisser pourrir plutôt que d'en donner une au curé !

Sitôt arrivé à Mortevieille, Augustin accrocha son bissac, courut chercher le grand panier plat d'Athanase dans la grange.

— Attends-moi ! lui cria Marcelline.

Il ne l'attendit pas. Elle avait peur des araignées et des vipères. Elle refuserait sûrement de le suivre où il allait. Et il fallait être seul pour entreprendre cette expédition dangereuse.

Le château des Établières n'était pas à plus de un kilomètre de Mortevieille. Avec ses trois fermes autour du château, il était l'unique îlot républicain au milieu des terres conservatrices de M. des Fontenelles.

Les Tireau n'étaient pas issus de bien gros. Leur arrière-grand-père était forgeron aux Moutiers avant la Révolution. Son fils, Pierre, refusant de battre l'enclume paternelle, avait disparu aux alentours des années 1780 pour reparaître en 1793, devenu huissier à catogan et chapeau tricorne. Il tint des propos révolutionnaires, critiqua M. des Fontenelles, s'emporta lorsqu'il apprit que les sabotiers des Moutiers fabriquaient des sabots pour l'armée catholique. Il fut tiré de sa chambre, chez son père, un matin de septembre où l'on avait découvert le sabotier Minaud, sa femme et ses quatre enfants, égorgés au milieu des copeaux de leur saboterie. Traîné sur la place, il aurait été cloué au vieil orme près de la fontaine sans l'arrivée inopinée du vieux comte des Fontenelles qui le sauva.

On n'entendit plus parler de lui, jusqu'à ce que le château des Établières et les trois fermes attenantes fussent mis en vente. La colonne infernale passée à Mortevieille y avait fait de semblables dégâts, mettant le feu au château sous les yeux des propriétaires. Tireau racheta le tout pour la somme de 70 000 livres. Il fit de même, peu après, avec le château des Astiers. La Révolution l'avait bizarrement beaucoup enrichi. Il eut le mérite de restaurer les constructions endommagées plutôt que de faire du neuf.

Un siècle plus tard, la population des Moutiers n'avait rien oublié et regardait la famille Tireau avec méfiance. Les Tireau, quant à eux, ne dissimulaient pas leurs opinions républicaines, présentant à chaque élection une liste d'opposition à celle de M. des Fontenelles, et inscrivant leurs enfants aux lycées publics de La Roche-sur-Yon.

Fauvette, la chienne, accompagnait Augustin. Elle lui avait adressé un regard si touchant qu'il avait cédé. Reconnaissante, elle restait légèrement en retrait du garçon, collée à ses talons. Ils dépassèrent la gîte de châtaigniers, et Augustin s'arrêta sous le feuillage d'un sureau couvert de grappes noires.

Les tours pointues du château surgissaient d'un massif de grands arbres. Des voix d'hommes montaient d'un champ sur la gauche, accompagnées du martèlement régulier d'un faucheur battant sa faux. La terre était chaude sous les pieds sans sabots d'Augustin. Des rivières d'odeurs poivrées glissaient dans l'air immobile.

Un vol d'aigrettes de pissenlit tourbillonna devant lui. Fauvette les avait levées, et il lui en restait une, collée à la truffe, dont elle n'arrivait pas à se défaire. Augustin marcha droit sur le château, aveuglé par la lumière du soleil descendant. Le cœur battant, comme s'il commettait un crime, il cueillit les premières hampes de digitales au bord de l'allée cavalière conduisant aux grilles. Le couteau de poche lié à sa ceinture par une chaîne, il coupait furtivement les fleurs et se reculait à l'abri du talus, de crainte d'être surpris. Deux juments baies et un étalon isabelle paissaient dans le pré du bord de l'allée. Augustin ordonna à Fauvette de ne pas le quitter, et il se précipita de l'autre côté de la haie toute saignante de digitales. Il cueillait avec exaltation, couchait les fleurs dans son panier, regrettant de ne pas avoir emporté une faucille. Il y en avait tant !

— Des fagots ! disait-il, répétant une formule de son oncle Moïse.

Il vit s'approcher les chevaux d'un pas décidé. Le poil de Fauvette se hérissa.

— Couchée, Fauvette !

Il n'avait pas peur des chevaux. Il tendit son grand panier, presque aussi grand que lui, vers l'isabelle. L'étalon y plongea les naseaux, recula la tête. Il tendait la main pour le caresser lorsqu'il entendit une petite voix, derrière lui.

— Tu m'en donnes une ?

Il se retourna, parcouru par un frisson d'effroi.

— Tu m'en donnes une, *little squirrel* ? insista-t-elle.

Et Augustin, paralysé, vit la fillette qui l'avait interpellé s'approcher de lui et lui retirer de la main la longue hampe de la digitale qu'il venait de couper.

— Si tu en veux d'autres, ajouta-t-elle, on en a beaucoup au bord de la rivière.

De la main, elle indiquait une direction par-delà les tours du château. Augustin n'avait pas bougé. Les yeux agrandis, il contemplait la fillette debout devant lui. Elle était de sa taille, vêtue comme une poupée d'une robe jaune paille à col et à volants de dentelle. Il remarqua ses fines sandalettes de cuir et eut honte de ses pieds nus et sales. Elle éleva la digitale vers ses narines. Ses boucles brunes se balancèrent sous son Jean-Bart de paille. Elle ferma les yeux pour humer les pétales. Elle les rouvrit, et leur marron très clair lança de précieux éclats d'or. Fauvette tournait autour de la fillette en agitant joyeusement la queue, et Augustin lui en voulut de faire fête à cette étrangère. Il restait encore quelques pieds de digitales. Augustin hésita, le visage encore figé. La fillette comprit, et l'encouragea.

— Cueille-les ! Mon oncle ne dira rien.

Lorsqu'il eut fini, elle fouilla dans la poche de sa robe.

— Regarde ! dit-elle.

Elle lui montrait un gros coquillage, à spirale nacrée, qu'elle porta à son oreille. D'un geste vif, elle l'appliqua ensuite à l'oreille d'Augustin, et ses doigts tièdes le chatouillèrent.

— Écoute, lui dit-elle, on entend la mer.

Elle disait vrai. Il n'avait jamais vu la mer. Mais c'était bien ainsi qu'il l'imaginait.

— Viens, proposa-t-elle, je vais te conduire au bord de la rivière où c'est tout rouge de fleurs.

Augustin résista. Son panier était presque plein. Il se tourna vers la barrière par où il était venu.

— Viens, insista-t-elle, mon oncle ne te dira rien si tu es avec moi. Laisse ton panier ici, tu le prendras au retour.

Il la suivit. Ils traversèrent un découvert à l'extrémité d'une dépendance en brique. On pouvait les voir du château, et, instinctivement, il courba le dos. Le foin n'avait pas été fauché. Ils y entrèrent jusqu'à la taille, dans une mer de marguerites et de fleurs d'oseille. L'herbe libérait sous leurs pieds tous ses parfums d'été, ses poussières de pollen, des éclaboussures de sauterelles. Fauvette gronda.

— Tais-toi ! Couchée !

Un jeune chat noir et blanc sauta devant eux entre les herbes. La fillette conduisit Augustin au bord de la rivière, à l'extrémité de la grande prairie qui descendait derrière le château. Et elle lui montra, comme un trésor, une extraordinaire coulée sanglante de digitales. Il y en avait une large bande au bord de l'eau, et de grosses taches, çà et là, en remontant vers le château. Il y avait de quoi couvrir tous les reposoirs de la Fête-Dieu. C'était certainement de cela qu'avait parlé le grand Pogu.

— Tu vois ! fit-elle, réjouie de la surprise d'Augustin.

Et elle l'appela encore de ce nom étranger :

— *Little squirrel !*

Elle parlait par brusques explosions de gazouillis, comme un oiseau. Il ne se retint pas de couper une énorme brassée, un fagot. Et la fillette fit entendre un reniflement de rire en lui découvrant le visage noyé sous les fleurs. Ils revinrent au panier, qui se révéla trop petit et lourd. Le soleil glissait derrière les arbres, à l'horizon, dans un incendie couleur d'abricot.

— Je m'appelle Élise, dit-elle.

— Moi, Augustin, répondit-il, la voix enrouée.

Il s'en alla. Se retournant pour appeler Fauvette, il crut lire un appel dans les beaux yeux clairs de la fillette.

Deux jours plus tard, tout le village se pressa dans l'église pour ne rien perdre de la fête de son inauguration. Comme prévu, le village était pavoisé. Des draps étaient tendus contre les murs. Des chemins de roses recouvraient les rues où passerait la procession. Des reposoirs de tables et de tréteaux échafaudés étaient dressés devant le calvaire de la mission et la statue de la Sainte Vierge. Le forgeron Robin avait fabriqué un impressionnant arc de triomphe où l'on déchiffrait, en lettres de fer : *Chez nous, soyez Reine.* Un souffle tiède faisait frissonner les oriflammes bleues aux couleurs de Marie.

Augustin avait revêtu une soutane rouge et un surplis blanc, et il était assis dans le chœur au milieu de ses camarades d'école. Sa robe était à ses mesures. D'autres n'avaient pas cette chance. Bernard Lebœuf balayait la terre avec sa soutane, et on lui avait retourné les manches. Les larges épaules du grand Pogu, quant à lui, étiraient dangereusement les boutonnières de son col. Ses mains d'homme déjà épaissies aux travaux des champs s'étalaient monstrueusement sur sa soutane, les bras découverts jusqu'à mi-coude. Ni les uns ni les autres, pourtant, n'auraient cédé leur place sur les bancs d'enfants de chœur d'occasion. Ils croisaient sérieusement les bras, attendant d'être chargés de corbeilles et de semer des fleurs.

Le curé Désamy gravit les marches de la nouvelle chaire de granit et joignit les mains. Il était manifestement heureux. Il parcourut des yeux la foule de ses paroissiens rassemblés devant lui et s'illumina d'un large sourire.

— Mes frères..., dit-il.

Le bonheur visible du pasteur réchauffait les fidèles au cœur le plus racorni. Ils accompagnèrent son regard levé vers les croisées d'ogives aux jointures soulignées de ciment frais. Ils s'exaltèrent avec lui aux ruissellements de soleil entrant par le vitrail de l'est qui représentait le Bon Pasteur, imberbe, jeune garçon de ferme blond, un agneau sous le bras, le bâton à la main. Toute la lumière colorée se divisait précisément sur l'autel de marbre blanc gardé de part et d'autre par un ange de plâtre portant un candélabre d'or.

Le curé Désamy adressa en premier ses remerciements au conseil de Fabrique et à son président sans qui l'église n'aurait pas vu le jour. Il remercia tous les acteurs de la construction, architecte, ouvriers, jusqu'aux nombreux paysans partis charroyer la pierre dans leurs tombereaux parfois dès les premières heures de l'aube. Il y associa tous les donateurs, même les plus modestes : tous contribuaient à l'édification de cette église de pierre, représentation de l'Église vivante composée de l'ensemble des fidèles. Il annonça la quête pour la construction.

Il lança de vifs coups d'encensoir autour de l'autel. Des

nuages de fumée agréables à Dieu et à ses serviteurs s'élevèrent vers les chapiteaux, emplirent les voûtes néogothiques, se répandirent dans l'immense nef. Pendant qu'elle était en frais, la Fabrique n'avait pas rechigné à doter l'église d'un émouvant chemin de croix des maîtres de l'art sulpicien. Présenté dans d'admirables encadrements rustiques, ces chefs-d'œuvre connaissaient un succès considérable. Les églises de France en garnissaient leurs murs, et ils étaient produits à la chaîne.

Sitôt la messe terminée, le prêtre revint de la sacristie revêtu de la lourde chape d'or, portant l'ostensoir d'argent. La chorale entonna le *Lauda Sion*. Le vieux maçon Rochereau chantait très fort, et très faux. Dans la chapelle de saint Joseph, le dais, pris de mouvements spasmodiques, s'éleva et cahota jusqu'au portillon de la sainte table. Les verrous à baïonnette des portes de l'église claquèrent. Les deux battants s'ouvrirent.

Les fidèles s'alignèrent sur deux rangs, de part et d'autre de la route, pour ne pas piétiner les motifs de décorations. Les enfants de chœur, enfin chargés de leurs corbeilles, se mirent à semer devant le dais une pluie de pétales multicolores. Les cloches neuves carillonnaient à toute volée. Les enfants s'appliquaient à imiter le geste du semeur de leurs pères.

Augustin découvrit Élise, égarée dans la foule des adultes. Elle donnait la main à la belle Mme Tireau en chapeau à plume et ombrelle blanche. L'épouse du païen le plus notoire de la commune avait coutume de fréquenter les grandes cérémonies des Moutiers. Beaucoup considéraient sa présence aux offices comme une injure à la religion. Mais on la voyait prier, lèvres en mouvement, paupières baissées. Les plus tolérants la prenaient en pitié et pensaient que cette femme, malgré ses richesses et sa beauté, devait avoir beaucoup à supporter. Augustin n'avait jamais jusque-là porté attention à cette dame, considérée comme une excentrique, pas plus qu'à sa nièce. Élise ne pouvait pas être mêlée aux filles de l'école des sœurs puisqu'elle n'allait pas à l'école aux Moutiers. Elle portait le même Jean-Bart de paille blonde à large bord que deux jours plus tôt, les longues anglaises brunes sur les côtés.

Tournant prestement la tête, de crainte d'une réprimande du frère, Augustin croisa le beau regard clair de la fillette. La longue flèche de l'église dressait son mât de navire amiral sur la paroisse des Moutiers, la vieille église blottie contre elle, sauvée des démolisseurs par la volonté du comte.

2

Augustin revit la fillette au commencement de septembre, lorsque son oncle Anselme, le tonnelier, alla futailler aux Établières avant les vendanges. L'oncle s'arrêta boire la goutte, le matin, en passant devant Mortevieille. Il conduisait son mulet, une bête mal commode aux oreilles couchées qui menaçait en montrant ses dents jaunes.

Sa voiture était chargée de son outillage de tonnellerie : le grand rabot de la colombe, le banc à parer les douelles, la bigorne, les planes. Il emportait aussi un rouleau de feuillard à cercler les barriques, et autant de cercles en bois de châtaignier, enfin un choix de douelles de chêne et d'acacia.

L'oncle Anselme avait le caractère aussi aimable que son mulet. Il parlait peu, ou alors en grognant. De lourdes moustaches lui tombaient sur les lèvres. Ventru, trapu, rougeaud, redouté, il avait une réputation de gros buveur, mais personne ne l'avait jamais connu dérangé. Il suffisait de le voir rouler une cigarette entre ses épais doigts rouges, la vessie de porc coincée dans le creux de la main, pour reconnaître qu'il avait des mains d'or : il faisait ce qu'il voulait de ses dix doigts, dont il taillait les ongles avec un ciseau à bois. Son adresse avait établi sa réputation. Et les meilleures caves de la région se le disputaient. La cour de sa tonnellerie aux Moutiers était remplie toute l'année d'un échafaudage de fûts, cuves et basses à réparer.

La tante Fine lui demanda :

— Alors, vous allez être châtelain pendant ces jours ?

Il répondit en mouillant sa cigarette :

— Tireau a acheté un lot de vieux demi-muids de rhum. Rien n'est jamais assez beau pour lui. Ces fûts de rhum sont épais comme des coffres-forts.

L'odeur des trois verres de goutte alignés sur la table écœurait un peu Augustin, qui mangeait sa soupe auprès de Marcelline. Le grand-père et Moïse avaient un moment abandonné leur ouvrage dans l'étable pour accueillir leur visiteur.

Une brume lourde traînait dans la cour, précédant la venue des mauvais jours. L'aube s'attardait. Les hommes trinquèrent. L'oncle Anselme s'envoya d'un coup le contenu du petit verre dans la gorge et le reposa sur la table. Il se glissa la cigarette sous la moustache, s'approcha de la cheminée, saisit un tison avec les pincettes.

— Est-ce que c'est vrai ce qu'on raconte, qu'ils s'éclairent avec des lampes à gaz ?

La tante Fine parlait presque toujours en criant, compensant la mauvaise articulation due à son bec-de-lièvre.

— La couturière m'a dit, ajouta-t-elle, qu'ils avaient des cabinets dans le château où on s'assoit comme dans un fauteuil !

— Si elle vous l'a dit !... répondit Anselme, agacé par ces réflexions de femme. Ces gens-là, fit-il, brutal, ça pète dans de la soie !

Tout le monde rit de la repartie. Augustin demanda alors :

— Est-ce que je peux aller avec vous, oncle Anselme ?

L'oncle se détacha de la cheminée dans le nuage de fumée de sa cigarette et grommela avec une grimace :

— Qu'est-ce que tu veux faire avec moi ?

Augustin regretta sa demande. Il n'avait jamais véritablement approché Anselme jusque-là. Il n'osaît même pas s'avancer lorsqu'il l'apercevait dans sa tonnellerie, le soir, après la classe. Moïse servit un second verre de goutte, et surprit Augustin en prenant son parti.

— Il peut aller avec toi. Il a été courageux pendant les battages.

— D'accord, répondit Anselme sans se départir de son ton bourru, mais si j'emmène un commis ce n'est pas pour qu'il garde les mains dans les poches !

— Tu lui feras rouler les demi-muids ! dit grand-père Athanase en clignant de l'œil.

— Allez, dépêche-toi ! Va te préparer, on s'en va ! le bouscula Anselme, alors qu'il lanternait sur son banc.

L'enfant avala sa soupe, courut chercher sa veste et sa casquette dans le grenier. La tante Fine lui glissa un tour de pain, une pomme, un pot de mogettes dans son bissac.

— Ne vous inquiétez pas, j'ai ce qu'il faut, je me priverai d'une bouchée pour que le gaillard mange à sa faim.

Cette réflexion généreuse de l'oncle rassura Augustin, qui monta le rejoindre sur le banc de la carriole. Le marchepied était haut. Le mulet, têtu, agita la tête. Anselme lui donna un coup sur le flanc. Le brouillard avait mouillé les feuilles des arbres. Les sabots du mulet lançaient des gouttes en passant dans l'herbe du chemin.

— C'est un fort caillou, précisa Anselme en désignant l'animal. L'avantage, avec lui, c'est qu'il mange peu, boit encore moins. Il me transporte des chargements de barriques incroyables !

Ils entrèrent au trot dans l'allée cavalière du château. L'herbe des bas-côtés était fauchée à ras comme un gazon anglais. Un journalier rassemblant les feuilles de platanes brûlées par l'été souleva sa casquette pour les saluer. Ils franchirent les grilles au pas. Les ardoises de la toiture luisaient en se dégageant de la brume. Leurs crochets scintillaient. Un premier éclat de soleil pailleté frappait les briques d'une grande cheminée. Le château des Établières n'était pas comparable en dimensions avec le Versailles vendéen des Fontenelles, qui comptait quarante-deux chambres. Sa façade noble n'alignait que cinq fenêtres à l'étage sous une toiture orgueilleuse garnie d'ouvertures à la Mansart et flanquée d'une tour à chaque extrémité. Une vaste terrasse au balcon de pierre à colonnes courait de l'une à l'autre, fleurie de vasques rouges de géraniums. L'oncle commanda au mulet d'obliquer à gauche. Il lança sur le côté un puissant jet de salive.

— Regarde ça, gronda-t-il, ce forgeron soigne son château comme un pain de sucre !

Il évoquait ainsi l'ancêtre artisan des Tireau. La voiture s'engagea dans une géométrie de parterres de roses bordés de petits buis dont les parfums mouillés se mêlaient. Ils disparurent derrière une haie de lauriers et rejoignirent l'alignement des bâtiments de brique des communs. Un homme s'avança, qu'Augustin reconnut. Anselme arrêta la carriole, sauta lestement de voiture malgré son embonpoint et tendit la main.

— Alors, comment va M. le marquis des Établières ?

L'homme sourit. C'était Bonnichon, un domestique du château, vêtu d'une sombre veste de palefrenier à boutonnage jusqu'au col. Il souleva sa casquette de toile plate à visière cirée.

— C'est toujours aussi net, chez vous ! lui fit remarquer Anselme. Heureusement qu'il y a quelques figures mal rasées pour dépareiller...

La figure de souris de Bonnichon s'éclaira. Il caressa ses joues grises d'une barbe de une semaine.

— Le feu du rasoir m'abîme la peau..., fit-il en souriant.

— Me les montres-tu, ces barriques de rhum ? l'interrompit Anselme.

Il suivit Bonnichon et, se retournant à peine vers Augustin :

— Tu peux venir.

Augustin trottina derrière eux. Ils entrèrent dans un bûcher par une porte peinte en rouge sang de bœuf. De là ils rejoignirent les granges du bâtiment central. Bonnichon cogna du poing pour décoincer la barre et poussa les deux grands vantaux du portail. La grange était remplie jusqu'à la charpente d'un foin qui sentait bon. Machinalement, Anselme en prit une poignée qu'il porta à ses narines, et il compta : huit demi-muids étaient rangés dans l'entrée, les uns contre les autres. Il chercha autour de lui. Et, tandis que Bonnichon lui demandait ce qu'il voulait, il trouva une pièce de bois pour dégager la cale sous le tonneau. Il roula le lourd demi-muid dehors avec une facilité impressionnante.

— Ah ! on le voit tout de même mieux ! fit-il.

Le fond du fût portait des initiales en blanc, un numéro en rouge. Du pouce et de l'index, l'oncle mesura l'épaisseur d'une douelle, caressa le fond.

— Il n'y a rien à dire, ces gens savent faire des fûts !

Il fit tourner le tonneau, gratta à une jointure où un suintement avait formé une croûte. Du doigt, il effleura la fêlure de la douelle de bonde.

— Il n'a pas grand bobo, celui-là..., murmura-t-il dans sa moustache.

Il alla fouiller à l'arrière de sa voiture, revint avec un maillet. Deux coups bien ajustés décollèrent la bonde. Le ventre sur le demi-muid, il avança son nez en poire plein d'une végétation de poils, respira puissamment, huma, les mains de part et d'autre, se redressa.

— Sens, dit-il à Bonnichon.

Et, tandis que le domestique était penché :

— Tu le trouves, ce bouquet ? C'est un parfum de fleurs. C'est un mélange de violette et de rose...

Ses traits s'étaient curieusement détendus. Ses yeux

brillaient. Ses épaisses narines bougeaient voluptueusement.

— Toutes ces barriques d'eau-de-vie sont imprégnées d'odeurs extraordinaires. C'est pareil avec le cognac. Tu sais comment ils appellent ça, les tonneliers charentais ? demanda-t-il à Augustin. Le parfum des dieux. Tu veux sentir ?

Augustin hocha la tête. L'oncle le prit sous les bras, l'approcha du trou. Augustin respira fort, et toussa.

— Eh oui, ça chatouille. Mais tu apprendras bien vite à aimer ça !

Il reboucha le fût, examina la cour pavée devant le portail.

— Je vais ranger ma charrette contre les lauriers, et tu conduis mon mulet à votre écurie, ordonna-t-il à Bonnichon.

Augustin aida à défaire les sangles du harnais. Le mulet montra ses dents jaunes comme pour mordre.

— S'il t'embête, tu le frappes sur les babines, il n'aime pas ça. Puisque tu es jeune et souple, tu vas monter dans la voiture et me faire passer le matériel.

Augustin caressa le cormier ciré de la colombe, peina à déplacer l'enclume de la bigorne.

— Laisse les petits outils, on viendra les chercher à mesure des besoins.

Ils roulèrent d'abord les demi-muids à la lumière pour une première estimation du travail. La brume avait blondi et elle s'élevait rapidement, laissant la place à de larges flaques de soleil. Anselme roulait tout seul, il n'avait besoin de personne, mais il commandait à Augustin de remettre les cales. Bonnichon était parti. Il revêtit son tablier de cuir qui lui descendait presque jusqu'aux sabots. Il prit dans la voiture un marteau, deux paires de tenailles, et un coin de fer emmanché dans un morceau de bois.

— Ça, dit-il, c'est la chasse.

Il arracha les crampons qui maintenaient le cercle du haut.

Il avait toujours au coin des lèvres le mégot de la cigarette roulée à Mortevieille. De temps en temps il ouvrait la bouche, donnait de petits coups de langue au mégot collé à sa lèvre.

Il dégagea le premier cercle, puis le second, et desserra ceux du milieu. De la pointe du couteau, il avait déjà fait sauter la pâte de farine assurant l'étanchéité entre le fond et les douelles. Il retourna à la voiture chercher une sorte de crochet de fer plat, le tire-fond, en glissa l'extrémité avec précaution dans la rainure. Et lentement le fond glissa, pivota jusqu'à la verticale. Il le retira.

— On appelle ça mettre le fût en rose !

Il enfonça le nez dans le fût sans fond, y glissa la main et l'examina en lui flattant l'intérieur.

— Attends ! dit-il, tout à coup excité. Je m'en doutais ! Va me chercher la musette de mon manger. Tu y vois ma gamelle de fer ? Apporte-la ! Dépêche-toi !

Il recercla rapidement le muid. Il le coucha, plaça la gamelle au bord après l'avoir essuyée avec sa manche.

— Regarde !

Augustin vit couler un mince filet de liquide ambré.

— Du rhum ! chuchota Anselme, le visage cette fois étincelant d'un sourire rayonnant.

Augustin, accroupi devant, sentit le délicieux parfum lui monter à la tête.

— S'il y en a autant dans les autres demi-muids, dit l'oncle en faisant tourner le rhum dans le fond de la gamelle, nous allons remplir une bouteille !

Il chuchotait encore et lançait des regards dans la cour de crainte d'être surpris. Il éleva la gamelle jusqu'à sa moustache, téta du bout des lèvres, fit tourner bruyamment le liquide dans sa bouche entrouverte, hocha la tête.

— Ça fait plus de bien qu'une dérouillée ! Tu ne veux pas goûter ?

Augustin secoua la tête. S'il avait accepté, l'oncle, il s'en doutait, aurait été meurtri de lui consentir une goutte de son précieux breuvage. Anselme porta donc le reste de la gamelle jusqu'à sa voiture et la dissimula sous sa musette.

Il avait retiré la douelle de bonde défectueuse du fût « en rose », et en préparait l'exacte réplique, lorsqu'il grommela dans sa moustache :

— Tiens, voilà le forgeron !

M. Tireau s'approchait. Il portait de superbes bottes de cuir fauve sur une culotte de cheval. Grand, bel homme, la taille mince, il pouvait avoir passé quarante ans. Des boucles blanches sur les tempes tachaient ses cheveux noirs et frisés. Son élégance, sa veste cintrée parurent à Augustin les archétypes de la vie facile.

— Alors, Dubois, fit-il, cela va-t-il comme vous le souhaitez ?

— Ça va, monsieur, répondit Anselme en continuant de frapper sur sa chasse.

— Comment trouvez-vous ma dernière livraison ?

— Pas mal. Si ces fûts sont entretenus, ils tiendront cent ans.

— Combien de temps vous faudra-t-il pour les réparer ?

— Une petite semaine, si le temps le permet.

— Il va faire beau, Dubois ! dit-il en s'éloignant et en frappant sa botte avec sa badine d'osier.

— Il va faire beau..., singea Anselme, l'œil furibond.

À une heure, alors qu'ils finissaient de déjeuner, assis sur le banc de tonnelier, la femme de Bonnichon vint les chercher pour prendre le café. Elle s'intéressa à Augustin, occupé à ranger les musettes.

— Qui est-il ? demanda-t-elle à Anselme. C'est ton neveu ? Il a l'air bien mignon.

— Oui, c'est Augustin, de Mortevieille.

— Un fils de Moïse ? Je croyais qu'il n'en avait pas de si jeune ?

— Non, c'est le fils de Donatienne.

— Ah ? fit-elle sur le ton d'une mauvaise nouvelle. Pauvre petit gars ! À qui ressembles-tu ?

Elle examina Augustin, qui baissa la tête.

— Si tu lui foutais un peu la paix ! gronda Anselme.

Ils la suivirent jusqu'à la cuisine du château. Ses cotillons sentaient la friture. Bonnichon était assis à la grande table rectangulaire et, auprès de lui, les autres domestiques.

— D'habitude, dit-il, on ne boit pas le café à midi. Mais comme vous êtes là...

C'était la première fois qu'Augustin mettait les pieds dans un château, car la cuisine du château, c'était déjà le château. Les mains glissées entre les cuisses, dans une attitude familière, il n'écoutait pas parler les hommes. Il regardait les hautes solives peintes en rouge et bleu au-dessus de sa tête. Il était impressionné par la hotte de la cheminée de granit, capable de contenir un chêne. Il examinait avec curiosité la cuisinière de fonte noire, s'interrogeant sur ses nombreuses rondelles, ses portes ventrues, le robinet de cuivre de sa bouillotte. Une grosse jeune femme rougeaude à la mine joviale referma sa main lourde sur le bras d'Augustin.

— Peut-être que tu n'aimes pas le café noir ? Veux-tu de la crème ? Viens avec moi.

Elle l'entraîna jusqu'à la lucarne de la souillarde. La jatte de crème était posée sur l'évier de pierre. Elle lui servit une pleine cuiller.

— Tu vas voir comme c'est bon ! fit-elle, rieuse.

Elle lui frotta amicalement le dos.

— Ne lui en mets pas trop ! l'interpella Anselme par la porte entrouverte. Qu'il n'ait pas une livre de beurre dans le ventre tout l'après-midi. J'ai besoin de lui pour travailler.

Il y eut des rires. Et la voix de la femme de Bonnichon :

— C'est le petit de Donatienne, vous savez...

Augustin, qui revenait, sa tasse à la main, s'arrêta dans l'embrasure de la porte. La femme le poussa doucement.

— Avance. Regarde-la, cette Mistigrette, et elle lui indiqua la chatte tigrée gris et jaune devant la porte, elle aimerait aussi avoir de la crème !

— Vous savez ce qu'il aimerait, le petit ? fit Anselme en se tournant vers les femmes. Au respect, il voudrait visiter le joli petit coin où le maître et la maîtresse font leurs besoins...

— Il veut voir cela ? dit la jeune femme en souriant.

Elle tourna vers Augustin ses gros yeux doux. Augustin lui sourit à son tour.

— C'est bien connu que les gros ne font pas ça comme les petits..., repartit Anselme, dont les joues avaient pris la couleur des casseroles de cuivre accrochées au mur.

La bouteille de goutte était devant lui.

— Je ne sais pas si cela va être possible..., hésita la femme.

— Bah ! Augustin n'est pas bien gros. Si tu l'emmènes avec toi, on ne le verra pas.

Ils traversèrent d'infinis couloirs aux parquets brillants comme un miroir. Ils montèrent l'escalier tournant de la tour. La servante recommanda deux fois le silence, le doigt sur la bouche, à leur passage devant des portes closes. Elle ouvrit enfin la porte d'un petit salon au lambris orné de fleurs.

— C'est la salle de toilette de Madame et Monsieur.

Elle resta appuyée contre la porte pour y monter la garde. Augustin s'approcha prudemment d'une table de marbre où s'enfonçaient deux cuvettes de porcelaine.

— C'est leur table de toilette.

Il s'avança vers le plus curieux : une sorte de grosse

fleur ouverte, d'ailleurs ornée de pétales métalliques bleus et jaunes, avec une lunette en bois.

— C'est là..., murmura la femme et, refermant doucement la porte, elle le rejoignit. On s'assied, on fait, et après, hop ! (elle montra le broc d'eau), il ne reste plus rien. Ça descend par le tuyau dans la cuve près du château. Tu peux t'asseoir si tu veux.

Elle émit un petit rire de gorge. Augustin s'assit. Elle lui montra le tub qui servait au bain de Madame.

— Elle se met toute nue. Je verse l'eau sur sa tête et sur ses épaules...

Augustin crut qu'elle lui mentait. Ou elle racontait cela pour dire du mal de sa maîtresse.

— C'est vrai ! insista-t-elle. Le maître a rapporté toutes ces affaires de son voyage en Angleterre. Ils n'ont rien de tout ça aux Fontenelles !

Elle prit les petits ciseaux sur la table de marbre.

— Pour les moustaches de Monsieur.

Elle se regarda dans la glace et, se saisissant d'un flacon de verre ciselé, elle pressa la poire et s'arrosa le visage. L'agréable odeur de l'eau de Cologne se répandit dans le cabinet. Elle dirigea le jet vers Augustin, et les gouttelettes mouillèrent ses joues. Ils descendirent sur la pointe des pieds. L'oncle était déjà reparti à sa futaille.

— Alors, tu as vu ? dit-il. L'argent change tout. Ces gens n'ont rien à voir avec nous. Aide-moi. On va rentrer les outils à l'ombre. Ce n'est pas tenable au soleil contre ces murs de brique. On est comme des pains dans un four.

Il avait enlevé sa chemise à cause de la chaleur. Le haut de son tablier de cuir lui couvrait la poitrine. Mais son épais dos blanc était nu. Deux larges chemins de poils noirs lui partaient des épaules et lui descendaient dans les culottes.

À califourchon sur le banc, Augustin taillait les cercles de châtaignier à la plane, comme le lui avait montré l'oncle. L'odeur des copeaux frais était agréable. Élise sortit alors de la haie de lauriers.

— Bonjour ! dit-elle en levant son petit nez hautain.

Elle portait de nouveau ce Jean-Bart qui lui jetait de l'or sur le visage. Elle s'avança tout près d'Augustin et s'accroupit.

— Toi, la Mistigrette, fit-elle en ramassant la chatte étalée dans l'ombre du portail, je te cherche depuis une heure !

Et elle lui donna une amicale tape sur le ventre. Elle la prit à son cou. Augustin entendit la chatte ronronner. La fillette disparut sans un mot de plus.

Elle reparut peu après, courant devant la chatte qu'elle appelait.

— Mistigrette ! Mistigrette !

Elle promenait négligemment derrière elle une coquille de noix liée à une ficelle. La chatte bondissait pour s'en emparer. Élise passa près d'Augustin, et il vit qu'elle avait collé une tête et une queue de papier en forme de souris à la coquille de noix. Il reconnut l'odeur de l'eau de Cologne répandue tout à l'heure par la servante. L'oncle Anselme lui retira des mains le cercle de châtaignier, examina le travail.

— Allez, va t'amuser un moment avec elle. Pas trop longtemps, hein ? Les domestiques ne doivent pas trop se mélanger aux maîtres !

Augustin hésita. L'oncle ordonna :

— Vas-y, je te dis ! Tu en meurs d'envie !

Augustin se leva du banc. Élise l'attendait. Quand ils eurent franchi la haie de lauriers, elle se sauva en criant :

— *You, little squirrel !*

La chatte courait derrière la coquille de noix. Augustin courait derrière elles. Élise l'entraîna de l'autre côté du château, là où, après une vaste partie plane, le terrain s'abaissait pour glisser par paliers jusqu'à la rivière.

C'était de ce côté qu'ils avaient cueilli les digitales de la Fête-Dieu. Ils traversèrent le potager.

— Bonjour, Antoine ! cria-t-elle.

Augustin reconnut l'un des vieux domestiques rencontrés dans la cuisine, agenouillé près d'un panier au milieu d'une planche de haricots verts. Le domestique agita amicalement la main. Élise s'écroula dans l'herbe au pied d'un cerisier du grand verger.

— Mes cousins sont partis en vacances à Paris avec ma tante, gazouilla-t-elle. Je suis toute seule.

Un haut mur de clôture gardait du vent les alignées d'arbres fruitiers. Elle cala son dos contre le tronc. Des ocelles de soleil dansaient sur sa robe de vichy bleu. Elle était essoufflée. Des perles de sueur brillaient dans le satin de duvet au bord de sa lèvre. Augustin vit battre une veine sur le côté de son cou, et les pulsations accélérées lui donnèrent une violente envie d'y appuyer les doigts. Elle prit la Mistigrette et frotta sa joue contre ses longs poils.

— Donne tes mains, ferme les yeux ! ordonna-t-elle.

Elle versa dans sa main une poignée de caramels tièdes. Elle l'entraîna jusqu'à un prunier couvert de mirabelles presque confites, bourdonnant de guêpes.

— Méfie-toi, lui dit-elle, elles creusent un trou dans la peau et elles mangent la chair en dessous. On croit qu'il n'y en a pas, et tic, on est piqué !

Le sol était maculé de mirabelles tombées. Augustin eut dans la bouche le sucre du caramel d'un côté, de l'autre celui de la mirabelle. Élise considéra ses joues gonflées, et son rire explosa. À cette heure-ci, par cette chaleur, ses yeux avaient la couleur des fruits.

— Attention, fit-elle encore en se frottant le ventre, si tu en manges trop, tu pourrais bien attraper la...

De la main, elle indiqua un flux rapide derrière elle. Quand elle riait, de petits plis délicieux se formaient au bord de son nez. Sa pointe bougeait. Ils s'inclinèrent ensemble sur l'eau verdâtre d'un bassin. Elle promena un doigt à la surface, et les dos des carpes apparurent.

— Regarde, dit-elle en montrant une carpe qui s'approchait, gueule ouverte, elle pourrait m'avaler tout le doigt !

Le lendemain, elle le rejoignit sur le chantier avec son cerceau.

— Il est cassé. J'ai pensé, avança-t-elle, que vous pourriez me le réparer...

Elle s'adressait en même temps à Anselme. Et l'oncle :

— Répare-lui, Augustin. Montre-lui ce que tu sais faire.

Augustin rougit. Il prit un brin d'osier servant à lier les cercles.

Lorsqu'elle s'adossa au pied du cerisier après que l'oncle les eut autorisés à fuir, elle lui demanda, sans le quitter des yeux :

— Ernestine m'a raconté que ta mère était morte en te mettant au monde...

Ernestine était la domestique qui avait accompagné Augustin au cabinet de toilette. Augustin eut du mal à soutenir son regard curieux. Il articula dans un souffle :

— Oui.

— Elle m'a dit aussi que tu n'avais pas de père.

Il tourna la tête, commença de se lever, prêt à se sauver. Elle lui saisit la main.

— Moi aussi, je suis orpheline ! lui confia-t-elle précipitamment. Mon père et ma mère sont morts d'une fluxion de poitrine, je n'avais pas cinq ans. Mon oncle et ma tante m'élèvent, comme toi...

Il fut étonné de ses doigts froids par cette grande chaleur. Il remarqua alors que ses yeux jaunes étaient humides. Il sentit monter en lui une vague de douleur impuissante, et ses yeux, à leur tour, s'emplirent. Ils marchèrent jusqu'au mirabellier en se tenant par la main.

Elle lui apprit qu'elle n'allait pas à l'école. Sa tante lui faisait la classe. Elle irait ensuite au lycée de La Roche, comme ses deux cousins. Son oncle lui apprenait l'anglais. Elle dit très vite :

— *The cat is in the hat...* Tu as compris, *little squirrel* ?

Augustin secoua la tête.

— Tu vas trop vite.

Elle reprit plus doucement.

— Cela veut dire : le chat est dans le chapeau, petit écureuil. Répète après moi.

Augustin répéta, mot à mot. Elle le corrigea :

— *Hat*, avec un *h* aspiré !

Il reprit la phrase correctement.

— Tu vois, ce n'est pas difficile. Tu sais parler anglais !

Le lendemain, elle tira un journal de dessous sa robe. Augustin entrevit sa chemise de coton blanc par l'échancrure.

— C'est le journal que lit mon oncle. Oh, là ! s'il savait que je l'ai emporté, qu'est-ce que je prendrais !

C'était *Le Libéral de la Vendée* du dimanche 17 août.

Ils déplièrent le journal sur leurs genoux et lurent l'un près de l'autre. La une titrait sur le choléra à Marseille : « Quarante-deux morts pendant la journée du 15 août... Au moment où le choléra sévit en France, il est bon de rappeler que M. Pasteur, l'an dernier, recommandait à la mission d'Égypte, contre cette redoutable épidémie, les lavages répétés des mains et de la figure, avec de l'eau additionnée d'acide thymique... »

À Mortevieille, on ne se procurait qu'un journal, une fois l'an : *L'Almanach très complet de la Vendée,* 15 centimes. En quatre-vingts pages, l'almanach donnait le calendrier et le programme des travaux agricoles, la liste des foires, des députés, des sénateurs, de l'administration préfectorale, quelques maximes de morale populaire, des prophéties météorologiques, et même une chanson de la mariée.

De temps en temps une fourmi courait sur le papier, ils la chassaient à tour de rôle, d'une pichenette. Quand ils eurent achevé leur lecture, elle replia le journal, le donna à Augustin.

— Tiens, c'est pour toi !

Augustin refusa.

— Ne t'inquiète pas, le rassura-t-elle, mon oncle ne verra rien. Il en a une pile comme ça.

Augustin déboutonna sa chemise et y glissa le journal. Comme ils revenaient vers la tonnellerie, ils croisèrent le vieil Antoine. Il portait la blouse bleue, comme grand-père Athanase. Il avait sur l'épaule la binette à sarcler les choux. Il tourna vers eux son visage creusé.

— Voulez-vous venir voir les petits veaux, les enfants ?

La ferme des Établières était en contrebas, à une centaine de mètres du château. Ils entrèrent dans la grande étable au sol dallé. Pour l'heure, elle était vide, les vaches étaient aux champs. Leur place était garnie d'une litière de paille fraîche. Instinctivement, Augustin compta les chaînes sur les crèches. Il en trouva trente. Les sept pensionnaires du troupeau de Mortevieille lui parurent un cheptel misérable.

— Un jour, j'en aurai autant que ça ! dit-il d'une voix têtue.

— De quoi tu parles ? lui demanda Antoine.

Deux vaches se tenaient dans l'ombre du fond de l'étable, avec leurs veaux. Le vieux domestique poussa la porte de derrière. Le soleil entra. Augustin était habitué aux grandes vaches parthenaises, couleur froment, au mufle noir et aux longues cornes en lyre. Celles-là étaient plus petites, plus râblées, et surtout d'un blanc immaculé.

— Tu es surpris, mon petit gars, par ces bêtes blanches ? Elles sont de race charolaise. Le maître nous a ramené les premières de l'Exposition de Paris en 1879.

Ils s'avancèrent sur la paille. L'une des vaches se leva. Son petit voulut l'imiter. Ses pattes étaient fragiles. Il tremblait. Il perdit l'équilibre, se releva, s'approcha du pis de sa mère. Antoine cajola le flanc de la vache.

— Elles les ont eus toutes deux ce matin...

Augustin prit la tête du veau dans ses bras. L'animal était comme de la neige. Ses doigts touchèrent le mufle rose et humide, grattèrent derrière l'oreille. La vache meugla doucement, tendit la tête en ruminant.

— Mais oui, il va te le rendre, ton veau. Tu aimes les bêtes, toi ! remarqua Antoine, s'adressant à Augustin.

Élise caressait prudemment le front frisé entre les cornes. Le veau se débattit, se dégagea, roula dans la paille sous le ventre de sa mère. Redressant la tête, il leva aussitôt un mufle assoiffé. Ils éclatèrent de rire. L'autre vache et son veau n'avaient pas bougé. Parfois la mère tendait le cou et les contemplait d'un œil mélancolique.

Le soir, en rentrant, le coude de l'oncle effleura Augustin sur le banc de la voiture. La chemise de l'enfant émit un bruit de papier.

— Qu'est-ce que tu caches ? demanda-t-il, et ses gros doigts lui pincèrent les côtes. Un cadeau de ta fiancée ?

Augustin sortit le journal de sa chemise en rougissant. L'oncle s'en empara et confia les guides du mulet à Augustin.

— Eh bien, c'est du joli ! Tu sais ce qu'elle t'a donné, ta petite amie ? Un journal républicain !

Il lut à haute voix, la cigarette dans la moustache, le titre du journal replié au cas où ils auraient croisé quelqu'un : « Loi Naquet sur le rétablissement du divorce : le divorce est rétabli, la victoire de l'esprit moderne sur l'esprit de réaction est complète... » Il lisait en ânonnant, accrochant souvent sur des mots même faciles. Les cahots du chemin y étaient peut-être pour quelque chose, et puis le jour sur le déclin. Le soleil se couchait dans un incendie, le ciel était plein d'impressionnantes fumées rouges. La terre elle-même, les arbres, les champs, l'oncle étaient enflammés.

— Tu sais ce qui se passerait si des Fontenelles trouvait cette feuille chez ton oncle ? Aussi vrai que je m'appelle Anselme, il les mettrait dehors, sur-le-champ !

Augustin demeura perplexe.

— Tu ne me crois pas ? Montre ce journal à Moïse, tu vas voir ce qui va t'arriver !

Le petit agita les guides ; ses lèvres tremblaient.

— Tu n'as pas entendu le curé, dimanche, à la messe ? Il a parlé de cette loi imposée par les francs-maçons... Si tu le veux, cette histoire reste entre nous. On n'en parle à personne, et je fais brûler ce papier.

Augustin avala sa salive et hocha la tête. L'oncle pétrit le journal en boule et l'enfouit dans sa poche. Le mulet dodelinait, apparemment fatigué par la montée. Ils approchaient de la gîte de châtaigniers. Les rayons du couchant s'infiltraient dans les branches et on aurait vraiment dit qu'il y avait le feu. Anselme toucha le dos du mulet avec sa baguette.

Les jours passaient trop vite. Il ne restait plus qu'un muid à réparer. Lorsque Élise se montra, le dernier après-midi, Anselme recommanda à Augustin :

— Ne soyez pas trop longs, il y a les outils à ramasser.

Il ne l'avait pas empêché d'aller s'amuser avec Élise, le lendemain de l'affaire du journal, et n'en avait pas reparlé. Augustin entraîna Élise derrière la haie de lauriers. Une fois mis en rose, les demi-muids avaient les uns après les autres révélé leurs entrailles humides de quelques verres de rhum. L'oncle avait, bien sûr, continué de recueillir le précieux liquide, et l'avait versé dans une bouteille apportée à cet effet. Économe de ses plaisirs, il n'y avait même plus goûté, sauf à ses doigts parfois mouillés.

— Je prends, pour l'instant, avec le nez. Après, ce sera le tour de la langue !

Augustin avait confié le secret de cette découverte à Élise. Elle lui avait demandé si c'était bon. Il avait entrepris un chaleureux éloge du rhum. Ce dernier matin, Anselme avait incliné le dernier muid avec une égale jouissance. Le rhum recueilli, fût après fût, s'élevait presque jusqu'au col de la bouteille. Comme à l'habitude, il avait confié à Augustin la charge d'aller la dissimuler dans la voiture. Cette fois, au lieu de la ranger à sa place, l'enfant l'avait cachée dans les lauriers.

Glissé maintenant à plat ventre sous les branches, il s'efforçait de l'attraper. Élise montait le guet au bord de la haie. Il se recula enfin, triomphant, brandissant la bouteille, qu'il fourra dans sa culotte. Traversant le jardin ils coururent jusqu'à l'ombre de leur cerisier. L'herbe y était pilée. Le grillon qu'ils avaient sorti de son trou avec une brindille était toujours là. Augustin déboucha difficilement la bouteille. Élise approcha le goulot de son nez, et son visage fut bouleversé par une horrible grimace.

— Ça sent très mauvais !

Augustin sourit et, pour ne pas faillir, il emboucha la bouteille sur-le-champ. Il se laissa surprendre par la première et trop grande lampée. Il suffoqua, la bouche, la gorge, la poitrine, l'estomac en feu. Il toussa, cracha, des larmes plein les yeux. Sa récompense pour son action héroïque fut le bras d'Élise autour de ses épaules, ses boucles lui chatouillant l'oreille.

— Ça va ? interrogea-t-elle, lui tapotant le dos, l'air sincèrement contrite.

Pour lui faire plaisir, elle condescendit à prendre la bouteille. Elle l'approcha de ses lèvres, se les mouilla, grimaça derechef, cracha à son tour.

— Je ne comprends pas, dit-elle en s'essuyant la bouche, comment vous pouvez aimer ces boissons fortes, vous les hommes !

Elle avait parlé le plus sérieusement du monde. Ils se regardèrent, les yeux dans les yeux, et pouffèrent.

— Attends ! l'arrêta Augustin.

Il courut jusqu'au mirabellier. L'herbe était brûlante. Le vent chaud levait des tourbillons de poussière. Les feuilles minéralisées pendaient. Il rapporta une poignée de fruits et s'en emplit la bouche pour en chasser définitivement le feu.

— Puisque c'est notre dernier après-midi, dit-elle, tiens !

Elle lui glissa dans la main le cadeau qu'elle dissimulait. C'était une petite boîte de carton noir, ronde. Elle était ornée d'une étiquette artistiquement colorée. Augustin en souleva le couvercle.

— Tiens-la bien droite ! Fais attention ! recommanda-t-elle.

La boîte était aux trois quarts pleine d'une poussière jaune, métallique. Il y posa instinctivement le doigt. La poussière s'y colla. C'était de l'or. Son doigt scintillait de poudre d'or.

— Comme tes yeux..., fit-il, ému.

La gorgée de rhum contribuait, sans doute, à accroître son émotion. Il était un peu gris. Il voyait Élise comme au travers d'un œilleton de cristal, et il était ravi.

— Merci.

Il referma précautionneusement la boîte, leva son doigt enduit d'or. Il n'avait pas, quant à lui, prévu de cadeau. Il n'aurait pas été gris, peut-être aurait-il hésité davantage. Il chercha dans sa poche et en sortit ce qu'il avait de plus utile et de plus précieux au monde : son couteau de poche à deux lames Pradel. Il en avait besoin pour manger, bien sûr. Il connaissait le proverbe : « Qui perd son couteau perd son morceau ». Son couteau était aussi un outil tout usage. Il le sortait sans cesse pour couper, tailler, peler, gratter, creuser, décrotter. Il en appréciait la deuxième lame, plus pointue, plus fine, utile pour les travaux plus minutieux. Il contempla le manche rouge, qu'il aimait caresser dans sa poche. Il pensa, le cœur serré : « Je vais reprendre mon vieux couteau de bébé. » Et, pour ne pas souffrir davantage, il le tendit vivement à Élise.

— Voilà, c'est pour toi.

Elle fit semblant de ne pas apprécier le cadeau à sa juste valeur.

— C'est vrai, tu n'en veux plus ?

Il secoua lentement la tête. Elle caressa le manche.

— Il a deux lames, précisa-t-il.

Elle ne prolongea pas plus longtemps le supplice. Elle glissa le couteau dans sa poche. Ils allèrent remettre la bouteille de rhum à niveau dans la fontaine du bassin des carpes.

Lorsque Anselme et Augustin, assis sur le banc de la charrette, franchirent la grille du château, ils croisèrent Élise. Elle poussait son cerceau sur l'allée cavalière avec un bâton court. Elle avait rejeté son chapeau en arrière. Maintenu par le cordonnet autour de son cou, il sautillait sur ses épaules. Tapant à petits coups sur le cerceau, elle traversait tantôt l'ombre, tantôt la lumière. L'oncle grogna :

— Qu'est-ce qu'elle fabrique là, encore, celle-là ? On peut dire qu'elle ne t'aura pas lâché. Ne te fais pas d'idées : dès qu'elle va grandir, elle ne te regardera plus !

Il secoua les guides et poussa le mulet à prendre le trot. Augustin toucha la boîte de poudre d'or à travers la toile de son pantalon. L'oncle écarta d'un revers de main les poils de sa moustache de sa bouche.

— Comment trouves-tu le métier de tonnelier ?

Augustin s'attendait un peu à cette question. Il avait remarqué le changement de son oncle à son égard au cours de la semaine. Anselme s'était plu à lui apprendre certains secrets du métier, comme de mesurer au doigt le cintrage d'une douelle. Et puis, ce dernier soir, en rechargeant les outils sur la voiture, il avait paru plus euphorique. Il avait contemplé les muids alignés, avec les marques claires de leurs douelles neuves.

— Pas de bêtises, avait-il recommandé à Bonnichon, ils sont comme neufs. Ils ont bon goût. Faites attention à ce que vous y mettrez !

Il l'avait répété à Tireau, venu vérifier la fin des travaux. Le maître des Établières avait une réputation d'exigence auprès de ses personnels et de ses métayers. Il commandait. Il voulait être obéi à la lettre. Ses adversaires le disaient fier. Il portait sur lui le poids d'un lourd héritage. Alors il dressait le menton au-dessus de sa silhouette longiligne. Anselme lui avait dit :

— Il faudra que vos hommes sachent entretenir ces fûts, maintenant. Je ne sais pas avec quoi vous allez les remplir. Vous n'avez pas si grand de vigne...

— Je vais planter, Anselme. Le phylloxéra a fait chuter la production. Les premiers à réagir encaisseront les bénéfices de la demande.

— Vous croyez à ces traitements contre la maladie ?

— Il n'est pas question de croire. Allez voir ma vigne. Elle a été traitée au sulfure de carbone. Je vais planter des cépages français sur pieds américains résistants. Ne vous inquiétez pas, Anselme, la tonnellerie a encore de beaux jours dans ce pays !

Assis sur le banc près de l'oncle, Augustin donna en hésitant son avis sur le métier de tonnelier :

— Oui, c'est bien...

Anselme secoua furieusement les guides.

— C'est bien... quoi ? reprit-il en singeant la mollesse de la réponse d'Augustin. Ça te plaît, ou ça ne te plaît pas plus que ça ?

Augustin eut conscience que sa réponse pouvait engager son destin. Il attendit, tourna machinalement la tête pour lancer un regard sur l'outillage noble rangé dans la voiture.

— J'aimerais apprendre la tonnellerie, dit-il en baissant les yeux, mais... je veux devenir paysan.

— Tu ne choisis pas le plus facile. Tu as vu la vie que mènent ton oncle et ta tante ? Les prix agricoles baissent. Tu es intelligent. Tu comprends vite. Moi, je suis un homme libre. Je n'ai pas de maître à me commander.

Le refus d'Augustin froissait sa fierté d'artisan. Il avait toujours considéré les paysans comme un troupeau de pauvres bougres, asservis à leur terre, aux saisons, au propriétaire. Il n'avait pas imaginé le refus de l'enfant, un enfant orphelin qui plus est, sans rien à lui, pas même la chemise qui lui couvrait le dos. Il faillit le lui dire. Augustin parla avant, frottant ses mains entre ses jambes.

— J'aime les bêtes ! dit-il.

L'oncle Anselme grommela :

— Tu en as, une caboche ! Mon mulet, ce n'est rien, à côté de toi !

3

Pareille question fut posée à Augustin, deux ans plus tard, après son certificat. Il avait onze ans. Le frère directeur l'avait présenté sans crainte.

— S'il ne l'a pas, personne ne l'aura ! avait-il affirmé au frère Legland. J'aurais pu le présenter l'année dernière. Il était prêt. Tout ce que nous avons étudié cette année a été du rabâchage ennuyeux, pour lui. Il est haut comme trois pommes, mais vous avez vu ses yeux ? C'est beau de lire l'intelligence sur un visage d'enfant. C'est l'un des grands bonheurs du métier d'enseignant.

— Ne vous attachez pas trop aux yeux des petits garçons, le réprimanda frère Legland. Ils peuvent être aussi des pièges du diable !

Le cou du frère directeur s'empourpra au-dessus du col à rabat blanc et bleu. Il aimait le petit Augustin. Frère Legland l'avait remarqué à certaines douceurs dans la voix, inhabituelles chez son supérieur.

— On peut aimer sans intentions impures, se défendit le frère directeur.

— Sans doute, frère. (Il poussa vers lui un verre de vin très noir apporté par le fils du Caïffa.) Pour ne pas succomber, mieux vaut éviter les risques de tentation.

Frère Legland ne courait pas de tels dangers. Outre l'entomologie et la botanique, il était passionné de chasse. Avec l'autorisation de M. des Fontenelles, il arpentait la commune armé du fusil à piston de son père. Il le chargeait par la gueule. Et, quand le coup partait, il était enveloppé d'un épais nuage de fumée. Il aimait le vin, aussi. Il profitait toujours de l'accueil d'une cave hospitalière, au retour de la chasse. Il en était sorti plusieurs fois absolument ivre, pour la plus grande honte du frère directeur et la sienne.

Pur sanguin, avec l'âge, son nez, ses pommettes, son menton se couperosaient. Son franc-parler n'épargnait personne, pas même son supérieur, beaucoup plus porté vers les joies de l'esprit, la prière, la contemplation. Ils formaient un couple très hétérogène, mais cohabitant dans une enviable harmonie. Ils s'étaient réparti les tâches selon leurs capacités : au frère Legland tout ce qui concernait le matériel, le chauffage, les bricolages, les nourritures terrestres, c'était lui qui commandait le frère cuisinier ; au frère directeur toute l'organisation pédagogique de l'école, la réflexion, les responsabilités officielles, les relations avec M. le curé et M. le comte.

Chacun avait conscience des capacités de l'autre. Aucun n'empiétait sur ses prérogatives et ses plaisirs. Ils s'entendaient bien. Dans le privé, ils oubliaient les considérations hiérarchiques pour s'encourager au bien.

Le frère directeur continua de parler d'Augustin en savourant lentement son verre de vin. Il en contemplait la belle couleur d'encre dans la lumière.

— Cet enfant est beaucoup plus mûr que ses camarades, malgré sa petite taille. Il souffre de sa solitude d'orphelin.

— C'est pourquoi vous éprouvez pour lui l'affection du bon berger, ajouta le frère Legland en lui tendant la bouteille.

Son verre était déjà vide. Le frère directeur, agacé, refusa d'en reprendre. Après une hésitation, frère Legland emplit le sien jusqu'à ras bord.

— Vous ne pouvez pas nier son intelligence, vous l'avez eu comme élève !

Augustin n'était pas le meilleur en français : le fils du Caïffa, à l'imagination débordante, le dépassait régulièrement. Mais, outre sa mémoire encyclopédique, capable de restituer sans défaillance son livre entier d'histoire sainte, il stupéfiait ses maîtres par son exceptionnelle facilité à jongler avec les chiffres.

Le frère Legland, le premier, s'en était aperçu à l'occasion des exercices de calcul mental. Quand les autres, à la cervelle lourde, peinaient à compter sur leurs doigts, malgré l'interdiction, bras croisés sur la table, Augustin levait la main avec un demi-sourire, le triomphe modeste. Sa réponse était juste, immanquablement. Il ne s'agissait que d'opérations banales, des petites additions et multiplications pour lesquelles il cessa d'interroger Augustin, malgré sa main insistante.

Devant la désolation de l'enfant, il résolut de tester sa virtuosité. Le frère ne se prenait pas pour un génie, conscient de ses limites. Au juvénat, on avait souvent sanctionné son absence d'esprit de finesse. Du moins il se piquait de son esprit de logique et de quelques capacités en mathématiques. Il garda Augustin en classe pendant une récréation.

— Alors, mon bonhomme, tu n'es pas content de ne pas être interrogé ? Garde les bras croisés, et prépare-toi à répondre, 86 multiplié par 8 ?

L'enfant tarda à ouvrir la bouche. Le frère répéta.

— Tu ne trouves pas ?

La question parut surprendre Augustin, et il leva un regard étonné sur le frère, qui mettait en doute sa capacité.

— 688, répondit-il de sa tranquille voix d'enfant.

Le frère passa à la table de 9, puis au multiplicande à trois chiffres, opération qu'ils n'avaient pas encore pratiquée par écrit en classe. Augustin garda les bras croisés et ne parut pas plus affecté. Il prit le même temps pour donner la réponse exacte, sans l'ombre d'une hésitation. La semaine suivante, le frère reprit l'exercice, avec deux chiffres au multiplicateur. Le petit ne sourcilla pas, parut peiner au début pour s'adapter à la nouveauté, et livra la solution avec un naturel désarmant. Rien ne bougeait sur son visage. Seuls ses yeux, parcourus de scintillements violets, exprimaient une secrète jubilation. Quand, après quelques séances, le frère se décida à passer à la multiplication à trois chiffres, il conclut au prodige. Il était lui-même au bout de ses possibilités et, pour ne pas commettre d'erreur, il avait préparé les opérations sur le papier. Il invita le frère directeur à être témoin.

— 493 multiplié par 245 ? interrogea-t-il.

Bras croisés, sabots joints au pied de la chaire, le garçon mit en mouvement sa mécanique cérébrale. Le frère directeur n'essayait même pas d'effectuer le calcul, trop compliqué pour lui.

— Tu as trouvé ? demanda-t-il, stupéfait.

— Peut-être...

— Il a trouvé, fit-il, incrédule, au frère Legland. Combien ?

— 120 785.

— Comment fais-tu ?

— Je ne sais pas, répondit Augustin avec un petit sourire fier.

— Tu t'entraînes ?

— Un peu.

— Quand ?

— Le soir, dans mon lit.

— Il ne faudrait pas en faire un singe savant, dit le frère Legland lorsqu'ils eurent renvoyé l'enfant dans la cour. C'est tout de même extraordinaire. On se demande quelle machine il a dans la tête.

Ils suivirent l'évolution du fonctionnement de la machine au fil des années. Elle continua de leur fournir, en un clin d'œil, une suite de nombres conformes. Les problèmes de surfaces et de robinets du certificat d'études étaient pour lui un amusement.

Le frère Legland rangea la bouteille et les verres dans le placard. Il tendit son chapeau au frère directeur.

— Mais oui, on va en faire un frère enseignant, et même un ingénieur, le premier de notre congrégation.

En entrant dans la cour de Mortevieille, les frères eurent l'impression de pénétrer dans un four. La lumière était aveuglante. Les Vernageau battaient. Ils avaient répandu leur blé sur l'aire. Le soleil flambait sur la paille blonde entre les murs de la maison et de l'étable. Une paire de bœufs et une paire de vaches, liés par deux, tournaient sur le blé en tirant le lourd rouleau de pierre. Un sac de jute, fixé sur le joug et rabattu en casquette, leur faisait de l'ombre. De longs filets de bave leur pendaient au bord des lèvres. Moïse les touchait. L'aiguillon sur le joug, il leur parlait pour les tenir en éveil :

— Rougette, Brunette ! C'est bien, les enfants !

Lui aussi, à force de parler et de tourner, avait le tour des lèvres blanc de sel. Athanase, Baptiste, Pierrot, Augustin, armés de fourches, brassaient le blé aux quatre coins de l'aire. Leurs fourches levaient des nuées de poussière qui les faisaient tousser. Le grand-père était lent, la tante Fine le secondait dans son ouvrage. Tous avaient les manches retroussées. Même les bras du petit Augustin étaient noirs comme un vieux cuir.

— Vous allez attraper du mal ! dit le frère directeur en piétinant la paille.

Il avait étalé son mouchoir entre son crâne et la calotte de son chapeau rond. Sous un soleil si vif, les feutres noirs concentraient la chaleur.

— Mais non, lui répondit Moïse, pourquoi ? Il fait meilleur, maintenant. On a fait la sieste après midi.

Il souriait. Chaque pli de son visage était noir de poussière.

— C'est du beau temps pour battre.

— Tout de même, il tombe encore du feu !

Le frère directeur enleva son chapeau et essuya son front ruisselant. Le père prit à témoin ses enfants, qui sourirent discrètement du peu de résistance de ces intellectuels. Les bêtes continuèrent de tourner, obéissant à l'aiguillon machinal de Moïse, qui interpella les garçons.

— Pierrot, Augustin, vous allez dételer et conduire les bêtes à l'abreuvoir !

C'était le signal de la pause. L'apparition des frères l'avait hâtée. Léa était sortie, son couteau dans une main et une rave de la soupe du soir dans l'autre.

— Finissez d'entrer ! dit Moïse en montrant la porte.

Il lança sa casquette sur la table, demanda des verres, de bonne humeur. La récolte était belle. Il ne semait pas pour vendre, déterminant chaque année la surface pour assurer le pain des douze mois. En moyenne, trois sacs de quatre-vingts kilos par personne, sans compter les enfants. Les femmes devaient se débrouiller à les nourrir par-dessus le marché. Cette année, c'était sûr, ils auraient de la réserve.

Comme à son habitude, le frère directeur était un peu raide de se trouver dans une habitation étrangère. Il trinqua pour imiter le frère Legland. La gorgée de prunelle le suffoqua. C'était presque du vinaigre, au goût rance de fond de tonneau. Moïse devina :

— C'est tout ce qu'il nous reste à boire, des prunelles qu'on trempe avec des nèfles. On est habitués. C'est mieux que de l'eau.

Le frère hocha la tête, visiblement peu convaincu.

— Nous sommes venus pour Augustin, fit-il, après une seconde gorgée aussi pénible. Le petit a eu facilement son certificat, il serait dommage de ne pas le pousser.

Léa s'arrêta d'éplucher ses légumes. Marcelline l'aidait.

Elle donna du coude à sa fille pour qu'elle cesse de faire du bruit avec son couteau.

— Nous avons pensé qu'il pourrait continuer d'étudier à notre juvénat de Saint-Gabriel.

Moïse avait croisé les bras, le verre à la main, les jambes ramenées sous lui. Une ligne délimitait nettement le crâne chauve, rose, gardé par la casquette, et la figure cuite.

— Qu'est-ce que c'est que le juvénat ?

— Une école où on prépare le brevet supérieur pour devenir instituteur.

— Et frère..., précisa frère Legland.

— Frère, si on le veut, reprit le frère directeur. On est prêt à le prendre gratuitement à Saint-Gabriel. Le comte est d'accord pour payer la moitié de sa pension, les frères prendraient en charge le reste. À notre avis, ce serait une faute de ne pas l'encourager à poursuivre plus loin...

Pierrot et Augustin arrivaient. La conversation s'arrêta. Les enfants s'approchèrent du seau d'eau. Pierrot y plongea le pot et but le premier.

— Vous avez rentré les bêtes à l'ombre dans l'étable ?

Ils hochèrent ensemble la tête. Il faisait bon dans la maison. La pénombre était fraîche, au sortir de la fournaise de la cour. Le volet était tiré sur la fenêtre et la chaleur n'entrait que par le rai de la porte entrebâillée. Les mouches s'alignaient en paquet immobile dans le rayon de soleil sur la terre battue.

— Tu as entendu de quoi on parlait ? demanda Athanase.

Augustin hocha de nouveau la tête.

— Qu'est-ce que tu en penses ?

Il s'approcha en s'essuyant la bouche.

— Ça te plairait de continuer d'apprendre ? demanda le frère directeur.

— Oui.

— À Saint-Gabriel, il y a de bons professeurs. Je suis sûr que tu t'y trouveras bien.

— Tu as envie d'être frère ? demanda Moïse.

— Je ne sais pas.

— La question n'est pas là ! intervint le frère, agacé. Nous sommes seulement venus te proposer une place au juvénat. (Il lui parlait avec douceur, comme s'ils avaient été en tête à tête.) Nous sommes même persuadés que tu es capable d'y briller.

Augustin haussa les épaules, gêné d'être le centre de la conversation.

— Il faudrait que vous nous disiez ce que vous en pensez, vous, la famille, interrogea le frère directeur.

Moïse repoussa sa casquette sur la table, prit la bouteille, servit le frère Legland, insista pour emplir le verre du frère directeur, qui céda, interrogea du regard Léa, puis son père, versa enfin dans son verre et, après s'être raclé la gorge :

— Je pense... qu'il sera bien vite un homme, et qu'on ne moissonnera pas tous les ans de quoi ajouter une part. Alors, si vous le jugez capable, et si c'est son goût..., du moment que ça ne coûte pas...

Il était à l'évidence satisfait, et Léa avec lui. Il regarda Augustin avec amitié, se leva, ouvrit grande la porte. Le soleil entra, aveuglant. L'or de la moisson brûlait au milieu de la cour.

— Tu vois, dit Léa s'adressant à Augustin, c'est peut-être toi qui auras la meilleure part...

Les frères sourirent, rassurés.

— C'est en effet une chance pour Augustin, confirma le frère directeur. La communauté des frères, vous savez, est une grande famille.

Augustin n'avait pas bougé du milieu de la salle commune. Comme à l'école, il avait croisé les bras, baissant la tête et contemplant le nez de ses sabots.

— Reste à savoir maintenant si tu veux entrer dans cette grande famille, demanda frère Legland.

Le cœur d'Augustin se serra. Il ne savait pas quoi répondre. Il jugeait à sa juste valeur le cadeau offert par les frères. Il avait depuis longtemps perçu leur affection paternelle. Il avait conscience que, dans sa situation, refuser cette offre serait une faute. Il avait pourtant l'impression d'avoir la main forcée. Tout à l'heure, pendant que les bêtes buvaient, Pierrot avait ricané.

— Elles sont là pour toi, les soutanes !

Augustin s'était fâché.

— Non ! J'ai le certificat, je ne vais plus à l'école !

Pierrot avait continué.

— Petit curé ! Petit curé !

Augustin lui avait couru après. Athanase parla pour lui du coin de la cheminée.

— Vous lui annoncez tout ça d'un coup. Il y a de quoi être tourneboulé. Laissez-le donc réfléchir un peu, tranquillement.

— Réfléchir ! Réfléchir ! réagit Moïse en colère. Il fera ce qu'on lui dira. Ce n'est pas à un drôle de onze ans de faire la loi ! Vous, père, vous avez toujours eu trop de bonté pour lui !

Le grand-père se leva de son fauteuil. Il s'avança dans le soleil et posa la main sur l'épaule d'Augustin.

— Nous allons parler ensemble, fit-il d'une voix ferme au frère directeur. Vous n'êtes pas à deux ou trois jours près...

Le frère directeur ne dit pas qu'il avait déjà laissé entendre cette proposition à Augustin dans des conversations antérieures. Il vida son verre. Il était manifestement déçu. Avant de partir, il contempla, songeur, Augustin marchant vers l'étable pour en ressortir les attelages avec Pierrot.

— Qu'il ne tarde pas trop à donner sa réponse !

Les Vernageau se remirent à battre. Les premiers

gestes furent pénibles. Un voile de sang descendit sur les yeux des batteurs. Et puis ils reprirent le rythme. Ils travaillèrent jusqu'à la nuit. Ils ne parlèrent pas davantage de la visite des frères.

Le lendemain, ils vannèrent le blé. À tour de rôle, ils tournaient la manivelle du tarare. Augustin était tout juste de taille. Il s'y cramponnait pour voir tomber les grains à travers le crible.

— C'est du bonheur ! dit Athanase en plongeant dans le blé sa vieille main marquée de cicatrices noires.

Les grains étaient gonflés, avec des lèvres bien formées.

— C'est notre pain de chaque jour..., confirma Moïse en le laissant ruisseler entre ses doigts.

Augustin cessa de mouliner pour joindre la main à celles de son grand-père et de son oncle. Ils en portèrent une poignée à leur bouche. Moïse souleva le sac de quatre-vingts kilos et le chargea sur ses épaules. Augustin pensa au tas de grain dans le coin du grenier. Ils avaient joint les deux bouts, puisqu'il en restait un peu de l'an passé. L'ancien n'avait plus guère d'odeur. Il imagina le parfum de ce blé nouveau tel qu'ils le sentiraient, ce soir, couchés dans leur grenier.

Bertin, le régisseur, vint vérifier le partage. Il n'était pas facile à rouler. Il savait combien de boisselées avaient été ensemencées, avait estimé les rendements. La part du maître était rangée en sacs dans la grange. Augustin profita de la présence du régisseur pour dire à Athanase :

— Grand-père, je n'ai pas envie d'aller à leur école !

— Tiens bon la goule du sac, mon petit gars.

Ils versaient dans le sac le blé ventilé.

— Pourquoi tu n'as pas envie ?

— Je ne veux pas m'en aller des Moutiers.

Le grand-père s'arrêta de verser.

— Tu as réfléchi que, si tu ne t'en vas pas chez les frères, il faudra te gager ?

Augustin ne répondit pas.

— Méfie-toi, la terre est lourde chez nous. On n'en fait pas ce qu'on veut. Tu es comme ta pauvre mère, et tu m'inquiètes. Tu as de l'ambition. Tu rêves. Tu as vu où ça l'a menée ? Regarde autour de toi, regarde-nous : la vie de paysan ne mène pas souvent bien loin.

Il s'arrêta. Il battait nerveusement des paupières comme s'il révélait quelque blessure secrète. Il posa le double par terre et poursuivit :

— Tu n'as rien... que les vêtements que tu as sur le dos..., et encore...

Augustin répliqua :

— Je n'aime pas les vêtements de Mme des Fontenelles !

— Tu devras tout gagner par toi-même. Si tu rentrais chez les frères, tu n'aurais plus à te soucier que d'étudier. Tu aurais le nez dans les livres toute la journée. Tu pourrais lire tout ton Victor Hugo.

Augustin hocha la tête.

— Je veux être paysan.

— Eh bien, tu seras valet. Tu te lèveras aux aurores. Tu faucheras treize, quatorze heures par jour. On te paiera avec une culotte et une blouse. Pour la satisfaction d'une journée de récolte comme aujourd'hui, tu peineras toute une année. Et encore, si le temps le permet. Méfie-toi, avec la terre on ne peut pas tricher.

— Je ne veux pas tricher.

Le grand-père se tut, surpris par la fermeté de ton du petit. Il contempla son visage enfantin, sa lèvre boudeuse, sa prunelle bleue. Il soupira.

— Tu as une vraie tête de mule. Il n'y a pas de têtu comme toi dans la famille. Je me doutais que tu refuserais. Ton oncle Anselme m'avait averti. J'ai parlé à ton oncle Valentin, des Fontenelles. Il est prêt à te prendre comme petit valet à la Saint-Michel.

— C'est vrai ? fit Augustin, soudain illuminé.

— Oui, c'est vrai, répondit sèchement le grand-père pour ne pas s'attendrir. Je ne sais pas si c'est ce que j'ai fait de mieux.

Il reprit le double.

— Tiens bon la goule du sac !

La nouvelle de cette décision provoqua, bien sûr, la colère de Moïse et une querelle avec son père. Il n'avait jamais été méchant avec Augustin, mais dans son emportement il prononça des paroles blessantes.

— Vous lui cédez en tout. S'il avait un père, il verrait s'il ferait ce qu'il veut. Il se ferait dresser autrement, croyez-moi... On a fait tout ce qu'on a pu pour lui. S'il a besoin de quelque chose, qu'il ne vienne plus mendier chez nous !

Augustin se sauva dans l'étable.

III

LE VALET DES FONTENELLES

1

Pierrot s'allongea sur le dos, les mains sous la tête, à son coucher, le 28 septembre 1886, la veille du départ d'Augustin. La nuit était claire, la lune glissait de la crème à la bordure des volets. Le grenier était habité par les ombres familières des poutres noires de la charpente, de la rampe d'escalier, du mur inégal dessinant des figures monstrueuses. Augustin interrogea Pierrot.

— Tu ne dors pas ?

Pierrot ne répondit pas.

— Pourquoi tu ne dors pas ?

Pierrot souffla, bougea la jambe. Il était comme un grand frère pour Augustin. Il lui avait enseigné tous les jeux, lui avait transmis toutes ses connaissances, et il connaissait beaucoup sur les plantes, les bêtes marchantes, rampantes, volantes. La mémoire sans défaillance d'Augustin, bon public devant les exploits de son aîné, avait tout enregistré. Maintenant encore il admirait ses airs d'homme de seize ans, l'écoutait lui parler des filles et le laissait se moquer de lui parce qu'il n'en avait jamais embrassé. Il s'attendait à quelques persiflages pour leur dernier soir. Pierrot resta longtemps à songer en silence. Et puis :

— Tu en sauras vite plus que moi, avec tout ce qu'ils ont dans leur grande métairie.

Augustin perçut la jalousie de Pierrot et éprouva un bref élan de fierté. Il y eut encore un long silence. Et Pierrot le prévint.

— Méfie-toi de leur cheval. Je le connais. Je l'ai vu chez le maréchal. Il est franc comme un âne qui recule.

Augustin répondit crânement :

— Je n'ai pas peur des chevaux.

Pierrot s'agita, grogna, puis lui tourna le dos en murmurant.

— Qu'est-ce que tu as ? interrogea Augustin.

— Ce n'est pas la peine de te parler, puisque tu connais tout !

Augustin tendit le bras, lui toucha l'épaule. C'était leur dernière nuit. Il s'en voulait de l'avoir vexé. Pierrot ne bougeait plus. Peu après son souffle s'allongea. Il dormait. Augustin écouta longtemps les bruits de la nuit. La plaque de fonte de la cheminée craquait en se refroidissant. De temps en temps le vent sautait sur le toit du grenier, froissait le feuillage de la treille, poussait contre le volet. Il courait sur les tuiles, on aurait dit les crépitements de la pluie. Augustin écouta sonner onze heures, puis minuit. Il s'endormit en entendant confusément tousser la tante Fine.

Il s'éveilla au premier tintement des pincettes dans la cheminée. Athanase lui avait dit :

— On partira à l'éclaircie.

Il descendit rapidement. La tante Léa tisonnait encore, les cheveux défaits. Le grand-père entra avec le pot de terre rempli de lait qu'il venait de traire. Augustin comprit que cette gâterie lui était destinée. Il aimait le lait frais dans sa soupe. Athanase était allé traire exprès pour lui. Il faisait encore grand nuit. La porte laissait entrer la fraîcheur. La flamme de la lampe vacillait. Athanase indiqua à Augustin de s'asseoir en face de lui. L'enfant tailla son pain comme son grand-père le lui avait appris, en lamelles fines. Léa arrosa l'assiette de bouillon brûlant à la louche.

— Pas trop ! l'arrêta le grand-père. Laisse de la place pour le lait.

La tante Fine s'était assise sur la salière, au coin du feu. Le dos rond, tassée sur elle-même, elle toussait encore par quintes sèches. Athanase tourna vers elle un visage soucieux. À la lumière de la lampe et du feu de cheminée, il parut plus vieux que de coutume à Augustin. Les trous de ses orbites lui semblèrent plus profonds.

— C'est bon ? demanda le grand-père en levant ses yeux blanchis par la cataracte.

— Oui.

Athanase aspira une cuillerée de soupe.

— Tu es un vaillant petit soldat..., murmura-t-il.

Augustin ne répondit pas, les yeux dans les yeux de son grand-père. Pierrot dégringola l'escalier à toute allure, à peine culotté, la veste sur le bras. Il stoppa net en les apercevant.

— Ah ! vous êtes là ? Je vous croyais partis.

Augustin lui fut reconnaissant de sa précipitation. Moïse revenait de son premier tour dans l'étable. Le vacarme de Pierrot avait réveillé Marcelline et Baptiste, toujours difficiles à sortir du lit. La tante Léa posa le bissac d'Augustin sur la table. Ce n'était pas un gros barda. Il contenait ses sabots et ses vêtements de travail, une chemise de rechange, des chaussettes de laine hautes et leur élastique pour les maintenir au-dessus du genou, un sac à pieds molletonné pour le lit. Le grand-père se retourna et considéra la nuit blanchissante.

— On ne va pas tarder.

L'oncle Moïse dit à Léa :

— Mets-lui un tour de pain et un peu de beurre.

Augustin salua d'abord sa cousine Marcelline. Elle se mit à pleurer.

— Pourquoi tu t'en vas, Augustin ?

— Il s'en va parce que c'est la vie, parce qu'il faut partir, dit sévèrement sa mère.

Elle tendit la main vers le front du garçon.

— Tâche d'être obéissant. Sois propre. Tu vas chez des riches à beaux meubles.

Elle tira sur le col de la chemise d'Augustin pour le redresser. Tante Fine toucha la joue du voyageur, poussant l'un de ses habituels cris de souris.

— Petit bonhomme ! fit-elle.

Augustin passa la bride de son bissac sur son épaule, serra la main de Baptiste et de Pierrot.

— Fais attention à leur cheval ! insista ce dernier, prenant sa revanche de la veille.

Il lui bourra l'épaule d'une succession de coups de poing amicaux. L'oncle enferma la nuque d'Augustin dans sa lourde patte.

— J'espère que tu vas te faire secouer les puces, là-bas !

Mais le son de sa voix, les plis de ses yeux étaient d'affection. Athanase attendait devant la porte avec son bâton. Augustin s'apprêtait à le suivre, mais revint sur ses pas. Il se pencha vers Fauvette, allongée sur la pierre de la cheminée. La chienne se redressa, lui sauta aux épaules en agitant joyeusement son moignon.

L'éclaircie était là, en effet. Un trou s'était formé dans le tissu de la nuit. La lumière entrait par ce trou, plus ardente que les laitances des astres nocturnes. Lorsqu'ils s'engagèrent dans la côte de la lande des genêts, la déchirure du ciel s'agrandit. La lumière bouillonna, força l'ouverture, s'étala en un large fleuve étincelant sur la campagne. Les arbres apparurent, jaunes encore. La vallée de la Vie sortit de l'ombre. Le grand-père Athanase murmura, en poussant un caillou de la pointe de son bâton :

— Tu n'es pas le premier que je conduis comme ça chez son nouveau maître.

Il ne pensait peut-être pas particulièrement à Donatienne, mais l'image de sa mère s'imposa à l'esprit d'Augustin. Il compta : 365 multiplié par 11, plus 152, égale 4 167. Il avait vécu 4 167 jours à Mortevieille, environ, moins les deux ou trois jours suivant sa naissance, moins sa nuit sur l'échafaudage du clocher.

Ils arrivèrent au pied du grand noyer. Il faisait frais. Un vent d'ouest poussait des nuages ajourés comme de la dentelle. Une goutte perlait au nez du grand-père. Il suffisait de la fraîcheur du matin pour que son nez devienne une fontaine. Il tenait son bâton et son mouchoir dans la même main. Il avait été un marcheur. L'âge, pour l'instant, n'avait pas engourdi ses jambes. Son bâton ne lui servait guère d'appui. Il prolongeait son bras pour gratter dans la terre ce qui s'offrait au nez de ses sabots. Il le tendit et montra la lande devant lui.

— Vous avez bien travaillé, les enfants.

À partir du noyer, une brèche d'une trentaine de mètres de large et d'une centaine en profondeur était ouverte dans la lande.

— Vous en avez bien défriché un journal...

Augustin acquiesça.

— Un journal et quatre-vingts mètres carrés.

Une vive confrontation avait opposé Pierrot et Augustin à toute la famille au sujet du défrichage de la lande. Les jeunes prétendaient faire de la terre sur cette colline abandonnée. Les anciens n'en voyaient pas l'utilité, rétorquant que si elle était précisément abandonnée c'est qu'elle ne valait rien. Les jeunes eurent l'audace d'en parler à Bertin, le régisseur, et le mirent de leur côté. Ils comprirent trop tard, à la fureur de Moïse soutenu par Athanase, que la lande avait gardé un caractère sacré. Elle était le dernier refuge de la famille.

Cela n'avait pas empêché les garçons d'entreprendre

de la défricher, seuls, à la faucille et à la serpe. Pierrot était vaillant. Augustin le secondait de toute la force de ses faibles bras de garçonnet de onze ans.

Les deux garçons s'étaient acharnés depuis le printemps dernier, s'écorchant les mains aux buissons d'épines, s'éclatant les paumes à cogner contre les pieds de vieux genêts au bois dur, fagotant, brûlant. Ils y avaient dernièrement conduit les bœufs et la charrue et enfoncé le soc dans une terre peu profonde, mais riche d'un humus millénaire. Pierrot avait obtenu de son père l'autorisation d'y semer du blé.

Athanase obliqua vers l'étendue défrichée, en ce matin de Saint-Michel, marcha jusqu'aux traces d'un rond de brûlot et y enfonça son bâton.

— Les jeunes, murmura-t-il, cela ne respecte rien...

Leur brûlot se trouvait à peu près à l'endroit où la grand-mère Athanaïse était venue mourir.

— C'est toi qui en as eu l'idée le premier, n'est-ce pas ?

Augustin se défendit mal.

— On en a parlé ensemble. Il n'y avait pas pensé plus tôt.

— Après tout, tu as eu raison. Tu t'en vas, mais tu laisses derrière toi ton premier champ.

Il gratta de la pointe du bâton.

— C'est sûr que cette terre est d'amitié, elle donnera du beau blé, l'an prochain.

Il chercha dans sa poche et en sortit un porte-monnaie de cuir noir fermé par une pression.

— Il était à ta mère.

Il l'ouvrit.

— C'est l'argent qu'elle avait économisé. Il n'y a pas beaucoup : 21 francs. Cet héritage te revenait. J'y ai ajouté 100 sous. Ce sera toute ta richesse pour partir dans la vie. Ce n'est pas beaucoup. Mais tu te souviens de la parabole des talents ?

Augustin hocha la tête, caressa du doigt les pièces, le cuir grossier du porte-monnaie, le glissa dans sa poche.

Ils virent surgir le soleil à l'approche des Moutiers. Un premier rayon enflamma les débris de nuées, s'allongea et vint frapper la flèche du clocher de l'église nouvelle.

Les Fontenelles se trouvaient à l'autre extrémité de la commune, du côté de La Genétouze. Ils rejoignirent les premiers chênes de l'allée cavalière du château sur les dix heures, aperçurent, loin au fond, les murs de brique rose aux coins de pierre et les fenêtres innombrables, l'aile orgueilleuse de la tour nord. Augustin n'était venu aux Fontenelles qu'une fois, à l'occasion du mariage d'un cousin dont il ne gardait qu'un vague souvenir. Ils prirent le chemin de terre à la limite du bois du château. Deux gros chiens noirs, hirsutes, coururent vers eux en aboyant. Pas besoin d'être grand spécialiste pour y reconnaître deux frères. Leurs longs poils bouclés leur cachaient les yeux. Augustin et son grand-père tendirent les mains vers eux, et les monstres laissèrent leurs doigts écarter les poils pour découvrir la clarté des yeux. L'un avait une tache jaune autour de la paupière, pas l'autre. Augustin pensa qu'il les reconnaîtrait à cela. La queue des chiens balayait la terre.

— Tu vois, lui dit Athanase, tu as déjà au moins deux amis, ici.

Les deux animaux détalèrent devant eux, pataudς, trapus, côte à côte, s'écartèrent sans ralentir pour laisser la voie à une charrette à bœufs. Le conducteur, l'aiguillon dans la saignée du bras, s'arrêta de siffler.

— Alors, dit-il, rieur, c'est toi qui veux prendre ma place ? Il va falloir te cramponner, mon petit valet !

Augustin connaissait Jean-Marie Drapeau, originaire d'un trou de maison du hameau des Carrières. Le grand valet des Fontenelles avait connu la misère pendant son enfance. Il avait parcouru la campagne le ventre vide, frappant aux portes aux jours les plus noirs de l'hiver. Des traces de souffrance lui en étaient restées sur son visage bosselé et ses oreilles brûlées par le froid. Il avait pourtant maintenant la réputation d'un joyeux compagnon. Il était âgé de vingt-deux ans, et, quand on lui demandait des nouvelles de sa bonne amie, il répondait :

— Je la retrouve le dimanche au café Bourrieau. Elle est toujours à l'heure au rendez-vous !

Le dimanche, quand il n'était pas de garde, il se saoulait.

— Où t'en vas-tu ? lui demanda Athanase.

— Au champ, chercher les haricots.

Il caressa les bœufs avec son aiguillon.

— Le patron vous attend.

Il recommença de siffler.

Ils entrèrent sous les deux ormes de la vaste cour de la métairie des Fontenelles. Les vaches sortaient de l'étable. Les deux chiens, postés de chaque côté du troupeau, leur indiquaient le chemin à suivre et ne les autorisaient pas à lambiner. Une jeune femme grasse, en longue robe de coutil rayé, donnait aux poules, le grain dans son tablier. Elle chassait les poules du pied lorsqu'elles devenaient trop pressantes. Une paire de bœufs, la tête inclinée sous le joug, attendait devant les portails grands ouverts de la grange.

Une voix d'homme cria dans l'étable. Trois vaches se bousculèrent à la sortie. Un chien aboya. Une femme se montra au coin du pailler où tournaient les vaches. Une autre franchit le seuil de la maison, portant une marmite. Un garçon piquait du fumier dans une brouette et le rangeait sur le tas.

Cette agitation effrayait Augustin et lui donnait envie. La métairie des Fontenelles était considérée comme l'un des plus beaux fleurons des métairies du comte. Elle s'étendait sur cinquante-deux hectares de bonnes terres autour du château. Augustin regrettait de n'avoir pu compter le nombre de têtes au sortir de l'étable.

Athanase devança sa question.

— Ils ont soixante pièces de bêtes.

La maison barrait le fond de la cour avec ses dépendances. Un décor de briques en ovale ornait la porte principale et les trois ouvertures du grenier au toit en chapeau de gendarme. La métairie des Fontenelles avait été construite en même temps que le château, sous Louis XIII. L'une et l'autre avaient été partiellement épargnés par la guerre parce qu'ils avaient servi d'hôpital. Valentin, le frère cadet d'Athanase, avait pris la métairie après son mariage et y avait prospéré, jusqu'à sa mort d'un phlegmon, vingt ans plus tôt. Son fils aîné, Valentin, lui avait succédé.

Ils croisèrent la cousine Valentine, qui allait au puits. Elle était jolie, saine. Elle avait dix-huit ans, les yeux hardis. Elle toucha le sac d'Augustin.

— Alors, tu as ton paquet ?

Valentin sortit sur le perron à trois marches de l'entrée.

— Comment ça va, l'oncle ? dit-il à Athanase en lui tendant la main. Et toi, le petit cousin ?

Il posa la main sur la tête d'Augustin, à qui ce geste déplut. Il ajouta.

— Tu n'as pas beaucoup grandi depuis la dernière fois. Il faut grandir si tu veux tenir ta place !

— Nous autres, les Vernageau, le défendit Athanase, nous ne sommes pas de la grande espèce.

— Les Vernageau de Mortevieille ! releva Valentin avec un rire lourd.

Lui était, en effet, plus grand. Il avait la tête ronde et le menton fendu des Vernageau. Il portait fièrement un commencement de ventre. Il y avait dans sa façon de gonfler le torse une vanité déplaisante. Augustin voyait bien qu'il s'adressait à son grand-père avec condescendance. Valentin les précéda dans la salle commune.

— Voilà donc le petit cousin qui vient travailler chez nous ! proclama-t-il à l'adresse des femmes.

Elles étaient trois. Louise, la femme de Valentin, faisait les lits. Elle attrapait adroitement les draps dans la venelle avec un bâton. Elle battait l'édredon. C'était une maîtresse petite femme, active, discrète. Beaucoup lui attribuaient la réussite de son mari. Elle dit, gentille, en bordant vigoureusement la paillasse :

— Un de plus à la maison, tant mieux. Plus on est de monde, plus il y a de la vie !

La grosse femme qui donnait aux poules s'était retournée et souriait. L'assiette de soupe dans la main, elle était assise en face de la grand-mère, dans son fauteuil. Elle lui ordonnait d'ouvrir la bouche.

— Allez, encore une cuillerée, mémé. Ouvrez, plus grand...

Elle devait verser vite dans la bouche entrouverte pour rattraper prestement ce qui coulait au bord des lèvres.

Valentin sortit les verres et la bouteille de goutte du buffet. Athanase s'approcha de l'aïeule.

— Alors, Rose, comment ça va ?

Elle ne répondit pas. Elle mâchonnait une cuillerée de pain entre ses gencives sans dents.

— Vous avez encore bon appétit ?

— Elle ne vous a pas reconnu, dit Valentin. Il y a des jours où je me demande si elle sait qui je suis.

Elle avala et, refusant la cuillerée suivante :

— C'est bien du malheur..., articula-t-elle difficilement.

Athanase sourit, tira le banc et s'assit auprès d'elle. Louise avait remisé son bâton au pied du lit.

— Ne reste pas là, mon gars, comme un petit malheureux, avec ton paquet. Viens, je vais te montrer où tu vas coucher. Tu pourras te changer.

Elle lui ouvrit la porte de la chambre.

— Chut ! dit-elle, il y a le bébé qui dort.

Augustin distingua une odeur de lait tiède. Les volets étaient fermés. Il aperçut les lits, dans la pénombre, aux quatre coins de la chambre. Ils étaient là, les beaux meubles dont avait parlé la tante Léa. Deux grosses armoires ventrues luisaient sourdement. Ils contournèrent une table ronde ornée d'un chemin de dentelle.

Louise ouvrit la porte en face et, en chuchotant :

— On t'a mis avec Jean-Marie. Tu verras, c'est un bon garçon. Vous vous entendrez bien.

Plutôt qu'une chambre, c'était un couloir éclairé par une lucarne à deux carreaux. Des châlits en forme de caisse emplis d'une paillasse étaient posés de part et d'autre de la porte contre le mur blanchi à la chaux. Un tabouret tenait lieu de chevet. La cousine Louise tira la targette du placard dans le mur.

— Jean-Marie y range ses affaires. Tu pourras aussi y mettre les tiennes.

Les trois étagères étaient occupées par peu de chose : un pantalon, une chemise, une cravate, un chapeau du dimanche, quelques menus objets, un blaireau, un rasoir, un peigne.

— Tu me donneras la belle veste que tu as sur toi. Je la mettrai dans la penderie de notre armoire. Installe-toi. Prends ton temps.

Mais la voix puissante de Valentin s'éleva.

— Augustin ? Vas-tu être prêt ? Norbert recule les bœufs dans la charrette et rejoint Jean-Marie aux mogettes. Tu iras avec lui.

— Il va nous réveiller le petit ! soupira Louise.

Elle repartit vers la grande chambre. Quelques gémissements s'élevèrent et devinrent vagissements. Augustin quitta ses habits du dimanche, rangea son sac dans le placard sans le vider. Le lit de Jean-Marie était celui du fond du couloir. Augustin serait donc près de la fenêtre.

Peut-être fermait-elle mal ? Il se présenta dans la salle commune en sabots et en blouse de travail.

— Eh bien, voilà ! Tu as davantage l'allure d'un travailleur !

Norbert était là. L'aîné des fils de Valentin et Louise Vernageau. Il avait trente ans. On distinguait à peine les poils de sa moustache, pourtant fournie, sur sa peau noire en cette fin d'été. Il était le père du petit pleureur dans la chambre. Il avala, cul sec, le verre de goutte servi par son père.

— Allez, on y va ! dit-il à Augustin en lui adressant un clin d'œil.

Athanase accompagna Augustin dans la cour.

— Rappelle-toi, mon petit, lui dit-il, le secret, c'est de faire encore un pas, quand on se croit au bout de ses forces...

Et puis, comme en jouant, il se saisit de la casquette d'Augustin et lui en souffleta les épaules. Il la lui réajusta sur la tête.

Cette Saint-Michel était très belle. Le soleil criblait la cour des Fontenelles. Juché sur le tas de fumier, un coq jaune s'égosillait. Norbert remit une fourche à Augustin. Les bœufs s'ébranlèrent. Le bouton bien graissé de la charrette n'émit aucune plainte. Avant de disparaître entre les deux ormes, Augustin se retourna. Son grand-père, debout au milieu de la cour, n'avait pas bougé.

Le petit valet des Fontenelles n'eut guère le loisir de s'attendrir sur sa situation nouvelle ce jour-là ni les suivants. Les fourchées de haricots, séchés en tourette, furent lourdes à porter jusqu'à la charrette. Ensuite il fallut les battre au fléau et les ventiler au tarare. Augustin tourna la manivelle. Les hommes à tour de rôle l'encouragèrent :

— Active ! Active !

Le soir, il s'allongeait, moulu, sur la paillasse. Ils avaient une chandelle, mais, comme elle était à leurs frais, Jean-Marie ne l'allumait pas. Ils se déshabillaient dans le noir. Tout de suite, le grand valet s'endormait, fatigué lui aussi, sans une parole. Augustin avait besoin de plus de temps. Il considérait le bleu de la nuit par le carreau sans volet. L'écurie du cheval jouxtait leur chambre. Jean-Marie l'avait prévenu.

— Cette saleté de bête donne sans arrêt des coups de sabot. Au bout de quelques nuits, tu ne l'entendras plus.

Il écoutait bouger le cheval. Il respirait des odeurs différentes de Mortevieille. La main glissée sous sa paillasse, il s'endormait en serrant ses trésors : un porte-monnaie de cuir et une boîte de poudre d'or.

2

Sa première année aux Fontenelles fut sans doute l'une des plus harassantes de sa vie laborieuse. Il ne parvint jamais à prendre le rythme de la grande métairie. Il était trop petit, trop tendre, trop fragile. Neuf adultes travaillaient avec lui. En plus de Valentin, Norbert et Jean-Marie, il y avait Élie Girard, dont la femme était domestique au château, et Fernand Minaud, un vieux garçon simple d'esprit.

Chez les femmes, outre Louise et Bernarde, la grasse domestique qui nourrissait la grand-mère à la cuiller, il y avait Marcelle, la femme de Norbert, qui avait mis au monde leur troisième enfant, et Valentine, la benjamine des Vernageau, la jolie fille malicieuse et fraîche qui s'en allait au puits le matin de la Saint-Michel.

Le petit valet était aux ordres de tout ce monde, et il courait, obéissant, sans cesse d'un bord à l'autre des Fontenelles. Même à table, il n'avait pas de répit.

On mangeait bien aux Fontenelles, et Valentin en était fier : la miche de pain blanc de six livres restait tout le jour exposée dans un linge sur la table. Il piégea Augustin au début. Il exigeait la soupe servie bouillante. Augustin avait l'habitude de la manger tiède à Mortevieille. Le temps de s'y brûler la langue et de l'attendre à refroidir, le plat suivant était arrivé. Augustin n'eut pas le temps d'y tremper son pain. Valentin refermait déjà son couteau, signal de la fin du repas.

— Tu apprendras, mon bonhomme, à ne pas paresser à table ! lui dit-il, satisfait de son bon tour.

Sa remarque souleva des rires. Augustin courut tout l'après-midi le ventre presque vide. Il avala désormais sa soupe bouillante.

Il travailla aux choux pendant tout l'hiver. Une charretée ne suffisait pas à nourrir chaque jour à l'étable les soixante bêtes des Fontenelles. Jean-Marie en avait la charge. Il demandait l'aide d'Augustin le samedi, car il fallait rentrer aussi le fourrage du dimanche. Le petit valet guettait le ciel toute la semaine, craignant le mauvais temps et s'imaginant mouillé, transi, grelottant au milieu de la grande pièce de choux.

Par chance, les samedis de décembre et de début janvier furent convenables. Quand ils partirent, le matin du dernier samedi de janvier, le ciel était clair. La lune avait oublié de se coucher, et elle brillait sur une campagne blanche de givre.

— Gare ! dit Jean-Marie, les doigts vont cuire !

Ils se lièrent des guêtres de paille autour des jambes, et se couvrirent la tête et les épaules d'un sac de jute. Le champ de choux se soulevait d'un côté à l'abri d'une futaie de vieux chênes énormes de l'âge du château, protégés par le comte, qui aimait les arbres. Mais, de l'autre, il descendait en cuvette jusqu'au bord du Ruth, et le vent venait par là, piquant, par rafales, prenait les feuilles de choux par en dessous et les retournait.

— Le temps est bizarre, dit Jean-Marie. Je me demande ce qui va venir.

La rivière semblait une coulée de sang. Le ciel, rouge vif, enflammait chaque barbe de givre. Augustin grelottait déjà au bord du champ.

— Active ! Active ! l'encouragea le grand valet, lui indiquant de se mettre à l'ouvrage pour se réchauffer.

Il commença à cueillir, traînant un peu les sabots, les jambes lourdes à cause de la paille. Il disparut dans le sillon, car les choux étaient plus hauts qu'un homme. Augustin ne sentit bientôt plus ses doigts sur les feuilles de choux dures et glacées. Le plus difficile était de les lier lorsqu'ils en avaient cueilli un fagot suffisant. Les doigts gourds étaient maladroits. La branche, qui servait de lien, s'échappait, cinglante.

À dix heures, ils se crurent sauvés. Le soleil devenait plus ardent. Le givre fondait au sommet de la côte, le long de la futaie. Les fagots s'entassaient au bout du champ. Jean-Marie était un aimable compagnon, toujours de bonne humeur, toujours sifflant une musique de son invention. Ils étaient déjà trempés par les feuilles de choux.

— Bouge ! Danse ! disait-il à Augustin, lorsqu'il le voyait immobile. Il ne faut pas te refroidir.

Soudain, les choux furent agités par une houle. Le vent se mit à miauler. Les effeuilleurs frissonnèrent à le sentir sur leurs vêtements mouillés. Le soleil se brouilla. Et Jean-Marie montra le ciel à Augustin.

— Regarde !

Une barre noire emplissait l'horizon. Elle grossissait à vue d'œil.

— C'est la neige, elle n'en a pas pour longtemps ! Va chercher les bœufs !

En d'autres circonstances, Augustin se serait peut-être réjoui. Il rentra bien vite aux Fontenelles, revint avec la charrette. Ils achevaient leur charretée lorsque les premiers flocons voletèrent. Ils ramenèrent leur chargement dans la grange, avalèrent leur soupe chaude sans attendre les autres, le dos au feu, les vêtements fumant. Ils repartirent couverts de sacs secs. La neige tombait maintenant en un rideau serré poussé de biais par des rafales.

Augustin sentit le froid le pénétrer dès ses premières feuilles. Elles étaient lourdes. Il avait beau les secouer, elles ne se vidaient pas de toute la neige. Jean-Marie ne sifflait plus. La campagne était immobile dans l'enveloppe de l'hiver. Seuls quelques corbeaux fendant parfois la poudrerie en croassant rejoignaient leur colonie à l'abri dans la futaie. Augustin se cramponnait, transformé en bonhomme de neige. Le jute du sac avait depuis longtemps cessé d'être imperméable.

— Je ne vais pas y arriver ! Je ne vais pas tenir ! répétait-il tout seul de sa petite voix.

Il avait la figure glacée, les mains glacées. Parfois, le cœur lui levait et il était près de tomber. Il cueillait encore une feuille, la secouait, l'ajoutait à son aissellée. Il ne s'en était pas aperçu, mais il pleurait.

— On a cueilli une demi-charrette. Faut finir. C'est la misère, mais faut finir ! dit Jean-Marie en contemplant la malheureuse figure bleuie par le froid de son compagnon de chambre.

Il chercha dans sa poche, sortit son briquet.

— Fais du feu !

Il montra le sous-bois.

— Ramasse des feuilles, du bois mort.

Il lui donna sa faucille.

— Débrouille-toi.

Augustin hésita. Pouvait-il laisser Jean-Marie seul à la tâche ? La neige tombait moins fort. Les flocons étaient devenus fins comme de la poussière. Il pouvait être trois heures. On aurait dit que le soleil voulait paraître. Jean-Marie grimaça un sourire. À lui aussi le froid tirait la peau.

— Fais-nous du feu, insista-t-il, dépêche-toi ! Je veux me chauffer quand je vais revenir !

Il s'enfonça de nouveau dans un rang de neige. Augustin trouva des feuilles au pied des chênes, ramassa quelques branches mortes. Il voulut couper des broussailles pour entretenir le feu, fut maladroit. Ses mains serraient mal la faucille, qui dévia. Heureusement, les jambières de paille le protégeaient. Il sentit pourtant qu'il s'était coupé. Il continua son ouvrage, apporta les épines au tas, battit la pierre et souffla sur l'amadou de la mèche. La flamme grandit, crépita. Jean-Marie, de retour, le félicita.

— Chauffe, mon valet. On était assez fous pour se laisser mourir de froid sans se défendre !

Augustin courut chercher d'autres branches. Il faucilla d'autres épines. Son feu était maintenant vigoureux. Le bois mouillé sifflait. Il ne neigeait plus. Un soleil blanc luisait à travers les nuages en course dans le ciel. Augustin se sentait mieux. Le frère directeur lui avait prêté un roman de pionniers. Ils allumaient ainsi des feux de camp pour se chauffer. Jean-Marie remarqua.

— Tu boites. Qu'est-ce que tu as ?

Augustin haussa les épaules et prit conscience de la douleur.

— Je me suis coupé.

— Mais tu saignes !

La paille de la jambière était rouge.

— Fais voir...

Le grand valet s'agenouilla devant Augustin, défit le lien de la jambière, remonta la laine mouillée du pantalon.

— Eh bien, dis donc, tu t'es fait une belle boutonnière !

Les deux lèvres de la plaie avaient gonflé. Le mollet violacé par le froid avait doublé de volume. Augustin, immobile, se mit à trembler. Et les larmes recommencèrent de couler sur son visage.

— Chauffe-toi, lui dit Jean-Marie doucement, on va s'en aller.

Il acheva de lier sa dernière botte de feuilles.

— Pourras-tu marcher ?

Augustin essaya. Mais des élancements douloureux lui parcouraient maintenant toute la jambe.

— Attends, je vais te porter.

Il prit le petit dans ses bras. Il était soudain devenu très bavard. Il s'adressait à Augustin, qui lui répondait de la tête. Il lui occupait l'esprit et chassait sa propre inquiétude. Les Fontenelles étaient à un kilomètre. Les corbeaux quittaient leurs refuges. Ils filaient au-dessus de l'étendue de neige avec des croassements affolés, s'abattaient parfois sur un arbre et le criblaient de taches noires.

Jean-Marie déposa son fardeau sur la paillasse de sa chambre :

— Il était moins lourd qu'un fagot de choux ! dit-il en riant pour minimiser son geste.

Augustin souffrit fort au réchauffement des chairs. Sa jambe brûla de fièvre toute la nuit suivante. Louise Vernageau soigna la plaie avec des pétales de lys trempés dans de l'eau-de-vie. Augustin boitilla pendant plusieurs semaines. Une laide cicatrice lui resta au travers du mollet.

Il tomba un matin du mois de novembre 1887 sur le plancher de la belle chambre des Vernageau, fauché net. Il traînait une angine depuis les vendanges, sans la soigner. Le cœur lui leva, une fois habillé. Il fit trois pas jusqu'à la table ronde de la chambre pour s'y appuyer et s'évanouit.

Il s'éveilla dans son lit et goûta à la satisfaction de prendre un peu de repos. Il fut un malade docile. Il fit soigneusement ses gargarismes de pointes de ronces. Il aimait les visites de sa jeune cousine Valentine, venue lui poser un collier de pommes de terre chaudes sur la gorge. Elle s'asseyait au bord du lit. Elle prenait les pommes de terre coupées en deux, une à une dans l'assiette.

— Je ne te brûle pas ?

Elle avait les joues rondes, légèrement rosées, la bouche comme un fruit. Elle l'entourait de gestes doux en chantonnant.

— Je ne t'embrasse pas, disait-elle avant de partir, tu me donnerais ton mal.

De l'index, elle promenait une caresse légère, « une aile de papillon ! » disait-elle, autour du visage d'Augustin. Un soir, il lui saisit la main au vol et l'embrassa.

Il voulut se lever trop vite. Il rechuta. Cette fois, le mal lui prit les bronches. La fièvre, plus forte, lui brouilla l'esprit. Il s'éveilla, un après-midi, avec son grand-père sur le tabouret près de lui.

— S'il ne va pas mieux, disait-il, on va le reprendre chez nous !

Louise opina. Quand elle fut sortie, Augustin rejeta le linge humide sur son front.

— Grand-père, ne me ramène pas à Mortevieille. Ça va aller !

— Tu ne te vois pas, mon pauvre petit gars. Tu es maigre à faire peur. Ils ne veulent pas que ce soit dit qu'il t'est arrivé du mal chez eux.

À partir de là, Augustin lutta de toute son énergie. Soulevant sa chemise sur son dos et s'en couvrant la tête, il demanda bravement à Valentine de lui appliquer le cataplasme bouillant.

La sueur perlait à son front. Il creusait les reins pour décoller l'emplâtre et se soulager de la farine de moutarde. Valentine lui tamponnait la racine des cheveux à petits coups de mouchoir.

— Tu es courageux ! lui disait-elle.

Et elle posait sur sa tempe un baiser délicat qui valait tous les baumes.

La comtesse des Fontenelles vint lui rendre visite. Âgée de cinquante ans, elle était imposante, par trop de gourmandises. Mais son bon appétit lui avait gardé la peau lisse et un air de bien portante jeunesse. Elle avait ce don d'être à l'aise aussi bien dans la plus pauvre de ses borderies que dans les salons de ses amis châtelains. Les collègues députés de son mari disaient d'elle : « C'est une grande dame ! » Les paysans : « Elle n'est pas fière ! »

Elle avait sa part dans les succès politiques du comte. Il en convenait et précisait fièrement :

— Quand un homme réussit, il y a toujours une grande femme derrière lui.

Elle entra dans la chambre-couloir d'Augustin un matin et fronça les sourcils :

— Alors, comme cela, Augustin n'en fait qu'à sa tête. Il ne mange pas comme il faut, il ne se soigne pas comme il le doit. Il est malade et il rechute !

Augustin rougit. La comtesse sourit. Elle lui prit le pouls. Elle posa l'oreille sur sa poitrine. La plume de son chapeau chatouilla Augustin. Sa coiffure, sa peau exhalaient un parfum de fleurs. Elle déplaça son oreille, attentive, se redressa.

— Qu'est-ce que c'est que cela ? gronda-t-elle. Voulez-vous me fermer cette chemise !

Elle reboutonna elle-même les deux boutons du col.

— Bon, ajouta-t-elle, il a encore les bronches encombrées. S'il ne va pas mieux dans deux jours vous irez chercher le docteur Delangue.

Augustin grimaça.

— Si vous ne voulez pas le docteur, mon garçon, il faut faire l'effort de guérir !

— J'essaie, répondit-il, la voix rauque.

— Si vous essayez, c'est bien. Et couvrez-vous. Il ne fait pas chaud dans cette chambre.

Elle regarda autour d'elle à la recherche d'un feu improbable, la chambre n'ayant pas de cheminée. Elle remonta les couvertures et l'édredon. Elle chercha dans son sac.

— Tenez, dit-elle, on m'a dit que vous aimiez beaucoup ce diable de Victor Hugo.

Elle lui tendit une superbe édition cartonnée Hetzel

de *Notre-Dame de Paris*, illustrée de gravures de Gustave Doré. Augustin n'osait avancer la main pour prendre le livre.

— C'est votre tante Léa qui m'a parlé de votre engouement pour ce révolutionnaire ! précisa-t-elle avec une sévérité feinte.

Augustin sourit. Il pensa qu'il s'était peut-être trompé sur la tante Léa. Elle était sévère, ne savait pas rire, ne s'abandonnait pas sans effort à des gestes de tendresse.

— C'est le premier tome. Vous aurez le second si vous vous dépêchez de guérir.

Augustin se remit en compagnie d'Esmeralda et de Quasimodo. Son goût reconnu de la lecture ne plaisait pas à tout le monde. Il entendit l'oncle Valentin grogner tandis qu'il s'affairait à aider les femmes à la maison pendant sa convalescence :

— On ne l'a pas pris pour faire le beau. On a fait une bêtise en l'acceptant. L'oncle Athanase nous a eus par les sentiments. J'étais sûr que ce gosse ne tiendrait pas le coup.

— La force va lui venir, le défendit Louise. Il n'est pas paresseux, ce petit. Il est intelligent.

— Justement, ce ne serait pas plus mal, dans la situation où il se trouve, qu'il en ait un peu plus dans les bras et un peu moins dans la tête. Je n'aime pas beaucoup son entêtement à perdre son temps dans les livres...

Cela n'empêcha pas Augustin d'aller frapper à la porte des frères dès qu'il eut achevé la lecture de *Notre-Dame de Paris*. Le frère directeur le reçut avec joie.

— Frère Legland, venez voir qui nous rend visite !

Il sortit une boîte de dragées. Son bureau se réduisait à une table de bois blanc rustique, à trois chaises, et à la vitrine où il rangeait ses livres aux poussiéreuses couvertures de papier kraft.

— 2 428 multiplié par 356 ? demanda-t-il en s'étirant sur le dossier de sa chaise.

Augustin donna la réponse.

— Je craignais que tu n'aies tout perdu à courir dans les champs.

— Il peut calculer le nombre de pieds de choux d'un champ en fonction du nombre de sillons. Et même le nombre de feuilles de choux ! dit le frère Legland, amusé.

— Il paraît que tu as été bien malade ? On a prié pour toi. Tu sais, on n'oublie pas nos anciens élèves. Tu vas mieux, maintenant ?

— Oui, ça va.

— Tu n'es pas encore un bien gros moineau. Tu ne regrettes rien ?

Augustin ne répondit pas. Le frère crut discerner dans ce silence comme l'ombre d'une hésitation.

— Il n'est pas trop tard, s'empressa-t-il. La proposition que nous t'avons faite l'an passé tient toujours.

Augustin releva la tête.

— Je suis venu vous emprunter des livres, comme vous me l'aviez proposé, frère directeur.

Le frère directeur croisa les bras, prenant à témoin le frère Legland de l'entêtement de ce gamin en veste noire du dimanche, le col de chemise gonflé par un nœud de cravate, comme un homme.

— Bien sûr que tu peux prendre autant de livres que tu veux chez nous, fit-il à mi-voix en se retournant vers sa bibliothèque. Qu'est-ce que tu veux ?

Augustin repartit avec *Le Chercheur de pistes* et *La Forêt vierge*. Le frère directeur y avait ajouté un autre livre de son choix : *Les Méditations religieuses*.

3

Il travailla dans les étables, pendant l'hiver d'après sa maladie. On disait plutôt les écuries. Élie Girard en était le maître sans conteste, et Valentin Vernageau, son patron, ne se hasardait pas à critiquer sa compétence ou ses initiatives. On appelait Élie le « dragon de Sedan » car il avait servi comme palefrenier au 41e dragons à Sedan et y avait développé sa connaissance et sa passion pour les animaux. Et il était capable de réaliser des merveilles : on venait le chercher pour soigner une patte blessée, aider une vache à vêler, guérir les maladies ordinaires et extraordinaires, des humains parfois. De là sa souveraineté ombrageuse sur les « écuries » des Fontenelles et l'amende honorable de Valentin, conscient de la rare qualité de son vacher dont il n'avait pas intérêt à se séparer.

Été comme hiver, Élie Girard entrait le premier dans les écuries des Fontenelles, avant le jour, s'y soulageait sur la litière, allumait la lanterne. Il en sortait le dernier, le soir, effectuant son ultime tournée d'inspection après la soupe. Il habitait au village des domestiques du château, à quelques centaines de mètres de la métairie. Il y partageait le lit et le couvert avec Marthe, sa femme, cuisinière et lingère au château. Il était tombé amoureux fou à vingt ans des plis généreux et des amoncellements de chair blanche de cette femme superbe qui accusait le quintal sur la bascule. Et Marthe n'avait pas ménagé ses soupirs et ses gémissements aux assauts de son échalas d'amoureux nerveux comme du bois de charme et dur comme un coutre.

Or Élie partit à la guerre de 1870, fut fait prisonnier avec l'armée de Bazaine et convoyé par les Prussiens vers la forteresse de Stettin. Il trouva le moyen de fausser compagnie à ses gardiens en cours de route, de traverser la Prusse et la France à pied, et de rejoindre sa maison des Fontenelles une nuit.

Mais sa Marthe, après laquelle il avait tant soupiré pendant sa longue marche, soupirait sous les caresses d'un jeune ouvrier boulanger qui la pétrissait dans le lit conjugal. Le voyou eut tout juste le temps de sauter par la fenêtre arrière de la maison et de disparaître à jamais des Moutiers, sinon, il était mort. Le « dragon de Sedan » tanna la peau de Marthe avec le cuir de son ceinturon. Mais le moyen de résister à cette chair moelleuse comme de la brioche qu'il appelait avant de toute sa force ? La traîtresse en chemise hurlait en recevant ses coups, la figure en larmes :

— Pardon, Élie, pardon ! Tu as raison ! Bats-moi ! Je le mérite !

Elle tenait elle-même sa chemise levée. Elle avait une manière de tendre aux coups ses reins rebondis, les ondulations de ses hanches opulentes. Après le cuir vint le coutre. Et, dans les bras l'un de l'autre, ils pleurèrent ensemble sur les malheurs de la guerre.

Les baisers de sa femme, ses petits plats aussi, car Marthe n'était pas grasse à sucer les murs, rétablirent vite la santé compromise d'Élie. Il lui en fut reconnaissant. Mais, lorsqu'il alla mieux, les noires humeurs de la jalousie l'assaillirent, et il délaissa le coutre pour le ceinturon. Cela durait ainsi depuis quinze ans. Les crises revenaient par intervalles. Les voisins avaient remarqué les influences lunaires. Ils disaient :

— L'orage ne devrait pas tarder chez les Girard.

Ils mettaient les oreilles des enfants à l'abri. Car, tandis que les coups pleuvaient, les paroles suivaient :

— Vieille truie ! Salope !... Tu vas voir comment je vais te passer l'envie du pain chaud du boulanger...

Venaient ensuite d'autres mots de dragon que la religion et la morale interdisaient. La Marthe poussait des hi ! et des ha ! à fendre l'âme. Il arrivait que, ne l'entendant plus, on se demandât : « Pourvu qu'il ne l'ait pas tuée ! » Le vacarme d'un meuble renversé rassurait. Elle en était parfois responsable. Elle avait désormais l'audace de se défendre, s'étant aperçue de sa puissance. Le combat se poursuivait jusqu'à l'épuisement des combattants. Il changeait alors de nature. Les cris s'accompagnaient de soupirs profonds.

— Eh bien, ça y est, disaient les voisins en clignant de l'œil, voilà le bouquet final !

Le lendemain matin les deux protagonistes sortaient la tête basse, la peau marquée de bleus çà et là. Et la vie et l'amour continuaient, jusqu'à l'orage suivant.

Le dragon de Sedan manifesta tout de suite de la sympathie pour Augustin. À quarante ans passés, il n'avait pas pris un pouce de graisse. Les deux barrettes de sa moustache étaient toujours aussi noires. Deux profonds plis d'amertume bordaient les commissures de sa bouche. Les échauffourées avec Marthe n'y étaient peut-être pas étrangères. Il souffrait davantage, et Marthe avec lui, du manque d'enfant. Il n'était pas sot au point de croire que sa femme en était l'unique responsable. Il avait assez l'habitude de la procréation animale. Il savait que, pour qu'une terre soit féconde, il faut aussi une bonne graine. Il n'était pas loin de croire à la stérilité de sa semence. En bon empirique, il l'avait vérifiée. Il avait rendu des visites assidues à une femme pendant six mois au bourg de La Genétouze. La liaison n'avait pas fructifié. Il avait aussitôt abandonné cette femme par dégoût de lui-même, persuadé que Marthe, à la chair généreuse, avait les qualités d'une bonne reproductrice. Parfois le regret le prenait de ne pas lui avoir laissé le temps de concevoir un petit dans son amour coupable avec le boulanger.

— On faisait attention, se défendait Marthe, les larmes aux yeux. Et il était un homme honnête.

Avec le temps et l'âge, leurs derniers espoirs s'enfuyaient. Marthe approchait des quarante ans. Sa mécanique féminine fonctionnait encore comme une montre. Élie disait :

— On va vieillir comme deux vieux croûtons. Je traite les vaches et les juments stériles. J'aide les taureaux et les étalons à monter. Je ne suis pas foutu d'y arriver dans mon lit.

Quand Augustin revint dans l'étable après sa maladie, Élie l'invita à sortir avec lui dans la lumière.

— Viens par là, mon gars, fais-moi voir tes yeux.

Il cracha le jus noir de sa chique, souleva les paupières d'Augustin de ses pouces rêches.

— C'est bien ce que je pensais, tu fais de l'anémie. Ils te soignent avec quoi ?

— Avec rien. Je ne tousse plus.

La colère enflamma le cuir de l'ancien palefrenier, qui ne portait jamais de sabots mais des brodequins, par fidélité au passé.

— Tu as besoin de prendre du fer, surtout du fer. Je vais te préparer ça.

Le lendemain, il montra une carafe d'eau sur la planche des étrilles, dans l'écurie.

— J'y ai mis des clous de mes brodequins à rouiller. Dans huit jours, tu me boiras ça. Et ne fais pas la grimace ! Marthe et moi on s'en boit aussi une carafe toutes les demi-saisons.

Il apporta aussi, plus tard, un pot de bouillie verdâtre.

— Tu en prendras deux grandes cuillerées à soupe tous les jours. N'aie pas peur, ce n'est pas de la poison. C'est une mixture d'orties fraîches et de patates. Marthe donne ça à nos canards pour les « démarrer ». Je te prie de croire que les canards des voisins n'arrivent pas à les suivre !

Le traitement d'Élie fit-il son effet ? Au mois d'avril, Augustin « démarra ». Il se mit à grandir. Son menton s'épaissit. Ses yeux parurent plus profonds. Ses cheveux bouclèrent de plus belle. Sa voix mua.

— Ça y est, lui dit le dragon de Sedan heureux, tu es en train de devenir un homme !

Et puis, à voix basse :

— Tu vas lui montrer, au grand Vernageau, de quoi tu es capable ! Il ne faut rien oublier quand on a été méprisé.

Augustin n'avait pas besoin de ce conseil.

Marthe s'était attachée au garçon sans le connaître, à force d'entendre Élie en parler. Ils se croisèrent un soir. Lui remontait les vaches. Elle marchait d'un pas alerte malgré l'embonpoint, redescendant du château. Elle avait logé son tablier blanc de domestique sous son aisselle. On était en mai. Les hirondelles se lançaient dans de vertigineux piqués au-dessus du chemin.

— Tu as grandi, en effet ! lui cria-t-elle de sa voix éraillée. Une vraie asperge ! Tu as vu tes manches et tes jambes de culotte ? Tes vêtements sont trop petits, ils ne te tiendront bientôt plus sur l'échine !

Elle le retrouva le lendemain soir au même endroit. On aurait dit qu'on était le même jour. La température était aussi clémente. Le ciel avait de semblables reflets de robe d'évêque. Les hirondelles effleuraient les croupes des vaches et prenaient brusquement de la hauteur.

— Qui est-ce qui t'habille ? demanda-t-elle. Ce n'est pas Mme la comtesse ?

Augustin hocha la tête.

— J'avais cru remarquer sur toi les vêtements de monsieur Louis. Ça te plaît de porter les vêtements des autres ?

— Non.

Les gros yeux verts de Marthe s'emplirent de larmes, devant le garçon aux dents serrées, grattant la terre de son bâton au nez de ses sabots. Marthe, en vieillissant, devenait encore plus sensible. Pour un rien, ses paupières se remplissaient. Elle approcha son quintal de gras. Augustin sentit son souffle lui caresser les cheveux.

— Écoute. Tu n'es pas de garde, demain, dimanche ?

— Non.

— Moi, je couds. J'ai dans l'armoire un grand coupon de drap noir dans lequel j'ai taillé le costume d'Élie. Il m'en reste assez pour toi. Si tu le veux, tu viens demain après-midi. Je prendrai tes mesures. Ça m'occupera.

Elle se recula, mesurant déjà Augustin du regard.

— Tu viendras ?

— Oui.

Lorsqu'il arriva, Augustin vit qu'ils l'attendaient. Élie, bras croisés, en chemise, cligna de l'œil.

— Voilà le deuxième classe Vernageau Augustin qui arrive au rapport, mon adjudant !

— Ne l'embête pas avec tes boniments dont tu lui rebats les oreilles à longueur de semaine !

Ils accompagnèrent Augustin jusqu'à la table, l'assirent sur le banc. L'attendait un grand plat de caillebottes et une assiette. Marthe le servit, en prenant garde de ne pas détruire la belle surface lisse du lait caillé. Élie tendit son assiette.

— J'en veux aussi. Pour une fois que tu prépares quelque chose de bon !

— Va manger chez la Jacquette, elle te fera de la

bonne cuisine ! répondit Marthe d'un ton faussement courroucé.

La Jacquette, réputée pour son avarice, avait, disait-on, invité les voisins à se soulager dans son jardin pour en engraisser la terre.

— Comment trouves-tu mes caillebottes ? demanda-t-elle en poussant vers Augustin un bocal de biscuits en forme de galettes.

Elle posa son doigt sur ses lèvres et chuchota son secret :

— J'y mets de la vanille. J'emporte les gousses du château.

La salle commune était plus petite que celle de Morte-vieille. Par endroits, la suie ressuait à travers les murs blanchis à la chaux. Le lit conjugal des fripouilleries du couple se tenait au coin de la cheminée, garni d'une couverture de piqué grenat. Ils utilisaient la chambre à côté comme débarras.

— On aurait eu des enfants, disaient-ils, ce ne serait pas pareil.

Marthe montra le coupon noir au bout de la table.

— Je suis sûre qu'en m'y prenant bien j'aurai de quoi te faire aussi un petit gilet. Allez, ouste, maintenant, tu vas te mettre debout !

Elle avait en main son mètre ruban.

— Attends, l'interrompit Élie, je veux d'abord le mesurer !

Il le colla contre la porte, donna un coup de crayon sur le bois, s'empara du mètre de sa femme.

— Un mètre cinquante-huit !

— Presque autant que mon grand-père ! s'exclama Augustin.

— Oui, ton arrière-grand-mère Athanaïse devait mesurer un mètre quarante, et elle avait diminué sur la fin !

Marthe avait apporté un papier.

— Tu vas écrire tes dimensions. Je lis convenablement les chiffres, s'ils ne sont pas trop longs.

Elle déplaçait son corps pesant autour d'Augustin avec une rapidité étonnante. Sa poitrine emplissait un caraco d'indienne rouge. Elle avait toujours chaud et, ainsi qu'elle le disait, elle avait besoin d'être sans cesse déjabotée. Augustin voyait sa gorge aussi blanche et lisse que la platée de caillebottes. Elle lui serra la main de ses doigts potelés pour mesurer la longueur de ses bras.

— N'aie pas peur pour ton zigouigoui ! fit-elle en lui mesurant l'entrejambe.

Élie revenait de son tour dans le jardin.

— Ce n'est pas encore fini, ces messes basses ! grogna-t-il.

Marthe pouffa.

— Il est jaloux !

Et, en reprenant le papier à Augustin :

— J'espère que je vais arriver à te lire ! Demande-lui de te montrer son attirail de dragon, chuchota-t-elle, ça lui fera plaisir.

Élie entraîna Augustin dans la chambre et tira de la poussière d'un coffre le pantalon garance, la vareuse noire à épaulettes rouges.

— Tu les aurais vus, les dragons, avec leurs plastrons blancs ! Nous, les palefreniers, on n'y avait pas droit, bien sûr.

Il déroula le cuir du fameux ceinturon à usage désormais strictement domestique. Il pensa que, sans doute, Augustin était informé, le vérifia dans le regard du garçon, referma rapidement le coffre. L'après-midi évoquait les ardeurs de l'été.

Ils s'assirent sur le banc, le dos contre la table. Marthe traçait derrière eux, sur le drap, avec une craie blanche, son mètre ruban en écharpe autour du cou. Elle avait sorti le costume d'Élie pour s'en servir de modèle, et elle chuchotait toute seule en s'expliquant le travail. Les oignons, pendus au plafond, exhalaient une odeur piquante. Des rapiéçages de brique rougissaient la terre battue du sol aux émanations âcres, accentuées par la vigueur du soleil.

Élie toucha la jambe d'Augustin et désigna Marthe en réflexion devant son costume pendu à la clé de l'armoire.

— Elle est toujours ainsi, à penser tout haut. Je peux te dire qu'aujourd'hui elle en met un coup, elle est contente !

Elle gronda :

— Qu'est-ce que vous avez à me regarder ? Vous me faites tromper dans mes calculs.

Les deux complices rirent. Élie sortit cracher le jus de sa chique. Il revint en plissant les yeux, ébloui.

— Bon, dit-il en se rasseyant, il va falloir aller traire.

Les fleurs rosissaient un pêcher dans la cour de la petite maison, en face.

— As-tu vu Muguet avec la Charmante, hier ? On la conduira à Citadin dès demain.

— Élie ! le réprimanda Marthe à cause du sujet, scabreux.

— Eh bien, quoi ! Augustin a treize ans, ce n'est plus un enfant. Il conduira Citadin avec moi pour saillir la Charmante.

Augustin admirait l'adresse d'Élie à traire. Il avait pourtant de grosses pognes de manieur de fourche.

— Tu veux aller trop vite, reprochait le dragon de Sedan, caressant tendrement la mamelle avec le linge trempé dans le seau d'eau fraîche, le front pressé contre le flanc de la vache. Il ne faut surtout pas écraser. Regarde cette tétine bien droite et bien musclée.

Ses doigts montaient chercher haut, à l'attache de la mamelle. Ils effleuraient, et redescendaient doucement.

La vache ne se défendait pas. Elle se tenait docile, large et basse au-dessus du seau. Le premier trait de lait giclait.

Augustin se fatiguait à traire, ses doigts lui faisaient mal. Il s'arrêta pour secouer le bras et chasser la crampe du poignet. La Rouge se déplaça pour tenter de mettre le pied dans le seau. Elle attendit qu'il se fût assis sur le tabouret et lui claqua une gifle avec sa queue. Élie s'approcha et posa la main sur le flanc de la vache, qui retrouva son calme.

— Il faut leur inspirer confiance. Les bêtes ne sont pas idiotes, elles sentent si on les aime.

— Je les aime, moi aussi.

— Peut-être pas comme elles le voudraient. Ne t'inquiète pas, cela viendra.

Augustin mesurait en chiffres l'amour des vaches. Son penchant naturel pour le calcul l'avait amené à constater qu'imparablement une vache traite par Élie donnait un litre de lait de plus. Au début, il avait attribué cela au changement de nourriture, à la fatigue de la vache. Mais le compte de rendement effectué sur une durée suffisamment longue, et vérifié sur un nombre de vaches probant, donnait toujours un résultat identique : les vaches traites par Élie produisaient 10 p. 100 en plus. Augustin lui communiqua ses calculs.

Élie éclata de rire.

— Tu es un fameux comptable ! Ne te creuse donc pas tant la cervelle. Si tu leur donnais une feuille de chou au moment de les traire ?

Le taux de lactation des vaches d'Augustin remonta.

Il essaya son costume le dimanche suivant. Les épingles dans la bouche, les sourcils interrogateurs, Marthe commanda à Augustin de pivoter, de plier le bras, de se tenir droit. Elle enfonça d'un coup sec une épingle pour diminuer la longueur de la veste. Ses yeux rirent de satisfaction devant l'ouvrage bien commencé. Augustin dit :

— Ce sera mon premier costume neuf.

— Te rappelleras-tu qu'il t'a été fait par la grosse Marthe ?

— Il a de la mémoire, tu le sais, il n'oublie rien, intervint Élie.

Quinze jours plus tard, à la Pentecôte, Augustin étrennait son costume.

— Eh bien, mon vieux, dit Marthe, j'en connais quelques-unes dont le cœur va battre plus vite !

Il était paré comme un prince paysan, la taille serrée dans un petit gilet à boutons de nacre, le cou court des Vernageau étranglé par le col dur de la chemise et la cravate. Marthe avait volontairement cousu le pantalon un petit peu long en prévision de la croissance des semaines à venir.

— Qu'est-ce qu'on fait à sa couturière ? minauda-t-elle en tendant la joue.

Augustin l'embrassa. Ses joues sentaient le pain sortant du four.

— Arrête donc ! lui reprocha Élie dans un brutal retour de jalousie. Si tu crois qu'il s'amuse à biser une vieille bonne femme comme toi !

Les prunelles de Marthe, mouillées de larmes, prirent de chatoyantes couleurs d'automne. Elle retint Augustin contre sa poitrine.

— Tu vois comment il est ! se plaignit-elle.

Et puis elle s'adoucit et lâcha des mots qu'elle avait ruminés en cousant :

— Tu es tout seul, Augustin. Nous, on n'a pas d'enfant. Si tu le veux, tu es chez toi ici. Tu sais qu'Élie, même s'il n'est pas toujours facile, t'apprécie bien...

— Tu ne vois pas que tu l'embêtes avec tes boniments ! s'emporta Élie.

Elle s'en fut à l'armoire de cerisier à une porte, gondolée par l'âge, en sortit une poche.

— Tiens, j'ai pensé que ta casquette n'irait pas avec ton nouveau costume.

Elle en tira un chapeau de paille doré, à la calotte droite, ornée d'un ruban noir. L'inscription sur l'étiquette blanche fixée au fond indiquait : *Chapellerie Noblet, 3, rue des Halles, La Roche-sur-Yon.* Marthe le lui ajusta sur la tête.

— Tu sais comment on appelle ce chapeau ? demanda-t-elle.

— Non.

— C'est la dernière mode : un canotier ! Pense à garder ta veste déboutonnée sur le petit gilet.

Élie le dispensa de remerciements embarrassés, à sa manière, faussement brutale.

— Bon, alors, le marié, tu es prêt ?

Ils partaient ensemble à la messe à pied. Marthe emprunterait la voiture des domestiques du château. Augustin, malgré lui, chercha des boucles brunes, des yeux presque blonds, tandis que le curé Désamy chantait le Veni Creator.

Il aurait aimé se dresser devant Élise dans la splendeur de son costume. Mais il ne l'avait pas vue à l'église depuis de nombreuses semaines. Elle était en pension à La Roche, comme elle le lui avait dit. Il reçut les compliments de son grand-père, de Moïse, de sa tante Léa, à la sortie. Il accompagna Pierrot, qui s'était mis à priser, au bureau de tabac de sa grand-tante. La vieille dame joignit les mains.

— Si la pauvre Athanaïse te voit comme cela, elle doit être contente !

Et puis, sévère, versant une cuillerée de tabac sur la coupelle de sa balance :

— Tu ne vas pas te mettre à fumer comme ce voyou ? fit-elle en désignant Pierrot.

— Non, je l'accompagne seulement !

Mais, lorsqu'ils furent sortis, Pierrot lui tendit sa tabatière neuve en merisier.

— Allez, fais-t'en une !

Augustin prit une pincée et renifla. Le tabac le fit éternuer. Pierrot lui frappa le dos en riant, l'entraîna à l'auberge des Trois Épis. Augustin, encore étranger dans cette grande salle enfumée, craignait qu'on ne vienne lui reprocher de n'être pas à sa place. La bouche de Pierrot, en face de lui, était éclairée par le même sourire qu'autrefois, lorsqu'il lui apprenait un nouveau jeu. Il lui montra Jean-Marie, écarlate, en bras de chemise à une table.

— Il ne sera encore pas beau, ce soir ! commenta-t-il, moqueur.

Augustin eut mal de découvrir son compagnon dans cet état. Les soirs de saouleries, le grand valet ne couchait pas dans leur chambre. Il allait sur le tas de foin, dans la grange. Il lui était arrivé plusieurs fois de passer sa nuit dans un fossé. Augustin lui avait reproché de se mettre dans cet état. Le grand valet s'était fâché.

— Je ne bois pas la semaine. Est-ce que je ne peux pas boire le dimanche, si je veux ?

Jean-Marie, croisant leurs regards, leva son verre. Augustin paya sa tournée, une chopine, 2 sous. Élie lui posa la main sur l'épaule.

— Allez, ne reste pas là, on rentre !

Augustin était doucement gris. Le soleil lui piquait les yeux. Les branches des chênes du chemin étaient auréolées de lumière. Les bâtons blancs des asphodèles en fleur jaillissaient de l'herbe haute des bas-côtés. Leurs touffes de feuillage sombre s'épanouissaient comme des sabres. Augustin avait envie de chanter. La plus ordinaire remarque d'Élie le soulevait de rire. Le galon de cuir neuf de son chapeau lui brûlait le front.

4

Élie emmena Augustin avec lui à la foire de La Roche du printemps suivant pour vendre deux bœufs gras de dix ans, Monsieur et Plaisant. Ils s'entendaient comme des frères. C'est pourquoi on les avait gardés une année de plus. Mais ils avaient maigri dès leur premier labour. La moindre charretée mouillait leur poil roux taché par la pelade.

Augustin s'occupa d'eux, rétrogradés des premières places de la grande étable au fond de la seconde réservée aux vaches et à leurs veaux. Il doubla leur ration de foin et remplit leur crèche de betteraves, leur servit des gourmandises sucrées de carottes blanches. Monsieur, le plus câlin des deux, tendait le flanc comme un gros chat aux caresses d'Augustin. À la fin de l'hiver, ils avaient engraissé, la pelade avait disparu.

— Tu es triste parce qu'ils vont partir ? lui demanda Élie.

Augustin ne répondit pas.

— C'est comme cela. On élève, on tue. Je ne compte plus le nombre de bêtes que j'ai nourries, caressées et envoyées à l'abattoir. Il faut bien manger.

Monsieur et Plaisant les contemplaient avec de lents ruminements de vieux.

Ils partirent à la nuit noire. Un vent sec et froid attisait les étoiles. La lune à son dernier quartier n'était plus qu'une griffe d'argent. Ils traversèrent le village des domestiques. Marthe surgit de la maison.

— Tu n'as rien sous ta blouse ! Je vais te chercher un gilet d'Élie !

Augustin, frissonnant, prétendit qu'il n'avait pas froid.

— Est-ce que tu veux encore attraper du mal ?

Elle revint et l'obligea à enfiler les manches. Elle avait aussi apporté un cache-nez et voulut le lui nouer sous la gorge.

— Laisse-le, s'il ne veut pas, fit Élie, prenant le parti d'Augustin.

Comme elle criait au risque de réveiller tout le village, il lui recommanda d'accepter.

— Elle est comme ça, que veux-tu. Elle ne peut pas faire les choses à moitié.

Ils marchèrent dans le noir. Ils n'avaient pas emporté de lanterne. Valentin et Norbert devaient les rejoindre à la foire avec la voiture à cheval.

Ils atteignirent Mouilleron à l'éclaircie. Ils ne furent alors plus seuls. Peu à peu, à l'approche de la ville, un flot d'hommes, de femmes, d'enfants, de bêtes, emplit le chemin. Les hommes allongeaient de grandes enjambées d'arpenteur de labours, en blouses de lin noires froncées dans le dos, appuyés sur de longs bâtons utiles pour mesurer les bêtes sur le foirail.

Les femmes allaient à petits pas rapides auprès de leurs maris, chargées de paniers de beurre enveloppé dans un torchon ou de caisses de canards et de poules tendant leurs cous par les trous du couvercle. Les enfants faisaient l'élastique entre les groupes. Tout ce monde parlait haut, s'interpellait, riait.

Ils trouvèrent une barre pour leurs bœufs sur le champ de foire. Augustin parla à l'oreille de Monsieur et de Plaisant, effrayés par les meuglements et le vacarme du champ de foire. Élie leur apporta un seau d'eau. Plaisant y trempa le mufle. Monsieur détourna la tête.

— Ils sont choqués... C'est normal.

Ils les étrillèrent pour les calmer et faire mousser leur poil. Un vieux attacha son bœuf auprès d'eux. Le propriétaire et l'animal montraient le même pitoyable état. Le bœuf était culotté de vieille bouse séchée. Élie regarda les nouveaux venus d'un œil réprobateur et murmura :

— Après tout, nos bœufs paraîtront encore plus reluisants à côté de ce misérable.

Un marchand vêtu de la blouse de paysan et chaussé de sabots s'approcha. Tout dans son allure, pourtant, trahissait le maquignon. Il était gras, avait les joues rouges d'un mangeur de viande. Ses petits yeux mobiles guettaient sans cesse derrière leurs plis de graisse. Et, surtout, la poche intérieure de poitrine était gonflée par son portefeuille bourré de billets. Il tendit les deux mains à serrer, posa ses doigts rouges sur la fesse de Plaisant.

— Belles bêtes ! dit-il.

Et il s'en alla.

— C'est le premier gros poisson qui mord, commenta Élie. Il y en aura d'autres. Et il reviendra.

Valentin et Norbert arrivèrent.

— Alors, vous ne les avez pas encore vendus ? plaisanta Valentin.

Il tourna autour de ses bœufs, les lorgna.

— On a traversé le champ de foire. On ne lâchera pas nos bœufs gras à moins de 1 000 francs. En les vendant en mars, on aurait perdu 100 ou 200 francs.

Valentin avait belle prestance en blouse et chapeau rond. On le prenait pour un propriétaire, et il en était fier. Il se dressait, encourageant Norbert à lever le menton comme lui. Il indiqua le pauvre misérable, à côté.

— Dans quel trou de boue êtes-vous allés le dénicher, celui-là ?

Il éclata de rire, réjoui de sa repartie. Un autre marchand s'approchait.

— Ils vont tous y venir. On n'appâte pas les mouches avec du vinaigre !

Augustin gratta le front de Plaisant et de Monsieur et s'en alla. Il préférait ne pas assister à l'abandon de ses bœufs aux mains des maquignons. Élie lui recommanda :

— Ici, à quatre heures, n'oublie pas !

Augustin avait écrit à sa grand-tante Octavie et était invité à déjeuner chez elle. Il traversa le champ de foire aux vaches bien rempli, s'approcha d'un attroupement, reconnut tout de suite les bêtes qui suscitaient la curiosité. Leurs robes blanches resplendissaient dans le soleil de ce matin d'avril. Elles n'étaient que trois au milieu des rouges et des grises, trois charolaises. Seuls quelques éleveurs de progrès avaient essayé d'implanter cette nouvelle race. Augustin reconnut auprès d'elles un domestique des Établières avec lequel il avait pris le café. Les commentaires de l'assistance étaient plutôt méfiants. Tout le monde leur trouvait belle allure, mais critiquait le pis insignifiant et trop haut.

— C'est une espèce à viande. On a besoin de lait, chez nous.

Il remonta la rue des Sables, puis la place d'Armes, s'attarda au milieu des baraques de tir, de concours d'adresse et de force, la main sans cesse à la chaîne de sa poche à laquelle était fixé son porte-monnaie.

Un charlatan monté sur une voiture bariolée battait du tambour pour accaparer les promeneurs et leur proposer son spécifique unique en son genre : le baume Rousselot, ou cartouche 1809, inventé par le chirurgien Rousselot, médecin des armées de Napoléon Ier, vendu aux braves cultivateurs par son petit-fils pour la modique somme de 60 centimes.

Parfois la foule était dense et il se laissait porter. Certaines robes et certains paletots exhalaient de puissants relents de sueur, des sillages de filles laissaient d'agréables parfums de réséda.

Il s'arrêta pour écouter la voix douce comme miel d'un marchand de chansons et faillit se laisser tenter. La chanson parlait d'une fille abandonnée, de sa mère mourante, de la générosité de l'enfant perdue...

Il descendit la rue de Saumur. La tante habitait un peu après le champ de foire aux cochons. Il tira l'anneau de cuivre après les trois marches de granit, le judas s'ouvrit.

— Mon petit Augustin ! fit la tante derrière sa porte.

Et elle tira le verrou.

— J'avais peur que tu sois venu pendant que je faisais mes commissions.

Elle posa sur ses joues de gros baisers bruyants.

— Eh bien, quand vas-tu t'arrêter de grandir ? dit-elle en se reculant dans son couloir. Tu vas devenir un géant !

Augustin tempéra son enthousiasme.

— Je ne mesure que un mètre soixante et un !

— C'est déjà une belle taille. Tu étais tout petit !

— J'espère encore grandir.

— Pour quoi faire ? Tu coûteras plus cher à habiller !

Elle montra son tablier bleu de cuisine qui protégeait sa jupe noire et son corsage blanc.

— Je n'ai pas fini ma cuisine pour mon invité. Coquin, tu vas m'aider. J'ai des oignons à peler. J'ai assez de raisons de pleurer sans en rajouter. As-tu ton couteau ?

Elle assit Augustin devant sa toile cirée. Un lapin était découpé dans une assiette sur la table, des pommes de terre en lamelles à côté.

— Aimes-tu le lapin sauté avec des oignons et des patates ?

La cuisine donnait sur le midi. La lumière bouillonnait derrière les rideaux à jours de dentelle. La tante Octavie versa la viande dans la cocotte sur le fourneau et, très vite, la suave odeur du lapin en train de cuire emplit la pièce. Octavie demanda :

— Raconte-moi les nouvelles des Moutiers !

Elle avait des gestes aimables, même pour touiller dans la cocotte. Ses cheveux en chignon dégageaient son visage laiteux comme une face de lune.

— Comment faites-vous, tante Octavie, pour avoir la peau aussi fraîche ?

— Vaseline Boriquet, mon garçon, tous les soirs avant de me coucher !

Elle s'affairait, manifestement heureuse de recevoir son petit-neveu. Elle dit :

— Il te pousse du poil au menton ! Comme tu as la voix grave ! Tu as perdu ta voix de fille !

Elle glissa une assiette devant lui. La glace au tain piqué sur le buffet lançait des éclats à son passage. Elle sortit des verres à pied.

— On ne va pas se priver ! Ouvre-moi cette bouteille de vin de pêche. Il m'en reste encore quelques-unes de la préparation d'Auguste.

Ils trinquèrent. Elle claqua de la langue en goûtant le vin de pêche. Son menton se mit à trembler. Elle posa précipitamment son verre et éclata en sanglots, la tête dans les mains.

— Oh ! mon petit gars, tu n'imagines pas comme je suis malheureuse depuis qu'il n'est plus là ! Je tourne en rond dans la maison. Je ne sers plus à rien. Quand Auguste était là, je me levais en même temps que lui. Je faisais mon petit travail. Je préparais le déjeuner. Je guettais la pendule. Je me disais : « Il ne va pas tarder. » Il n'était jamais en retard. Il arrivait en chantant. On mangeait ensemble, comme maintenant. Il était assis à ta place...

Elle leva vers Augustin ses yeux éplorés. Elle était à présent défigurée par le chagrin. Ce n'était plus la petite femme pimpante qui l'avait accueilli.

— J'ai toujours dans la tête, ajouta-t-elle en sortant son mouchoir, le moment où on me l'a ramené. Il m'avait quittée content, deux heures auparavant. Il s'est effondré sur son bureau de commis à la poste...

Elle s'essuya les yeux, se moucha.

— Sers-toi de la soupe, elle va refroidir.

Elle s'obligea à sourire, s'excusa.

— Ne t'inquiète pas de mes pleurnicheries de vieille bonne femme. Mange, mon garçon, mange.

Elle tira sur sa résille de velours noir, goûta sa soupe.

— Je ne l'ai pas salée ! Et tu ne disais rien ! Je rumine mes histoires et je ne suis pas capable de faire mon travail !

Ils sortirent dans le jardin, après le repas. La chaleur y était immobile, entre les hauts murs de pierre chapeautés de tuile séparant les jardins des voisins. Tout y rappelait l'absent : la cabane de jardin, la treille, un crochet dans le mur à partir duquel il tendait le fil de ses haricots à rames. Bricoleur, Auguste avait fabriqué une girouette en tôle figurant un coq, absolument immobile, tourné vers le sud.

— Son premier travail, le matin, était de regarder sa girouette...

Le bras passé sous celui d'Augustin, elle le conduisit dans la cave, où le défunt avait installé son atelier. Tout y était en ordre, les outils à leur place indiquée par un contour au crayon.

— Je n'ai rien touché depuis deux ans. Quand j'ai besoin, je prends la pince ou le sécateur. Je descends chasser la poussière, de temps en temps.

Augustin demanda :

— Est-ce que vous pourriez me montrer la... chambre ?

Elle lui pressa vivement le bras.

— Tu n'as pas oublié ta maman ? C'est bien.

Elle le précéda dans l'escalier.

— Tu ne découvriras rien de nouveau. Là non plus, rien n'a changé.

Elle posa les pieds sur les patins. Le couloir sentait une agréable odeur de cire. Elle tourna la poignée de porcelaine.

— Voilà ta première chambre, dit-elle en lui indiquant d'entrer.

Augustin éprouva un bouleversement profond. Le lit de sa naissance et de la mort de sa mère était recouvert d'un piqué jaune au ventre gonflé d'un édredon. La pièce était meublée d'une armoire à trois tiroirs sous la plus petite de ses deux portes, d'une table de toilette à plateau de marbre gris avec une cuvette et un broc. Augustin pivota sur ses patins, examinant les murs de la chambre. Il s'approcha de la porte.

— Oui, cela, c'est nouveau, murmura la tante.

Une épingle à tête fixait au mur une image de Notre-Dame-du-Sceptre tenant l'Enfant Jésus sur son bras. Augustin s'assit sur la chaise, sous l'image.

— Tante, dites-moi ce que vous savez sur mon père.

Augustin la fixait dans les yeux. La tante Octavie rougit, soupira, tira sur sa résille.

— Mon garçon, supplia-t-elle, et elle glissa lentement sur les patins vers la fenêtre, le visage tourné vers la lumière. Tu as raison de ne pas oublier ta mère. Mais laisse les vieux, comme moi et ton grand-père, rabâcher les vieilles histoires. Elles ne t'apporteront rien. Tu es jeune. Ne t'inquiète pas du passé.

— Je ne m'inquiète pas du passé, tante. Je veux seulement savoir qui est mon père.

— Tu veux savoir. Et si tu sais, à quoi cela t'avancera-t-il ?

— Si vous me dites cela, c'est que vous savez quelque chose !

— Aussi vrai qu'elle était couchée dans ce lit, ta mère ne m'a jamais dit de nom. Je lui ai demandé, tu penses bien, et bien avant que tu viennes au monde. Elle secouait son front têtu comme toi en ce moment : « Cela ne changera rien ! » Elle est partie en emportant son secret.

— Et vous n'avez pas cherché à savoir ? dit Augustin d'un air de doute. À ce moment-là, cela venait d'arriver. Vous ne vous êtes pas renseignée ?

La tante s'appesantit sur le rebord du lit.

— Ne reproche rien à personne, Augustin. Ton grand-père est allé au château des Astiers, tu le sais, et il n'a rien appris. Ces choses-là, les bandits qui les commettent ne vont pas les chanter sur les toits. Auguste a profité de sa place à la poste et il a interrogé le facteur des Astiers qui ne lui a répété que des bruits : le garde-chasse était parti. Il avait déménagé dans le haut pays avec sa femme et ses enfants.

— Et qu'est-ce que vous avez fait ?

— Est-ce que ça aurait fait revenir Donatienne ? Ce garde avait déjà une famille. Cela ne t'en donnerait pas une. Tu étais déjà installé à Mortevieille. On n'a pas cherché plus loin.

— Où le garde-chasse a-t-il déménagé dans le pays haut ?

— Je ne sais pas, vers des terres que les Tireau auraient là-bas.

Elle appela Augustin.

— Viens t'asseoir à côté de moi. Écoute-moi...

Sa voix s'était raffermie. Elle prit la main d'Augustin.

— Je suis devenue une vieille femme. J'ai vieilli de dix ans depuis la mort d'Auguste, et tu as le droit de me juger comme une radoteuse. Mais je ne radote pas en te demandant de ne pas ajouter du mal au mal. Tu es presque devenu un homme, maintenant. Promets-moi que, quoi que tu apprennes, tu ne feras rien pour nuire.

Augustin voulut parler. La tante l'en empêcha.

— Promets-moi !

Elle tendit la main devant elle.

— Sur le lit où est morte Donatienne. Si elle nous voit, d'en haut, je suis sûre que c'est ce qu'elle te demande.

Augustin tendit la main.

— Je le jure, tante !

La tante se redressa.

— Allez, on est restés là trop longtemps. On a juste le temps de prendre le café avant que tu retournes sur le champ de foire.

Elle avait retrouvé le ton enjoué du début. Elle mit le café sur le feu. Augustin feuilleta la pile de journaux près de la pendule. C'étaient les derniers numéros du *Publicateur.*

— Ils t'intéressent ? Tu peux emporter les derniers. Auguste y était abonné. J'ai gardé l'abonnement. Je n'ai pas tellement le goût de les lire.

L'exemplaire du jour titrait : *« La semaine décisive ». « Nous y sommes, s'il faut en croire* Le Siècle, *cette semaine ne se terminera pas sans des mesures extraordinaires : lois contre la liberté de la presse, érection du Sénat en Haute cour de justice, nouvelles perquisitions domiciliaires, arrestation du général Boulanger... on n'épargnera rien. »* Sur la page locale, un encadré soulignait un fait divers : « Dans la nuit de lundi à mardi M. Merceron, journalier au village de La Flocellière près de Challans, était réveillé par des hurlements épouvantables ; puis il entendit aussitôt les aboiements plaintifs de son chien laissé en liberté dans la cour de la maison. Il sauta du lit et, par la fenêtre, il aperçut un loup qui, après avoir tué le malheureux chien, le déchiquetait à belles dents. Sans armes, le pauvre journalier jugea prudent de ne pas ouvrir la porte. »

Augustin feignit de poser une question occasionnée par sa lecture.

— L'école normale est tout près de chez vous ?

— Oui, une rue en dessous, rue Luneau. Pourquoi ?

Il ne répondit pas. Elle posa à nouveau ses baisers sonores sur ses joues.

— Reviens manger chez moi, la prochaine fois. N'oublie pas ta vieille Octavie. Elle a été la première à te tenir dans les bras !

Elle resta sur ses marches à le saluer de la main jusqu'à ce qu'il eût tourné au coin de la rue.

Il attendit qu'elle soit rentrée et redescendit vers la rue Luneau. Il osa traverser la rue après avoir regardé derrière lui comme s'il commettait une faute, et il passa sous l'inscription au fronton de pierre : « École normale de jeunes filles ». Il tendit l'oreille, guettant des bruits derrière la porte, mais n'entendit rien. La rue était déserte, débouchant à chaque extrémité sur l'animation de foire des rues de Saumur et du boulevard. Seul un mulet, attaché à un anneau, cherchait l'ombre, collé au mur.

Augustin repartait lorsqu'il vit arriver un groupe de normaliennes en face de lui, là-bas, au bout de la rue. Les deux rangs noirs avançaient vite, à une sportive allure militaire, en ordre de taille, les plus petites devant, accompagnées par une surveillante très droite et très sèche.

Augustin, pris de panique, descendit du trottoir, y remonta, traversa la rue en courant, comme s'il était poursuivi, conscient de son ridicule, tenant son chapeau, les journaux de sa tante sous le bras. De rapides coups d'œil vers les rangs lui permirent d'apercevoir les gants blancs d'uniforme, les bottines impeccables.

En dépit de la saison avancée, les jeunes filles portaient d'amples capes noires ouvertes sur leurs épaules comme des ailes. Il ne surprit pas une moquerie sur leurs visages, même les plus petites n'avaient pas été distraites par sa présence. Puis il découvrit Élise au milieu de la colonne.

Comme ses compagnes, elle portait le chapeau noir, solidement fixé sur la tête par une cordelière. Il eut à peine le temps de distinguer la douce pâleur de son profil, son nez, sa bouche. Elle semblait ne pas l'avoir vu. Comme les autres, elle regardait devant elle, ne tournait pas la tête. Elle allait le dépasser, lorsque ses yeux pivotèrent. Un instant seulement, ils fixèrent Augustin sans que ses traits bougent. Et elle passa. La troupe disparut par la double porte sous l'inscription dans la pierre.

Augustin remonta la rue de Saumur en se répétant : « Elle m'a vu ! Elle m'a vu ! » Il était transporté de bonheur, et il était en même temps inquiet, car elle n'avait rien manifesté, pas esquissé un geste. Elle ne l'avait pas plus regardé que le mulet au bout de sa corde. Elle l'avait sans doute oublié depuis si longtemps. Elle vivait maintenant avec ces filles de l'école normale. Elle acquérait des connaissances dont il n'avait pas idée. Sa blouse de foire et ses sabots avaient dû lui sembler ridicules.

Il traversa la place d'Armes. L'horloge de l'église Saint-Louis indiquait quatre heures moins le quart. Des marchands de chiens étaient rassemblés au pied de la statue de Napoléon. À cette heure, au soleil, les chiens haletaient, la tête entre les pattes sur leur litière de paille. Augustin entendit crier :

— Élise !

Il se retourna, s'aperçut de sa méprise. Un marchand forain, lancé aux trousses d'un vide-gousset, l'accusait de lui avoir volé sa valise.

Il se rappela souvent les rangs des « hussards en jupons » aux visages graves et déterminés, et y rechercha les traits doux, les yeux d'or. Les images de la normalienne et de la fillette au cerceau des Établières se superposaient. Il se décida, un soir.

Jean-Marie, couché sur le côté, était tourné vers le mur. Le cheval cognait du sabot. Augustin s'installa dans l'embrasure de leur lucarne. La nuit n'était pas noire. Les beaux jours se succédaient en ce mois de mai. Une fantomatique lumière jaune éclairait la vitre. Jean-Marie se plaignit :

— Tu ne dors pas ?

— Non.

— Qu'est-ce que tu fais ?

— J'écris.

— Tu écris à ta poule ? Demain matin, tu seras le dernier à te lever !

La belle harmonie des débuts entre le grand valet et Augustin s'était détériorée. Jean-Marie se considérait jalousement abandonné au profit d'Élie. Il lui en avait fait la réflexion sur un ton brutal :

— Élie ! Élie ! Tu n'as plus que ce nom-là à la bouche !

Il supportait mal, par ailleurs, son goût pour les livres et l'écriture, lui qui ne savait pas lire, et lui reprochait d'en avoir vanité. Augustin suçait sa mine de crayon. Sa pointe sèche griffait le papier.

Chère Élise,

Ma lettre te surprendra sans doute. Je garde un si agréable souvenir de nos après-midi de jeux dans le parc du château de ton oncle. Je pourrais encore te les raconter par le détail. Notre rencontre, par hasard, le lundi de la foire d'avril m'a donné l'idée de t'écrire. J'ai longtemps hésité. Je suis, en effet, une paysanne bien sotte et ignorante, comparée à toi qui seras bientôt institutrice. Jette ma lettre, si elle ne te plaît pas. Mais, si tu le veux, j'aimerais lire de tes nouvelles. À défaut de m'apprendre l'anglais, tu pourrais peut-être perfectionner mon français. Les digitales de la Fête-Dieu sont en fleur.

Amical souvenir du little squirrel.

Les mots dansaient devant ses yeux dans la lumière sourde. Il ferma les paupières, les rouvrit, et signa :

Augustine.

Il écrivit ensuite l'adresse où Élise pouvait lui répondre : *Augustine Vernageau, Chez Madame veuve Octavie Rautureau, rue de Saumur, La Roche-sur-Yon.*

Il s'amusa de son changement de sexe permettant de tromper la surveillance, qu'il devinait implacable, du courrier des jeunes filles de l'école normale. L'adresse de la tante lui assurait une discrétion utile. Il se mit aussitôt à écrire une seconde lettre à la chère Octavie, sûr d'obtenir sa complicité. Il mentit quelque peu en évoquant, à travers une émouvante bouillie sentimentale, leur conversation dans la chambre de Donatienne et de prétendues recherches de ses origines l'obligeant à lui demander d'être sa boîte aux lettres. Il ne s'attarda pas sur la féminisation de son prénom. Il aviserait le moment venu. Il jeta les deux lettres à la boîte, le dimanche suivant, en allant à la messe.

Il espéra une réponse pendant plusieurs semaines. Il guetta le facteur. Il avait perdu tout espoir lorsqu'il revenait de couper le blé, la faux sur l'épaule, en compagnie de Norbert, Jean-Marie, Élie, Fernand, Bernarde, Valentine. Ils étaient déjà harassés, en cette époque des nuits les plus courtes de l'année. Ils étaient assoiffés. Ils étaient exposés tous les jours au feu du soleil. Et pourtant les plaisanteries montaient de leur peloton étalé en un front compact à travers le chemin.

Ils virent s'avancer, en face, Amédée, le facteur. Les remarques amusées à son sujet fusèrent sur son nez, sa façon de marcher, son penchant pour la bouteille. Valentine se trouvait à côté d'Augustin, et la jeune fille rieuse épinglait les tics, singeait les voix et les démarches. Amédée s'approcha, comme elle l'avait signalé, les pieds en dedans, le nez du soulier mordant la poussière. Et des rires furent difficilement contenus lorsqu'il porta le doigt à la visière de son képi, demanda Augustin Vernageau, souleva le couvercle de sa sacoche, promena ses gros doigts gris parmi l'alignement des lettres. La Bernarde rappela Valentine à l'ordre en lui donnant du coude.

Élie dit, sur un ton réprobateur :

— Ces jeunes, il n'y a pas moyen de les tenir !

Amédée, brave homme, sourit, essuya son front en nage, échangea des commentaires sur la canicule en continuant de chercher dans sa caisse, tira enfin la lettre et la tendit à Augustin. Il cessa aussitôt d'être le sujet des préoccupations. Il eut beau gémir sur la lourdeur de sa sacoche, responsable de douleurs dans l'épaule, et indiquer qu'il montait au château, on ne le vit pas disparaître. Toute l'attention était portée sur cette lettre entre les doigts d'Augustin.

— Qui est-ce qui t'écrit ? interrogea Valentine, malicieuse.

— Sa poule ! lança Jean-Marie, vengeur.

Il fut obligé de se défendre.

— C'est ma tante Octavie !

— Menteur !

Heureusement, la tante avait eu la judicieuse idée d'écrire son adresse au dos de la lettre. Augustin la montra. Valentine en reconnut l'exactitude, palpa l'enveloppe rebondie et leva vers Augustin un regard plein de doute. Augustin dissimula la lettre dans sa chemise.

Il attendit l'heure de la sieste après le repas pour se réfugier dans la première entrée de barrière, enfin libre de lire son courrier tranquille. Il regarda à peine la lettre de la tante, qui s'inquiétait de transmettre une lettre adressée à Augustine. Il contempla l'enveloppe adressée à Augustine Vernageau. C'était un petit format couvert d'une belle écriture à l'encre violette, aux longs jambages réguliers. Il la décacheta, le cœur battant. Elle ne renfermait qu'une feuille pliée en quatre, datée du 15 juillet, à Paris.

Chère Augustine,

Comment t'aurais-je oubliée ? Un certain petit couteau à manche rouge m'a servi tout à l'heure à couper ma feuille de papier. Je suis en voyage scolaire de fin d'année à l'Exposition universelle. Nous sommes montées, hier soir, dans l'ascenseur électrique de la tour Eiffel. J'ai eu le vertige à découvrir Paris de la plate-forme du deuxième étage. Nous allons visiter, aujourd'hui, l'Exposition coloniale. Je t'ai aperçue, moi aussi, à la foire de La Roche. Mais tu as tellement changé que je n'étais pas sûre de ne pas m'être trompée. Tu as bien fait de m'écrire. Je ne serai pas aux Établières pendant les vacances, cet été. On m'envoie auprès de la famille de mon père, dans le Massif central. Je t'écrirai.

Ton amie.

Élise.

Augustin exultait. Ainsi, elle lui avait répondu ! Elle voulait bien correspondre avec lui et lui promettait une seconde lettre. Il essaya de se figurer Paris du haut de la tour Eiffel. Il se rappela le spectacle des Moutiers à partir du clocher de l'église. L'oncle Anselme, le tonnelier, lui avait dit :

— Dès qu'elle va grandir, elle ne te regardera plus !

Cette lettre de Paris, d'une élève de l'école normale, était déjà une victoire. Il entendit du bruit sur le chemin, dissimula la lettre dans sa chemise. Le chien courut à lui, blottit sa grosse tête hirsute dans ses jambes. Valentine arriva derrière, son fichu bleu noué sur la tête.

— Alors, fit-elle, curieuse, tu te caches derrière les buissons pour lire les secrets de la tante Octavie ? Elle ne te parle pas de moi ?

Valentine aperçut l'enveloppe sur la poitrine d'Augustin. Elle essaya de la subtiliser. Augustin bondit en arrière et rougit. Le chien, croyant à un jeu, bondit à son tour en aboyant. Valentine saisit Augustin au poignet. Elle avait de la poigne, les doigts froids. Elle lui tordit le bras. Il sentit son souffle sur sa figure.

— Je voudrais bien lire ce qu'il y avait dans l'enveloppe de la tante ! fit-elle, provoquant Augustin, une lueur ironique au fond des yeux.

Ils avaient tous deux le feu aux joues. Elle le lâcha, esquissa le geste de se précipiter à nouveau contre lui. Il éprouvait en même temps le désir de cette lutte. Elle s'assit dans l'herbe. Il s'assit auprès d'elle, cueillit un brin sec qu'il porta à sa bouche. Le chien était parti fureter dans la haie plus loin. Le soleil accablait la campagne. Une bête à bon Dieu montait sur le corsage de Valentine. Elle cueillit à son tour une brindille, la mordit, et, fixant Augustin, les paupières plissées, elle éclata de rire.

Une seconde lettre arriva en septembre, par le canal de la tante.

Ambert. Dimanche.

Ma chère Augustine,

Pardonne-moi de ne pas t'avoir écrit plus tôt. Je me suis laissé emporter par le tourbillon des activités frivoles de ma famille. Tu dois avoir bien chaud dans les champs. La chaleur est ici épouvantable. On ose à peine sortir, à moins que ce ne soit après le souper. Ce soir, je pars avec ma tante accompagner un petit garçon à la pêche au bord de la Dore. Mais je sors surtout me promener avec mon oncle, très gentil avec moi. Il craint toujours que j'aie froid ou que je sois fatiguée. Ce matin, il m'a apporté un bouquet de roses du jardin. Vendredi, nous avons fait une grande tournée de trente kilomètres à tricycle. Je n'étais pas fatiguée, pourtant les montées grimpent infiniment plus que la côte de l'Échalette aux Moutiers !

Pardonne-moi d'être aussi bavarde, ma chère Augustine, je te raconte toutes ces sottises pour te faire connaître ma vie. Je sou-

haite que tu me donnes à découvrir la tienne. Je me suis acheté un chapeau en vraie paille jaune, comme brûlé par le soleil, avec un ruban beige. Ma tante m'a offert une robe en laine et soie bleu marine, à manches courtes, qui me donne un visage moins triste, dit-elle, que les robes noires de l'école normale. J'ajoute par-dessus une pointe en laine et soie blanche. Mais je ne ferai pas la conquête d'un Auvergnat. Je n'en rencontre pas de chics. La race doit en être disparue. Ne restent plus que des laids ou des godiches. Pour les demoiselles, c'est pareil. Le nombre de vieilles filles est étonnant dans ce pays. Ce ne sont que courbettes et chapeaux bas devant ma tante lorsque nous sortons. Elle répond à tous ces saluts l'air pincé, avec un sourire protecteur. Vive la franchise et la simplicité ! Nous vivons dans un milieu tout à fait surprenant et habile pour les finances. Tous les matins, l'oncle et la tante attendent le journal avec impatience pour savoir si les actions sont en hausse. C'est une manière de faire fructifier son argent bien moins fatigante que de labourer la terre. Je me demande si cette pratique ne manque pas d'un peu de dignité. Cet argent tombé chaque matin avec le courrier a des relents d'argent volé. J'imagine le poids de fatigue et d'efforts nécessaires à un paysan pour glaner une part intime de la somme apportée par le journal. Mais j'arrête là ces futiles considérations économiques. Je suis confuse d'avoir laissé ainsi courir ma plume. Écris-moi vite.

Ton amie.

Augustin mesura le gouffre qui le séparait d'Élise. Il rêva d'elle, pourtant, en robe bleue et chapeau de paille sur un tricycle. Aucune femme ne se serait risquée en Vendée sur une semblable machine. Cette liberté aurait été sujet de scandale ici. Quoi que dise Élise, les Auvergnats n'avaient pas un esprit si obtus. Seuls les fils du comte possédaient des tricycles aux Moutiers. Ils attiraient les regards émerveillés des garçons lorsqu'ils traversaient le bourg en faisant retentir leurs sonnettes.

Une nuit, Augustin se vit en songe entreprendre une enivrante balade en compagnie d'Élise. Les roues de leurs tricycles tournaient, dociles, sans éprouver les aspérités du sol. Ils décollaient parfois de terre. Les platanes de l'allée cavalière des Établières filaient de chaque côté.

5

Marthe trouva Henri des Fontenelles inanimé dans son cabriolet, un après-midi de mai 1891. Propriétaire d'un enviable domaine terrien, le comte était aussi l'une des figures notables les plus remuantes de la politique conservatrice vendéenne et nationale. Sa haute silhouette orgueilleuse, sa barbe façon Gambetta s'étaient rendues célèbres à la Chambre des députés par de mémorables actions d'éclat. Et les dessinateurs des gazettes le représentaient régulièrement, le ventre débordant de son ample jaquette, un énorme cigare à la bouche, le haut-de-forme sur la tête, cerné de quelques-uns de ses objets emblématiques, en particulier une casserole. Il en avait coiffé M. Combes, le président de la Chambre, pour éteindre sur lui « la trop dévorante flamme laïque ». Privé de parole par le président Combes à la séance suivante, il insista, perturba les débats.

— Silence, monsieur Fontenelles ! Taisez-vous, monsieur Fontenelles !

— Monsieur le président, rétorqua le comte, si vous continuez de m'appeler par la moitié de mon nom, je vous appellerai par la moitié du vôtre !

Il n'aimait rien mieux qu'une promenade digestive à travers ses terres après déjeuner. Ce jour de mai, il monta donc comme à l'habitude dans son cabriolet, en soufflant. Il avait pris du poids et se déplaçait plus difficilement. Il était tiré par une jolie pouliche irlandaise dont il caressait la croupe avec sa badine. La pouliche revint une heure et demie plus tard, d'un pas très lent et comme relâché. Elle s'arrêta devant les marches. Des oiseaux s'égosillaient dans les cèdres du parc.

Marthe sortit de la cuisine, intriguée par cette jument battant de la patte sur place comme si elle avait quelque chose à dire. Elle posa le pied sur le marchepied, se précipita vers le vestibule.

— Madame la comtesse, M. le comte s'est trouvé mal !

Mme la comtesse accourut. Un rassemblement se fit autour du cabriolet. Bertrand, le fils du comte, monta auprès de son père, le prit par les épaules, ordonna à un domestique de le saisir par les pieds. Le comte était inconscient. Plusieurs médecins se succédèrent à son chevet, prescrivirent leurs traitements sans illusion. Le comte rendit son dernier souffle le troisième jour, sans avoir repris connaissance.

Le glas sonna à l'église des Moutiers. Des breaks, des tilburys, une automobile, même, entrèrent dans la cour du château, le matin de l'enterrement, et s'alignèrent devant la charmille. Six métayers, dont Valentin Vernageau, conduisirent une charrette aux roues peintes en noir, tirée par six paires de grands bœufs, devant la porte d'honneur. Leurs aiguillons portaient un nœud de crêpe et leurs épaules étaient couvertes de capes de cheviotte données par le château. Deux domestiques tendirent un drap blanc sur le plateau de la charrette. Le curé Désamy arriva, et le curé de La Genétouze, et d'autres prêtres, en surplis et camail. Les pantalons rayés, les gibus, les gants beurre frais sortirent du château, précédant le cercueil du comte porté par six jeunes paysans de même taille qui le déposèrent dans la charrette. On apporta les gerbes, la plupart blanches, signe de l'attachement du comte à la monarchie.

Le soleil brillait dans un bleu doux de porcelaine. Les oiseaux continuaient de mener leur tapage dans les cèdres. Bertrand des Fontenelles leva les yeux vers eux en apparaissant sur l'esplanade. La comtesse, sa mère, marchait devant lui, voilée jusqu'aux pieds, la tache claire de son mouchoir montant par instants de sa taille à son visage.

Une rafale de vent secoua les capes des six métayers, qui piquèrent leurs six bœufs. Le cortège s'ébranla. Le tumulte des oiseaux devait intriguer le comte Bertrand, car il leva de nouveau le regard de leur côté. À trente ans, il devenait désormais l'héritier des considérables pouvoirs paternels. Y avait-il été assez préparé ? Le comte, son père, ne lui avait pas laissé beaucoup d'espace.

Bertrand ressemblait plutôt à sa mère. La fatigue des jours de deuil accentuait le romantisme de sa belle figure longue aux joues creuses. Les domestiques l'aimaient. Pensait-il qu'on ne vivait pas vieux dans la famille ? Son grand-père avait été emporté par la maladie de la pierre à quarante-huit ans. Le comte avait alors pris la barre d'une poigne de fer. Et il venait d'être emporté à cinquante-sept ans.

Ils s'avancèrent dans l'allée centrale du jardin à la française entre les haies de roses, de rhododendrons et de lauriers en fleurs. Ils entrèrent sous les rouvres de l'allée cavalière, percés de flèches de lumière. Devant, le chœur des prêtres chantait les hymnes funèbres. L'affût paysan du comte écrasait les pierres.

Les bœufs rejoignirent la route et obliquèrent vers Les Moutiers. Le cortège marcha ainsi pendant trois quarts d'heure au pas lent des bêtes à travers la campagne. Augustin se tenait à côté d'Élie et de tous ceux des Fontenelles. Marthe était promue par les circonstances personnalité importante de la journée. Plusieurs fois, depuis le matin, on lui avait demandé le récit de sa découverte dans le cab. Quand le convoi funèbre franchit le pont sur le Ruth, les cloches se mirent à sonner.

L'enfant de chœur portant la croix, les prêtres, les bœufs, la famille, les amis gravirent la côte de l'église parmi une foule considérable. Un brouhaha de voix, d'appels lointains, de hennissements d'attelages montait du bourg dans le vacarme des cloches, par-delà les rangs de la cohue soudain silencieuse au passage de la bière. Et Élie, Augustin et les autres s'aperçurent qu'ils n'entreraient pas à l'église.

Le comte avait voulu cette construction nouvelle suffisamment grande pour contenir tout le monde. Il n'avait pas pensé au jour de ses funérailles. On ouvrit pour la circonstance la vieille église, qui s'emplit de femmes, surtout, récitant leur chapelet en communion avec la messe des morts. Les hommes ne dérogèrent pas et prirent la direction des auberges, trop petites elles aussi.

Comme l'air était doux, le soleil brillant, les tables furent sorties sur les trottoirs et dans les cours, sous les tonnelles. Après le premier verre, les voix s'égayèrent. Les riches partagèrent les bancs avec les pauvres. Les paysans familiarisèrent avec des inconnus en costume de ville. À l'auberge des Trois Épis on apporta les pots de rillettes et les plats de boudin sur les tables.

Quand la cloche appela à l'Offrande, les auberges se vidèrent. On s'aligna par tablées pour défiler devant le catafalque. À la sortie les commentaires reprirent sur les personnalités reconnaissables, le préfet avec son tricorne, le député Baudry d'Asson, le président du conseil général, Godet de La Ribouillerie. Finalement, l'absence de l'évêque, monseigneur Catteau, paraissait surprenante. Les cloches signalèrent la sortie du corps. Il était midi. La chaleur et la fatigue assoupissaient la foule. Beaucoup de femmes pleurèrent au passage des bœufs et de la charrette du comte.

Des orateurs se succédèrent devant sa tombe. Le défilé

pour bénir le corps se prolongea encore une heure. La comtesse et ses filles, épuisées, furent encouragées à se retirer, et une voiture fut avancée pour elles. Les trois fils du comte restèrent debout, très droits et très graves, jusqu'au passage du dernier bordier rendant hommage à leur père. Il était treize heures. Le soleil brûlait à travers les costumes sombres. Les tables furent de nouveau prises d'assaut dans les auberges.

Il fallut tout l'après-midi pour que le bourg des Moutiers retrouve peu à peu sa tranquillité habituelle. Mais, à la nuit, les débits de boissons résonnaient encore de vives clameurs. Des chars à bancs, les timons levés, attendaient toujours autour de la place. Augustin eut plaisir à raconter à Élise, par le menu, le déroulement de ce jour de deuil.

Des élections pour le siège du comte Henri au conseil général eurent lieu en octobre. Le comité conservateur du département distribua un communiqué : « Bertrand de Roissy des Fontenelles, docteur en droit, désigné comme candidat au conseil d'arrondissement du canton des Moutiers-sur-Vie.

« Le fils de notre ami à jamais regretté Henri des Fontenelles, le petit-fils du vénéré et bienveillant Henri-Pierre des Fontenelles, si longtemps conseiller général du canton, continuera dans toutes les fonctions qui lui seront confiées les traditions de dévouement qui sont l'honneur de sa famille ; aussi réunira-t-il le 8 octobre, nous en sommes sûrs, l'immense majorité des suffrages. »

Les circonstances brutales de la disparition du comte, le retentissement de sa sépulture ne laissaient planer aucun doute quant au résultat du scrutin. Le comte Bertrand fut élu par 1 998 voix sur 2 198. Son adversaire, un dénommé Favroul, inconnu auparavant aux Moutiers et désigné par le Cercle républicain, ne représentait rien.

Le grand-père Athanase sortit un soir de cet été-là chercher un fagot, et Pierrot le vit s'effondrer près de la barge de bois. Il crut à un faux pas et se précipita. Athanase, inconscient, s'éveilla lorsqu'ils l'étendirent sur son lit.

— Qu'est-ce qui m'est arrivé ? demanda-t-il.

— C'est à vous de nous le dire. On vous a relevé sans connaissance.

Il se rappela une douleur très vive au milieu du ventre, se palpa, surpris de ne plus rien éprouver, plaisanta au sujet de cette fausse alerte. Mais, à partir de ce soir-là, il baissa très vite. Il négligea de tondre pour la seconde fois les bordures du jardin. Il commença de tourner la terre à la fourche, pour la mettre en hiver, et accusa la pluie de l'empêcher d'aller jusqu'au bout.

— Ne vous inquiétez pas. On finira cela, lui dit Moïse.

Athanase aurait considéré cette réflexion comme une offense quelques mois plus tôt. Il s'installa au coin du feu, lui d'ordinaire si peu frileux. À partir de Noël, il n'en bougea plus. Il avait déjà beaucoup maigri. Son large ceinturon de cuir à double ergot en donnait la preuve. Léa compensait en assujettissant le pantalon à la chemise avec des épingles de sûreté.

— Tu vois, dit Athanase en soupirant à Augustin venu lui rendre visite un dimanche de janvier, j'ai fait plus de cent cinquante livres. Si on me pesait, je n'en compterais sans doute pas cent.

— Vous souffrez ?

Athanase haussa les épaules.

— J'ai parfois des coliques. Le plus pénible, c'est que j'ai toujours du dégoût. C'est pourquoi je ne mange pas.

Au début, on avait pensé à des étranglements intestinaux, baptisés « colique cordée ». Comme le mal durait, le médecin était venu. Il avait dit à Moïse, après avoir appuyé sur le ventre du grand-père et en avoir approché son oreille :

— Je crains que le mal dont souffre votre père ne soit

pas bien bon. Et je n'ai pas de médicaments pour le soigner.

On parla de « mauvais mal » à partir de ce moment-là. Les autres avaient profité de la présence d'Augustin pour sortir. Il appréciait de se trouver seul avec le vieillard. Cela lui rappelait le temps déjà lointain de l'enfance. Il devina la satisfaction partagée lorsqu'il vit le visage émacié s'éclairer d'un sourire et lui indiquer une chaise.

— Approche-la. Viens te chauffer.

Athanase aperçut le livre apporté par Augustin.

— Laisse ton livre, pour une fois. Parle-moi.

Augustin parla, raconta la vie aux Fontenelles, son travail à l'étable en compagnie d'Élie. Une vache avait eu deux veaux tardifs superbes. Il avait été décidé de les garder pour en faire des bœufs. Augustin devait se charger du dressage.

— C'est toi qui vas les châtrer ?

— Je ne sais pas.

— C'est à toi de les châtrer si tu les dresses après.

Le grand-père se frotta le ventre en grimaçant.

— Je ne suis plus capable de rien aujourd'hui. Je n'ai guère prospéré dans ma vie. J'ai continué ce que les autres avaient entrepris. Mais j'ai essayé, autant que j'ai pu, quand je commençais quelque chose, de le faire complètement, du début jusqu'à la fin...

Augustin continua de parler et s'aperçut de l'absence de son grand-père : les yeux grands ouverts, Athanase contemplait, hébété, le cadran de la pendule. La lumière violette de cet après-midi d'hiver peinait à éclairer plus loin que la fenêtre. Augustin se leva et marcha dans la salle obscure. Il se pencha au carreau, s'étonna de la petitesse du tas de fumier comparé à celui des Fontenelles. Il trouva même frêle le coq qui s'égosillait au coin de l'étable. La voix tremblée du grand-père s'éleva dans son dos.

— Comme tu es devenu costaud, mon petit gars !

Augustin se retourna. La vivacité de la prunelle au milieu du visage gris indiquait le retour à la réalité.

— Tu grandis, je diminue. C'est à ton tour de prendre les guides.

Augustin revint s'asseoir, rapprocha les deux bûches et les activa avec le soufflet.

— Tu prospéreras ! lui dit son grand-père.

Augustin sourit, mais Athanase ne riait pas.

— J'ai du chemin à faire pour prospérer, grand-père ! répondit-il. Je n'ai rien. Je n'ai même pas un bout de terre à moitié, comme tu l'as eu à Mortevieille.

— Tu as la force, tu as l'intelligence, le courage. Tu auras mieux qu'une terre à moitié. Quand je vais retrouver ma petite Donatienne, je vais lui dire : « Ne t'inquiète pas, ton Augustin est bien parti, tu l'avais bien armé... »

Augustin piqua le feu, ému par les paroles de son grand-père et ce regard fiévreux qui le transperçait. La pendule sonna. La porte s'ouvrit. La cousine Marcelline entra. Elle avait le défaut des Vernageau : elle était petite, un peu trop ronde. Son visage frais respirait la santé de la jeunesse.

— Alors, fit-elle en délaçant son bonnet, de quoi parliez-vous, les complices ?

Elle approcha une chaise et, les pieds nus sur la pierre de la cheminée, elle remonta sa robe pour se réchauffer les jambes.

— Avec qui étais-tu partie te promener ? lui demanda Augustin. Avec ton amie Marguerite ? On m'a dit que tu faisais les yeux doux au grand Pogu du Recrédy ?

Marcelline éclata de rire et heurta Augustin de l'épaule.

— Il est beau comme un topinambour ! dit-elle, moqueuse. Tu ne trouves pas qu'il ressemble à un topinambour ?

— Alors, qui est-ce ? Je ne le répéterai pas.

Marcelline chantonna :

Marie-Madeleine,
Son petit jupon de laine...

Quand Augustin se leva pour partir, la main du vieil homme s'accrocha à son bras. Augustin enferma cette main dans les siennes. Elle avait été un outil redoutable, durcie de corne, tailladée par le travail. Elle était molle, moite, sans force. Elle tremblait.

Athanase mourut le 17 février 1892. Augustin se sentit un peu plus orphelin. Il courut jusqu'à Mortevieille et pleura devant la figure amaigrie et méconnaissable de son grand-père. Il resta à son chevet pendant trois jours, sans manger ni dormir. Son chagrin impressionna à l'enterrement.

— C'est lui qui aimait le plus le vieux.

— Il n'a plus personne, maintenant.

Élie le prit par le bras au sortir du cimetière.

— Viens mon gars, tu vas manger avec nous.

La nombreuse famille, réunie par branches devant la grille, conversait déjà sur les vivants, la croissance des enfants, les mariages, les récoltes. Il embrassa la tante Octavie, qui repartait dans la voiture d'un voisin pour La Roche. La main de Marthe se glissa sous son bras et, à son tour :

— Allez, viens.

Elle brassa une omelette au jambon.

— Est-ce qu'elle n'est pas bonne ? demanda-t-elle en voyant Augustin y goûter à peine. Tu ne feras pas revenir ton grand-père en ne mangeant pas !

— Je n'ai pas faim.

— Ce n'est pas vrai ! À dix-sept ans, on a toujours faim. Tu vas voir ton oncle Valentin, s'il va se soucier de ton appétit. Il te commandera de travailler, ventre plein ou ventre vide !

Elle s'assit près d'Augustin, le dos à la table, et le banc fléchit sous son poids.

— Allez, mange..., supplia-t-elle.

Elle avait enfilé sa blouse et son tablier sur sa robe de cérémonie, retiré sa coiffe et noué un foulard sous son menton. Ses joues rondes et roses débordaient comme des fruits mûrs. Élie tailla un cube de pain et le trempa dans le jus de l'omelette.

— Si tu venais t'installer chez nous..., proposa-t-il, ses yeux noirs dans ceux d'Augustin, et, du pouce, il poussa sa bouchée de pain dans sa bouche.

Marthe avait déjà laissé entendre cela. Elle avait évoqué leur « grande maison » de deux pièces où la place ne manquait pas. Augustin n'avait pas répondu, se doutant que son déménagement de la métairie serait perçu comme une offense. Par ailleurs, cela attiserait la jalousie de Jean-Marie.

Il s'obligea à manger, et Marthe parut plus contente. Il retourna à la métairie revêtir ses culottes de droguet. Il considéra le ceinturon de cuir que Moïse avait bien voulu lui céder en relique du grand-père et le serra autour de sa taille. Il n'avait pas, bien sûr, à dix-sept ans, l'ampleur du grand-père Athanase au temps de sa splendeur. Le ceinturon était tout de même à sa taille. Il enfonça les deux ergots en se rappelant ses paroles : « Tu prospéreras. »

Il était devenu ce qu'on appelait un beau gars. Tout d'un bloc, sa tête ronde adhérait à ses larges épaules. Son tronc s'appuyait sur des cuisses épaisses. Ses cheveux dégringolaient en boucles sur son front. Ses yeux clairs assombris parfois couleur d'orage impressionnaient. Il hésita devant la porte et décrocha son bissac. Il y fourra ses affaires guère plus volumineuses qu'à son arrivée, cinq ans plus tôt. Son bagage était seulement grossi par quelques journaux, les lettres d'Élise et le costume confectionné par Marthe. Il entra, ainsi chargé, dans la salle commune.

Valentine, seule, y remplissait les moules à beurre. La cuiller à la main, elle repoussa du poignet un brin de cheveu sur sa tempe.

— Qu'est-ce qui t'arrive, demanda-t-elle en souriant, tu t'en vas ?

Augustin était ennuyé de devoir s'expliquer devant sa gentille cousine.

— Oui, répondit-il seulement.

Valentine cessa de rire. La tante Louise entra, considéra Augustin, surprise.

— Il vient de me dire qu'il s'en va, confia Valentine, la tête baissée sur son ouvrage.

— Je vais m'installer chez Élie Girard. Ils ont de la place. Ils m'ont offert leur chambre.

— Tu n'étais pas bien chez nous ? demanda la tante avec amertume. On n'était pas assez aimables avec toi ? On ne s'est pas assez occupés de toi quand tu étais malade ? Tu préfères aller chez cet homme et cette femme dont tout le monde rit dans le pays ?

Augustin secoua la tête.

— Je n'ai rien à vous reprocher, tante. C'est seulement qu'ils m'offrent une chambre. Je travaillerai avec vous comme d'habitude.

La tante s'empourpra.

— Je travaillerai avec vous comme d'habitude..., reprit-elle, le visage enlaidi par la colère. Il profite du jour de l'enterrement de son grand-père pour nous faire honte. Qu'est-ce qui te dit que tu vas continuer à travailler chez nous ? On te laisserait faire, tu commanderais tout le monde ici. Tu vas voir si ton oncle Valentin va être content lorsqu'il apprendra la nouvelle !

Augustin ne répondit pas et se dirigea vers la porte. Des nuages bas mouillaient la fin de cette journée de sépulture, s'accrochant aux branches et s'égouttant bruyamment. Le temps de traverser la cour et de rejoindre le village des domestiques, Augustin eut les vêtements traversés. Il pensa à son grand-père, allongé là-bas dans la terre.

Marthe ne retint pas sa joie en le découvrant avec ses affaires. Elle pendit son costume humide devant la cheminée, voulut tout bouleverser dans la chambre. Elle commanda Élie, se plaignit de la paille trop vieille de la paillasse et promit de la changer à la prochaine moisson. Elle remplit des chaufferettes de braise et les enfouit sous les draps. Ses yeux scintillaient de joie. Elle empoigna Augustin au passage et serra le bras autour de son cou.

— Tu peux être sûr que tu nous fais plaisir ! Tu es chez toi, ici, tu entends, chez toi !

— Tu lui casses le cou ! le défendit Élie. Il le sait bien qu'il est ici chez lui !

Elle haussa les épaules, offensée, repoussa le napperon sur la table de la chambre d'un geste vif.

— Tu pourras y installer tes livres et tes cahiers..., dit-elle, boudeuse.

Augustin esquissa un sourire. Elle se dressa, la poitrine provocante, et explosa contre Élie, des larmes plein les yeux.

— Il y en a qui prennent plaisir à rendre les autres malheureux. Méfie-toi, Augustin, il va te monter contre moi !

— Je ne l'ai jamais entendu dire du mal de vous.

Elle se figea, stupéfaite. Elle regarda son homme avec une lueur de reconnaissance incrédule.

— Le pire, fit-elle en s'essuyant les paupières avec le coin de son tablier, c'est que je le crois.

Ils partirent panser les bêtes aux Fontenelles.

— Tu la connais, elle est comme ça ! déclara Élie. Mais tu peux être sûr qu'elle n'a jamais été aussi contente. Et ça ne l'empêche pas d'avoir de la peine à cause de la mort de ton grand-père.

Valentin vint les rejoindre dans l'étable. Il attendit le passage d'Augustin dans la grange où il allait chercher du foin pour lui dire :

— Alors, c'est aujourd'hui que tu nous trahis ?

— Je ne vous trahis pas. Je vais coucher chez Élie, c'est tout.

— Tu profites du jour où tout le monde a pitié de toi, et tu déménages chez des étrangers.

Sa voix tremblait de colère. Il laissa Augustin repartir avec son chargement de foin au-dessus de sa tête. Les lanternes ouvraient des halos jaunes dans l'obscurité de l'étable. Entre les espaces de clarté, tête baissée, Augustin retrouvait son chemin par habitude. Il reconnaissait les jarrets de Charmante, de Lison, de Jonquille. Il se glissait au milieu d'elles et les servait dans leurs râteliers. Il revint, et l'oncle reprit :

— Tu sais ce qu'on va dire partout : si Augustin Vernageau est parti de chez son oncle, c'est qu'il ne s'y trouvait pas bien ! Et le comte, tu as pensé à ce qu'ils diront au château ?

Augustin haussa les épaules.

— Je me moque de ce que peuvent dire les autres.

L'oncle s'avança dans son dos, menaçant. Il cria :

— Eh bien, pas moi !

Les vaches elles-mêmes s'interrompirent de ruminer. Élie changeait la litière plus loin. Jean-Marie distribuait des quartiers de betteraves. Augustin avait préparé une fourchée de foin. L'oncle lui saisit le poignet et l'obligea à maintenir sa fourche à terre.

— Tu ne perds rien pour attendre, lui souffla-t-il dans la figure. Tu as bien monté ton coup, et tu te crois quitte parce qu'on ne peut rien contre toi aujourd'hui. Méfie-toi, les imbéciles ont quelquefois de la mémoire !

Il lâcha Augustin et partit à grands pas. Il trouva Élie en face de lui dans la lumière de la lanterne.

— Il n'y a pas de quoi en faire un drame, fit Élie, apaisant. De toute façon, s'il y a un responsable, c'est moi.

— Je le sais bien, lui répondit Valentin. Je n'attendais pas une telle reconnaissance de ta part !

Il tendit la main pour l'écarter de son chemin et se retourna avant de franchir la porte de l'étable.

— Mon vieux Jean-Marie, ricana-t-il, toi, tu es le cocu de l'histoire. Tu n'étais sans doute pas assez bien. Ton camarade de chambre te laisse tomber du jour au lendemain sans t'avoir averti.

Jean-Marie acquiesça avec un ricanement grinçant.

Augustin s'attendait à ce que son oncle et sa tante lui reprochent son esprit d'indépendance. Son état d'orphelin et d'enfant du péché lui assignait une place dans l'univers paysan. Et sans doute l'avaient-ils engagé pour cela. Il ne devait prétendre à rien. Il devait être comme Jean-Marie, le neveu qui couche dans le couloir, chargé des travaux obscurs. Au pis, dans leur esprit, il se marierait avec une servante de sa condition. Au mieux, il resterait célibataire, fournissant à la métairie sa part de peine dans un effacement de chaque jour. En quittant la famille, Augustin l'offensait, et il affirmait une volonté incompréhensible et condamnable. Il dérangeait les habitudes, en demandant plus que sa part.

Il eut droit aux remarques désapprobatrices de tout le clan Vernageau. L'oncle Anselme lui dit avec un œil furibond :

— Tu as bien fait de ne pas choisir de devenir tonnelier. Je crois qu'il y aurait eu la guerre entre nous !

Moïse :

— Pourquoi tu n'es pas parti chez les frères, si tu voulais te distinguer ? Te rends-tu compte de ce que doit supporter Valentin avec ton initiative ? On est tous éclaboussés par cette histoire, nous encore plus, puisque nous t'avons élevé.

— Vous n'avez peut-être pas fini de l'être ! répliqua Augustin avec orgueil.

— Tais-toi ! Heureusement, dans un sens, que ton grand-père n'est pas là pour t'entendre. Le pauvre homme n'était jamais rassuré avec toi.

— Ce n'est pas vrai !

Même la vieille tante buraliste le considéra le regard contrit, et se borna à soupirer :

— Mon pauvre petit gars !

L'oncle Valentin, soutenu par la communauté familiale, eut la rancune tenace, accumulant les vexations quotidiennes. Il y prit un malin plaisir au déjeuner devant tout le personnel de la métairie. À ce moment-là, plus qu'à n'importe quel autre, il était le maître. Les femmes lui apportaient le pain. Par maladresse, un jour, sa bru, la discrète épouse de Norbert, le lui avait présenté à l'envers.

— Est-ce que tu l'as gagné le ventre en l'air ? l'avait-il rembarrée aussitôt.

La malheureuse était grosse de six mois. Elle attendait leur quatrième enfant. Leur petit dernier circulait autour des hommes attablés, les aisselles prises dans une table à roulettes. La remarque de Valentin laissait entendre que les Vernageau commençaient à trouver leur bru trop prolifique. Plus elles devenaient riches, plus les familles réduisaient le nombre de leurs enfants. Et un nouveau-né, à leur niveau, signifiait un manque de savoir-faire.

Valentin distribuait donc le pain au début du repas. Quand la miche était entière, il y traçait une croix. Aux hommes, il donnait les tartines de la main à la main, aux jeunes, à Jean-Marie, à Augustin, il s'amusait parfois à les lancer.

— Attrape !

Les chiens guettaient près de la table, et ils auraient eu

vite fait de se servir. Valentin remit désormais systématiquement l'entamure de pain dur à Augustin.

— Tiens, mon neveu, disait-il à chaque fois, tu vas être le premier servi !

Il fixait Augustin d'un regard moqueur, et il était le seul à rire. Il s'arrangea aussi pour priver Augustin des appétissants plats de pommes de terre, moules ou poule à la sauce. Il mettait le plat en circulation sans se servir et, lorsque le tour d'Augustin arrivait, il demandait alors le plat pour lui. Plusieurs fois, il ne resta plus au garçon que quelques miettes baignant dans la sauce. L'oncle entonnait alors la chanson :

— Trempe ton pain, mon gars, trempe ton pain dans la sauce !

Élie intervint la troisième fois. Il parlait peu à table, étant d'un naturel peu bavard, encore moins depuis l'installation d'Augustin chez lui. Il n'attendit pas la chansonnette du patron.

— Quand on a travaillé comme il faut, dit-il sèchement, on ne mérite pas d'être moqué sur la nourriture. Et il n'y en a pas qui doivent avoir moins que les autres !

Il avait blêmi, ses sourcils et sa moustache paraissaient plus noirs. Valentin se risqua à un petit rire moqueur, mais il riait jaune.

— Eh ! comme tu le prends ! Si on ne peut pas s'amuser, maintenant !

Le repas s'acheva dans le silence. Le jeu du plat vide pour Augustin ne se renouvela pas.

À la mi-mars, Élie convint qu'il était temps de châtrer les taurillons Gentil et Garçon. Augustin, se rappelant les paroles d'Athanase, insista pour pratiquer l'opération. Il avait vu Élie l'effectuer l'année précédente. Un matin, ils sortirent les animaux. Il gelait depuis plusieurs jours et le blanc du givre se nichait dans les trous de la terre. Les deux frères avaient le pelage gris à encolure noire. Gentil était un peu plus clair, avec de la moire sur les flancs. Ils les attachèrent à une charrette derrière l'étable, à l'abri du regard des enfants. Augustin se frottait les mains pour les réchauffer. Élie massa la racine de la queue de Gentil, remonta vers la tête du veau en lui flattant la nuque.

— Ne sois pas inquiet, lui dit-il, Augustin a les mains aussi douces que moi. Tu ne sentiras rien.

Garçon se mit à uriner, un jet moussant qui s'étala en mare jaune sur la terre gelée. Élie pinça la cloison nasale de Garçon entre pouce et index.

— Tu peux y aller..., indiqua-t-il à Augustin.

Garçon se tenait dans une immobilité de statue. Augustin se glissa entre les pattes de derrière, saisit les bourses et fit descendre lentement les testicules. Sa main était ferme. Tenu par Élie, Garçon restait immobile malgré une évidente envie de trépigner. Augustin maintint énergiquement les testicules, tordit les bourses à double tour et les ligatura avec une ficelle. En se retirant prudemment, il s'aperçut que son cœur battait à coups redoublés. Il regarda Élie. La lumière de ce matin d'hiver était très vive.

— C'est bien ! le complimenta le dragon de Sedan.

— Non, c'est grâce à vous !

En effet, dès qu'Élie lui eut enlevé les doigts du nez, Garçon se mit à piétiner pour se débarrasser de la gêne sous son ventre.

— Tu vas souffrir, mon pauvre vieux, convint Élie, s'adressant au taurillon. Dans ton malheur, dis-toi que, si cela ne t'arrivait pas, tu partirais tout de suite chez le boucher !

Gentil et Garçon souffrirent pendant quinze jours. Ils battirent de la patte sans cesse, comme s'ils étaient harcelés par des nuées de mouches. Ils ne meuglèrent pas lamentablement comme il arrivait à d'autres châtrons dans d'autres étables. Les mains d'Élie s'étaient affairées sous leurs ventres, y traçant des croix d'un pouce mouillé de salive, et y avaient chassé le feu de la douleur. Lorsqu'ils cessèrent de s'agiter, de se coucher et se relever à la recherche d'une position confortable, et manifestèrent à nouveau de l'appétit, Élie dit :

— C'est bon, tu peux enlever la ficelle.

Augustin dévrilla les bourses des taureaux. Ils étaient devenus des bœufs.

IV

LE VILLAGE DES DOMESTIQUES

1

Le village des domestiques était situé à quelques centaines de mètres des cèdres bleus du château des Fontenelles. Ses sept maisons s'alignaient de part et d'autre d'une unique ruelle, creusée dans le granit et ne conduisant nulle part. Elles étaient toutes construites suivant le même modèle en pierre rousse du pays, avec des encadrements de portes et de fenêtres en brique.

Le comte avait fait bâtir ce village pour ses domestiques en 1830, date attestée au linteau de chaque maison. Les jours de grandes pluies, l'eau dévalait dans la ruelle avant de se perdre dans les champs et de rejoindre le Ruth dans la vallée. En été, les eaux sales y séjournaient en flaques malodorantes. Cela ne durait pas, car les habitants du village s'efforçaient de donner à leur rassemblement un visage propret inhabituel ailleurs dans les campagnes. Ils se flattaient de la culture acquise au service du château.

Vivant entre eux, ils considéraient les autres paysans comme des primitifs. Ils avaient leurs places à l'église derrière le banc du comte. Ils étaient moins riches que certains gros métayers. Mais ils ne vivaient pas dans la peur du manque. Ils avaient une mentalité de fonctionnaires. S'ils ne commettaient pas de fautes graves, ils étaient sûrs de manger à leur faim, de boire à leur soif, de ne pas avoir froid. Ils étaient « aux portes du paradis », comme disait Élie, et il ajoutait « à la porte » avec un rien de rancune.

Ils étaient donc sept familles, avec trente-deux enfants, dans les sept maisons du village. Seuls sans enfants, Marthe et Élie occupaient la deuxième maison sur la droite en descendant, exposée au midi et couronnée par une treille au-dessus de la porte.

Chaque matin la population sabotait dans la rue. La troupe des écoliers se formait. Les aînés s'empressaient vers les fermes où ils étaient gagés. Les parents s'en allaient par paires d'hommes ou de femmes vers le château.

Cette vie à courir devant sa porte avait longtemps retourné le fer dans la plaie de Marthe. Elle avait supporté comme une offense les réflexions de ses voisines envieuses de sa petite vie tranquille. Elle avait eu honte de sa maison vide, s'était rattrapée en l'embellissant, l'avait fleurie. Elle avait rapporté de la terre contre le mur de la rue, y avait planté des rosiers et des jonquilles, des bâtons de Jacob, des oignons de pivoines récupérés au château. Elle ramassait tous les plants, les oignons, les graines qu'elle trouvait. Elle les mettait dans des pots, des gamelles, des marmites fêlées. Comme elle avait la main verte, tout prenait. Au printemps, en été, sa maison, son jardin semblaient un bouquet trop garni, débordant de couleurs au hasard des plantations.

Marthe aimait l'excès par nature. Elle était fière d'avoir servi d'exemple, non à la Jacquette, qui n'aurait pas sacrifié une poignée de terre pour faire joli, mais aux autres, les Roy, les Crépeau, les Chevallier, qui s'étaient épris à leur tour de floriculture. Elle leur avait prodigué des conseils. Ils avaient réquisitionné des gamelles et des bidons. Ils avaient échangé leurs expériences. Elle veillait à avoir la maison la première et la mieux fleurie. Elle enrageait lorsqu'un chat, un chien, une vache saccageaient ses plantations. Elle gardait un bâton à chaque porte pour chasser sans indulgence les coupables. Les gens du village étaient habitués à ses cris. Ils écoutaient sans s'alarmer la Marthe « fesser les chats ».

Elle ne parut jamais aussi radieuse que ce printemps-là. Elle avait cru à une punition du ciel pour ses fautes passées. Et tout d'un coup ce vers quoi elle avait tant soupiré, et Élie avec elle, lui était donné en la personne d'Augustin. Et elle en était changée.

Au château, ses collègues étaient habituées à ses tempêtes parfois redoutables. On appréciait son énergie infatigable pour toutes les tâches d'épluchage, d'abattage de poules ou de lapins, de plumage, de dépeçage aux cuisines. Elle maniait le couteau avec adresse, en caraco, manches retroussées hiver comme été, soupirant sans cesse de chaleur et réclamant de laisser la porte ouverte. Elle ne supportait d'ordres que de Mme la comtesse, qui s'efforçait de limiter les éclats en passant une heure, chaque matin, aux cuisines, distribuant précisément les tâches, le papier à la main, les lunettes à monture noire sur le nez. Il était arrivé, malgré cela, à Marthe de lancer sa bassine d'eau sale à travers la cuisine sur un accès de colère.

Elle fit pire à l'occasion de la tuerie du cochon en 1890. Le tueur, jeune charcutier des Moutiers, opérait pour la première fois au château. Avec l'arrogance de la jeunesse, il s'était moqué de la prétendue balourdise des domestiques à attacher le cochon sur l'échelle.

— Je vais lui apprendre à se moquer, vous allez voir ! avait déclaré Marthe.

Elle s'accroupit près de lui avec la terrine pour recueillir le sang du cochon. Le godelureau à fines moustaches l'entendit soupirer et contempla son ample deuxième menton, sa poitrine volumineuse, avec un petit sourire ironique.

— Il fait chaud ! remarqua-t-il, méprisant.

Il enfonça le couteau. Le sang coula mal. Le cochon hurlait. Il dut s'y reprendre, écrasa l'artère avec sa lame.

— Attention ! s'écria-t-il trop tard, après avoir arrosé Marthe et son caraco.

Elle se redressa en furie et lui jeta la terrine et le sang à la figure, lui éclatant le menton par la même occasion.

— Tu apprendras à tuer proprement, bon à rien !

Elle ne craignait personne. Les jeunes enfants du comte connaissaient sa générosité et lui demandaient des gourmandises interdites. Ils se méfiaient aussi de ne pas lui échauffer trop les oreilles, car sa main pouvait partir très vite. Avec le temps, cet aspect soupe au lait de son caractère s'accentuait, et autour d'elle on disait :

— Cette Marthe devient impossible. Un jour, cela finira mal !

L'arrivée d'Augustin l'avait transformée. Elle se hâtait, le soir, disant à ses collègues :

— Mes hommes ne vont pas tarder à arriver !

Elle emportait des restes dans son tablier, Élie et Augustin ne prenant que le repas de midi à la métairie. Elle les embrassait du regard lorsqu'ils rentraient. Leurs assiettes de faïence à gros bord les attendaient sur la table.

— Alors, leur demandait-elle, en allant de la cheminée au garde-manger, qu'est-ce que la Louise vous avait préparé aujourd'hui ?

Elle les regardait manger avec des attentions de poule gardant sa couvée.

À Pâques, elle engagea les hommes à badigeonner la chambre à la chaux. Elle rapporta un rideau de reps rouge de la foire des Moutiers et le tendit en baldaquin au-dessus du lit d'Augustin comme sur un berceau.

— Est-ce que tu vas bien dormir ? lui demanda-t-elle, rieuse, en lui ceignant la nuque de son bras.

Elle avait ces gestes maternels avec lui. Elle aimait toucher, caresser. Elle appuyait la main sur son épaule en apportant les plats sur la table. Elle lui tendit la joue, ce soir-là.

— Alors, tu n'embrasses pas ta pauvre Marthe pour la remercier ?

Augustin n'était pas habitué à de tels élans de tendresse. Peut-être dans ses lointains souvenirs, en cherchant bien, restait-il quelques traces de baisers d'Athanaïse. Grand-père Athanase était un homme et ne se permettait pas des effusions malséantes. Les Girard ne craignaient pas de manifester leur affection.

À la maison, le soir, Élie se découvrait, laissant sa chemise ouverte plus grand que le triangle de hâle sous sa gorge. La peau fine et blanche de sa poitrine apparaissait. Et Augustin surprenait les coups d'œil pleins de chaleur de Marthe posés à cet endroit. Comment ces deux-là avaient-ils pu se battre au point d'ameuter tout le village ? Car ils ne se battaient plus. Marthe le lui fit remarquer, alors qu'ils travaillaient ensemble à ses fleurs au jardin.

— Depuis que tu viens chez nous, il n'y a plus de bagarre entre Élie et moi. Tu imagines tout ce qu'on te doit ?

— Et moi, alors ?

Ils plantèrent les choux en retard après les foins. Le temps n'était pas ferme. Le moindre nuage donnait de la pluie et détraquait le temps. Les paysans rongeaient leur frein, les bras inutiles, martelant leur faux aiguisée comme jamais pour s'occuper, en attendant de couper. Ils finirent de faucher en juillet seulement, et les foins mouillés, de mauvaise qualité, furent parfois perdus. Il ne leur restait que quelques jours avant de s'occuper des seigles, mal mûris par manque de soleil. Pourtant il fallait en profiter pour planter un hectare de betteraves et six de choux. Ils s'attachèrent tous un panier autour de la taille, s'armèrent de la bêche à petit manche et se courbèrent sur les sillons. Augustin calcula qu'ils allaient planter cent cinquante mille choux et betteraves. L'ambiance, avec cet été mouillé, était à la morosité.

Ils plantaient à la Laitelière. Augustin travaillait entre Norbert et un journalier. Ils parlaient peu. Il avait encore plu pendant la nuit. Le soleil chauffait, maintenant, et la terre ouverte par la bêche suait de violentes odeurs de labours. Pour éviter que les jeunes choux ne souffrent et ne se flétrissent sitôt plantés, Valentine gardait les plants au frais dans la boue, jusqu'à ce qu'un planteur lui demande de remplir son panier vide.

Elle apportait à travers les sillons, mettant, heureusement, du bonheur dans le champ. Sa poitrine ronde sautait dans son corsage. Sa longue robe grise claquait sur ses jambes. Elle renversa la casquette d'Augustin en lui donnant ses choux. À cause de la chaleur, elle avait retiré ses bas, et, en se penchant pour ramasser sa casquette, Augustin souleva le bord de sa robe et découvrit ses mollets blancs.

Il était à présent trois heures de l'après-midi, l'heure la plus pénible. Le soleil cognait comme un marteau. Valentine babillait avec la Bernarde penchée sur un sillon au milieu des planteurs. On n'entendait qu'elles. Elles criaient, riaient. Le journalier se retourna en grognant.

— Elles ne vont pas s'arrêter de jacasser !

Norbert se releva et interpella sa sœur.

— Valentine, vas-tu te taire un peu !

Le champ devint triste. Les humidités de la nuit montaient en brume et faisaient onduler lentement les arbres de la haie. Augustin arriva au bout du sillon et se redressa. Il avait soif. Il n'était pas le seul. L'oncle Valentin et Jean-Marie avaient déjà rejoint l'ombre de la barrière et en avaient sorti la pichetée de vin. Jean-Marie buvait à longs traits, sa pomme d'Adam glissant lentement le long de son cou. Il tendit la pichetée à Augustin.

— Tiens, dit-il, Augustin le savant !

Il s'était mis à l'appeler ainsi depuis son départ de sa chambre. Augustin s'efforçait de rester insensible et avait même essayé de calmer le jeu.

— Si tu crois que je veux prendre ta place, avait-il déclaré à Jean-Marie, tu te trompes...

— Oui, oui, Augustin le savant ! On était ensemble, et du jour au lendemain tu as fait ta valise !

Augustin avait compris que derrière Jean-Marie quelqu'un entretenait sa mauvaise humeur et l'encourageait à se développer. La tension était devenue grande entre eux, et Augustin se méfiait lorsqu'il se trouvait seul avec son ancien ami. Il prit la pichetée et se mit à boire. Fernand, Élie, Norbert arrivaient pour se désaltérer. Jean-Marie répéta :

— Augustin le savant ! avec une lueur mauvaise dans les yeux.

Augustin l'avait remarqué : ses plaisanteries avec Valentine déplaisaient à Jean-Marie. Peut-être le grand valet échafaudait-il d'illusoires projets d'union avec la jolie fille du maître qu'il n'aurait jamais l'autorisation d'épouser. Il s'accroupit. Augustin avait laissé sa veste dans l'herbe pour travailler en chemise. Une feuille de papier pliée sortait de sa poche. Jean-Marie s'en empara.

— Augustin le savant !

— Non, Jean-Marie !

— Augustin le savant !

Il agitait le papier en tournant des yeux railleurs. C'était la dernière lettre d'Élise. Jean-Marie ne pouvait pas la lire, mais il se rendait compte de son importance au ton d'Augustin. Valentin ricanait. Les autres sentaient que la plaisanterie pouvait mal tourner. Augustin sauta pour attraper la lettre tendue à bout de bras par Jean-Marie. La lettre s'envola. Le sabot de Jean-Marie se posa dessus, l'enfonça dans la terre meuble du bout du sillon. Des lumières blanches clignotèrent devant les yeux d'Augustin.

— Tu vas me donner ce papier ! hurla-t-il.

Et il poussa brutalement la jambe de Jean-Marie, qui résista. Augustin le ceintura. A priori, le grand valet était plus fort. Il souleva en effet Augustin et le balança dans l'herbe. Mais il avait retiré le sabot qui écrasait la lettre, maculée de terre, l'encre diluée. Augustin fonça sur Jean-Marie, et le grand valet roula dans le sillon. Ils s'empoignèrent par la chemise, figure contre figure, comme deux taureaux qui mesurent leurs cornes. Tour à tour le grand valet et Augustin basculèrent dessous. Un grand os de pierre blanche sortait du sillon, et l'épaule d'Augustin s'y heurta. Il repoussa Jean-Marie avec un han ! de bûcheron. Les doigts du grand valet se resserrèrent sur sa gorge. Augustin cogna. Élie se précipita.

— Arrêtez !

Il se glissa entre eux.

— Arrêtez, vous n'allez pas vous tuer !

Les deux adversaires se regardèrent, se mesurèrent un moment des yeux puis se relâchèrent. Ils se tournèrent chacun de leur côté pour reprendre haleine. Augustin ressentait maintenant la douleur dans l'épaule. Les écorchures d'ongle lui brûlaient le cou. Le nez de Jean-Marie saignait. Ils se relevèrent, le pantalon et la chemise souillés de terre. Ils ramassèrent leurs casquettes. Augustin récupéra sa lettre, la défroissa, la poitrine soulevée encore de vagues de colère. Valentin s'avança et ordonna :

— Vous allez maintenant tout me remettre en ordre ! Regardez-moi ce chantier !

Ils avaient, en effet, dévasté le bout du champ, détruit les sillons, écrasé des plants de choux.

À la fin de la journée, Valentine et Bernarde déjà parties, ils se retrouvèrent à la barrière, mal à l'aise, évitant de se regarder. Augustin se racla la gorge.

— Il n'y aura plus de disputes entre nous. Je m'en vais.

Valentin passait l'anneau à la barrière.

— Tu t'en vas où ? demanda-t-il brutalement.

Il avait compris. La colère lui violaçait la figure.

— J'arrête de travailler pour vous. Je quitte la métairie pour de bon.

— Comme tu veux, mon petit gars, se rebiffa Valentin, on ne te retient pas. Tu aurais dû le faire le jour où tu as déménagé !

Il ricana et ajouta :

— S'il y en a d'autres qui ont des fourmis dans les jambes, qu'ils ne se gênent pas. La porte est grande ouverte ! Vous verrez si ailleurs vous ferez votre loi !

Ils marchèrent ensuite en silence, les uns derrière les autres, sur la terre sèche du milieu du chemin. La pluie des semaines passées avait rempli les ornières et les chapelets creusés par les sabots des vaches. À un moment, Jean-Marie rejoignit Augustin. Il leva la tête vers lui, comme s'il voulait s'excuser. Il ne dit finalement rien.

Arrivé aux Fontenelles, Augustin rassembla ses quelques affaires, une fourche, son vieux paletot et sa casquette d'étable, son bâton à toucher les vaches, gravé à son nom, une serpette à débiter les citrouilles et les betteraves piquée dans le portail, sa pierre à aiguiser.

La nouvelle avait été vite. Il sortait de la grange avec son paquet lorsque Valentine lui courut après.

— Augustin ! Augustin !

Elle lui attrapa le bras, essoufflée, sous l'orme.

— Écoute-moi, dit-elle. Tu peux en vouloir à mon père et même à ma mère, ils n'ont pas toujours été gentils avec toi.

— Tu trouves ? lui répondit-il, ironique.

— Moi, je ne t'ai rien fait. On s'entendait bien...

Elle le poussa de la hanche pour l'obliger à répondre. Il dit doucement :

— Oui, la cousine.

Ils se regardèrent dans les yeux.

— Pourquoi tu ne restes pas ? supplia-t-elle.

Il secoua la tête. Les grands yeux noirs de Valentine devinrent humides. Sa poitrine se soulevait dans son corsage bleu. Augustin avait entendu parler de son mariage avec le fils d'un métayer des Juraires et l'avait interrogée à ce sujet. Elle avait répondu : « On verra. » Louise parut sur les marches et commanda, sur un ton qui n'admettait pas la contestation :

— Valentine, tu viens !

Valentine soupira et ne bougea pas.

— Embrasse-moi ! fit-elle.

Et elle tendit la joue. Louise ne les aurait pas regardés, peut-être Augustin aurait-il pris sa bouche rouge. Il embrassa deux joues rondes au parfum de pomme.

— Quatre, mon petit cousin ! insista-t-elle, redevenue presque rieuse.

— Tu vas te faire attraper ! dit-il en apercevant encore la tante Louise, les poings sur les hanches.

— Je m'en fiche. Je ne sais même pas s'ils m'aiment.

Elle tendit la main et reprit un geste familier. Du bout du doigt, elle effleura la mâchoire d'Augustin, d'une oreille à l'autre, en une caresse légère comme une aile de papillon.

— Valentine !

Elle s'en alla. La chaleur était trop lourde pour se maintenir. Le soleil attardé aux limites du ciel ouvrait des vallées de feu dans les montagnes de nuages. Le feuillage de l'orme, inerte, attendait la pluie de l'orage proche. Une chenille rayée remontait un fil pendu à une feuille.

Augustin dit à Élie, en rentrant de l'étable des Fontenelles :

— Ceux que je regretterai le plus, ce sont Gentil et Garçon. Je ne finirai pas de les dresser.

— Ne t'inquiète pas. Je m'en chargerai pour toi.

— Valentin et les autres pourraient essayer de vous faire des misères.

— Je n'ai pas peur. Tu sais, j'ai connu la guerre. Qu'est-ce que tu vas devenir ?

Ils étaient à table. Marthe trempait la soupe, soucieuse.

— Je vais m'engager à la journée. Le travail ne manque pas en ce moment. Et puis j'ai parlé avec ce marchand pas beau, au gros nez et aux yeux en trous de vrille, à la foire d'Aizenay.

— Douillard ?

— Oui, Douillard. Il a une boucherie à La Roche, une à Saintes, en Charente-Inférieure, une épicerie à Saint-Philbert-de-Grand-Lieu. Il achète des bêtes pour la Villette. Il m'a offert d'être toucheron et de lui servir de rabatteur, si je voulais...

— Je pourrais parler pour toi au comte..., intervint Marthe en tournant la louche dans la soupière.

— Tu connais la réputation de Douillard, poursuivit Élie sans avoir écouté Marthe. Il n'a pas gagné que de l'argent honnête.

Augustin hocha la tête.

— Il me propose 30 sous de la journée.

— Ce n'est pas facile d'être toucheron !

Augustin hocha de nouveau la tête. La soupe fumait entre eux.

— On travaille et on a juste de quoi manger..., pensa Augustin tout haut, et sa voix tremblait. Pourquoi est-ce qu'on ne pourrait pas espérer gagner un peu plus ? Est-ce qu'on ne mérite pas un peu plus que les restes du château ou les cadeaux de l'oncle des Fontenelles ?

— S'ils voulaient, ils pourraient ne pas nous donner de cadeaux...

— Et nous faire travailler pour rien ! Ils vous tiennent avec leurs cadeaux ! s'écria Augustin. Cela leur permet de ne pas vous payer plus cher !

— Tu parles comme un socialiste ! murmura Élie, atterré.

Augustin tournait le dos à la porte, et sa figure se trouvait dans la pénombre. Mais ses yeux clairs brûlaient encore de la fièvre de cette journée. Marthe lui avait frotté l'épaule avec de la pommade. Elle s'approcha du bout de la table et examina Augustin avec inquiétude.

— Où es-tu allé chercher cela ? interrogea-t-elle. Tu t'intoxiques avec tes saletés de livres et de journaux !

Augustin sourit et tendit les doigts vers la main de Marthe, à plat sur la table.

— Non, je ne suis pas devenu socialiste, ne vous inquiétez pas. Je veux seulement avoir ma part. Ce n'est pas parce qu'on est né sans rien qu'on doit le rester toute sa vie.

— C'est pourtant ce qui se passe la plupart du temps..., reconnut Élie.

— Écoutez, les frères sont venus me proposer d'entrer dans leur école pour devenir instituteur ou frère, comme eux. J'ai dit non, sans trop savoir. Je suis sûr que, si vous m'aidez, on peut faire quelque chose ensemble !

L'enthousiasme du jeune garçon les ébranlait. La passion flambait dans ses yeux. Les boucles remuaient sur son front. Les marques des ongles de Jean-Marie rougissaient son cou. Après tout, pourquoi ne pas croire en la réussite de cet enfant sans père, leur enfant ?

— Servez-vous, supplia Marthe, la soupe va être complètement froide !

Augustin fut bien vite aussi connu que son patron sur les foires, et on se méfia de lui. Aristide Douillard était fier de sa réputation de maquignon redouté. Il avait la couleur brique, l'encolure proéminente et le mufle plat d'un taureau parthenais. Son crâne garni d'une brosse de crin taillé très court grisonnait. Il entrait sur les foires en adressant bien haut quelques plaisanteries, son ventre en barrique gonflé dans une blouse noire comme les paysans. Comme eux, il portait de grosses galoches de bois, et il activait lourdement ses jambes courtaudes. Il feignait d'être tout à ses farces et paraissait ne rien voir. En réalité, ses yeux malins avaient déjà repéré les bêtes les mieux formées, et il avait commencé ses opérations.

Il confia d'abord quelques bêtes à « toucher » à Augustin, aux foires d'Aizenay, des Lucs. Il décela très vite les qualités du garçon et l'invita à sa table à l'hôtel de La Boule d'or, un lundi de foire de La Roche. La Boule d'or était son quartier général. Chaque affaire s'y concluait autour d'un verre. Douillard y avait une ardoise, et la mère Gras, la propriétaire, y alignait les bâtons. Elle appréciait la clientèle du marchand de vaches et avait établi avec lui un code de complicité. Un clin d'œil demandait une seconde tournée. Un double clin d'œil signifiait un appel à l'aide : l'affaire s'engageait mal. La veuve Gras s'approchait, son essuie-verre sur l'épaule, et elle parlait du temps, de la fréquentation de la foire. Elle offrait sa tournée, étant, disait-elle, dans un jour de générosité. Il lui était arrivé plusieurs fois de redonner ainsi un tour favorable aux affaires d'Aristide. Comment ces deux complices réglaient-ils ensuite leurs comptes ? Les mauvaises langues disaient que l'addition s'effectuait ensuite dans la chambre de la veuve Gras...

Elle essuyait la table tachée de culs de verre lorsque le marchand de bêtes accompagna Augustin à La Boule d'or, la première fois.

— Alors, fit-elle, vous nous amenez un nouveau client, Aristide ? Il est jeune et beau garçon.

Elle avait le front en sueur. Toutes les tables étaient occupées. On indiquait quelques places dans la petite salle, en haut de l'escalier. Elle glissa son torchon dans la poche ventrale de son tablier et resta ainsi, le poing dans la poche.

— Celui-là, vous le reverrez souvent, Mme Gras, répondit-il. Tout ce qu'il commandera, vous le noterez sur mon ardoise.

Le tintement d'un verre contre une bouteille appela plus loin la veuve Gras. Douillard inclina le buste vers Augustin. Sa blouse ouverte montra son portefeuille enchaîné à sa poche et gonflé de liasses de billets. Il feignit de le repousser et de le dissimuler. Il n'était pas inutile d'exposer sa richesse et de susciter la convoitise.

— Que penses-tu de la vache de Charron ? Combien pèse-t-elle, selon toi ?

— Quatre cents... Quatre cent vingt...

— C'est bien, acquiesça le marchand. Elle est magnifique, cette bête. On dirait une biche. Le Charron le sait. Il faut lui rabattre le caquet. Je la veux pour 300, pas un sou de plus. Écoute-moi bien...

Une serveuse leur apportait à boire. Aristide Douillard ramena près de lui son bâton de foire.

— Je te prends comme commis. Toucheron, ce n'est pas un métier. Tu conduiras les bêtes, bien sûr, mais tu viendras marchander avec moi. Pour chaque affaire, tu auras la pièce.

Douillard connaissait les bêtes, incontestablement. Il ne les aimait pas comme Élie. Son intérêt pour elles n'était pas gratuit. Il avait le cœur du côté de ce gros portefeuille d'où dépassaient des billets écornés. Pourtant, en parlant de la vache de Charron, ses yeux avaient brillé d'une vraie tendresse. Augustin accepta.

— D'accord, monsieur Douillard.

— Ne m'appelle pas M. Douillard. Appelle-moi Aristide, comme tout le monde !

Il cogna son verre contre celui d'Augustin, l'avala cul sec et, s'appuyant des deux mains sur la table pour se relever :

— Crois-tu qu'il va céder à 300 ?

Ils se glissèrent parmi les tables. Aristide serra des mains.

Augustin fréquenta l'école d'Aristide Douillard sur toutes les foires du département, et même au-delà, à Parthenay, à Clisson, à Cholet. Le vendredi et le dimanche exceptés, jours sans foires, il se leva longtemps avant l'aurore, parfois à minuit, une heure du matin, après un somme trop court de deux ou trois heures. Marthe se levait en même temps que lui, bien qu'il lui eût recommandé de dormir. Dès qu'il soulevait le loquet de la chambre, elle descendait de son lit, les cheveux défaits. Elle jetait un gilet de laine sur ses épaules, attisait le feu. C'était le seul repas où elle s'asseyait à table auprès de lui. Elle le regardait manger.

— Mange, mon gars, mange, disait-elle, ta journée va être longue !

Elle acceptait la cuillerée qu'il lui offrait.

— Juste pour goûter ! Après, j'aurai du mal à me rendormir !

Ils chuchotaient. Parfois, les ronflements d'Élie, tourné vers le mur, s'élevaient. Augustin appréciait ces moments d'intimité. Les lacets de la chemise de Marthe défaits montraient la raie profonde entre ses seins. Il respirait sur elle des bouffées tièdes.

— Tu dois t'endormir, disait-elle. Tu travailles trop.

— Ça ira.

Elle tendait la main, démêlait les boucles d'Augustin sur son front.

— Tu es tout ébouriffé !

Il souriait.

— Ça ira !

Elle insistait pour qu'il mange encore. Il se levait.

— Bise-moi ! disait-elle.

Elle lui ajustait la casquette sur la tête.

— Fais attention à toi !

Quelquefois, Élie ajoutait, de son coin de lit :

— Ne fais pas le fou !

C'était le moment le plus difficile pour Augustin. Il avait toujours la tentation de rester dans la tranquillité de la maison. Il lançait ses épaules dans la nuit.

Les mois de janvier et février 1893 furent particulièrement froids. Le thermomètre descendit plusieurs fois sous les moins dix degrés. Douillard venait prendre Augustin aux Fontenelles. Il conduisait une lourde carriole grise de terre, à la capote autrefois noire, blanchie par l'âge et les intempéries. Son cheval, un boulonnais pataud et résistant comme son maître, répondait au doux nom de Victor. Il exprimait parfois sa belle énergie en donnant à sa croupe carrée des envolées joyeuses de gazelle.

À cause de l'heure, Douillard ne descendait pas de voiture. Lorsque Augustin ne l'attendait pas sur le seuil, il frappait à la porte avec la pointe de son fouet. Les premières minutes dehors suffoquaient. L'air glacé brûlait la gorge, déchirait jusqu'à la poitrine. Augustin montait s'asseoir, enfonçait ses pieds dans le matelas de paille étalé sur le plancher de la voiture. Revêtu de la lourde capote militaire en laine bleue d'Élie, guêtré, ganté, les pieds emprisonnés dans d'épais bas de laine, il saluait son patron. Douillard lui répondait d'un grognement, secouait les guides.

— Hue, Victor !

Le grelot de collier du bidet tintinnabulait. La terre gelée et dure résonnait sous les roues et les sabots. C'était l'heure de la nuit où le froid était le plus piquant. Le vent coupant soufflait de l'est. On disait qu'il arrivait de Sibérie.

Ils roulaient ainsi, au plus fort du gel, pendant des heures, pour rejoindre les foires de l'extrémité du département. Aristide Douillard manifestait une résistance à toute épreuve. Augustin lui offrait de le relayer pour tenir les guides.

— Oui, oui, tout à l'heure..., disait-il.

Et il ne les lui donnait pas. Le garçon se rencognait dans le nid de sa couverture. Cette vie, aux limites du supportable, l'exaltait. Il avait trop souffert de sa faiblesse, de sa petite taille. Il était fier maintenant de résister au pire en compagnie de ce vieux soldat enrichi au fil de ses guerres. Et, au plus noir du froid, il était convaincu de forger l'outil de sa réussite future. Les lourdes fesses de Victor heurtaient parfois le timon. Il renâclait à prendre le trot sur les parties plates, malgré les exhortations de Douillard. Ils ne rencontraient pas âme qui vive. Les bois noirs hurlaient dans le vent. Douillard tirait de sa poche une gourde d'eau-de-vie et y tétait une lampée, la tendait à Augustin, qui s'y mouillait les lèvres.

— Sûrement qu'avec un froid pareil la foire ne sera pas très fréquentée. On aurait pu, comme beaucoup, rester à se griller dans la cheminée. Après cela, on nous reprochera de gagner de l'argent trop facilement !

Parfois, les yeux d'Augustin se fermaient, et il se laissait emporter durant quelques minutes par le sommeil.

Sitôt l'arrivée à l'auberge, Douillard retrouvait toute sa vitalité. Il commandait au valet d'écurie de bouchonner Victor, lui servait lui-même l'avoine dans sa mangeoire.

— Comment sommes-nous faits, disait-il, je ne suis même pas fatigué !

Augustin souriait. La chaleur des flammes de la salle d'auberge leur empourprait la figure et leurs joues brûlaient. Le jour se levait dans une pâleur lugubre. Les herbes, les arbres, les toits, la terre étaient poudrés de mousse blanche. Aristide Douillard demandait du pâté, du lard, une omelette au jambon et une bouteille de vin. Il plantait son couteau dans sa tartine et l'approchait des braises pour la griller. Il disait à Augustin :

— Ce n'est pas pour te presser, mon garçon, mais tu vas devoir y aller.

Augustin avalait rapidement son manger, enfilait de nouveau sa capote. Durant tous ces jours de froid effrayant, le vent dégagea toujours, plus ou moins vite, un ciel bleu très profond et un soleil acide. Augustin entrait sur le champ de foire. Les bêtes immobiles et frigorifiées faisaient le gros dos, et leurs propriétaires piétinaient autour d'elles. Augustin s'approchait de ces audacieux qui étaient bien décidés à vendre puisqu'ils n'avaient pas craint d'affronter les frimas. Il tournait autour de la bête. Ses dons innés du calcul, joints aux leçons d'Élie puis de Douillard, lui avaient appris à estimer le poids d'un animal sans se tromper. S'il jugeait que la bête pesait quatre cents, il demandait :

— Combien fait-elle, trois cents ?

Le paysan chassait de sa bouche un nuage de fumée furieux, jurait ses grands dieux que sa vache pesait au bas mot quatre cents, qu'elle était même plus près des cinq cents. Augustin feignait de ne pas entendre, soulevait la queue de la vache, lui examinait les aplombs, lui touchait le garrot, lui écartait les lèvres.

— C'est une bête peureuse. Ce n'est pas bon pour le lait.

— Non, elle n'est pas peureuse. C'est..., c'est toi qui lui fais peur !

— C'est ce que je disais. Combien vous en voulez ?

— 300.

Augustin sifflait.

— Si vous trouvez un acheteur pour 250, envoyez-la tout de suite. Mais, à mon avis, elle pourrait bien vous rapporter moins...

Il s'en allait plus loin recommencer une discussion de même nature. Et il revenait, une heure plus tard. Les acheteurs n'étaient guère plus nombreux, la fréquentation de la foire étant maigre à cause de la température.

— Alors, l'avez-vous vendue, cette vache ?

Il n'obtenait parfois pour réponse qu'un haussement d'épaules. Alors il allait rejoindre Douillard à l'auberge. En se réchauffant au feu, il lui indiquait les bêtes et les sommes. Douillard revêtait son bonnet de mouton et sortait de sa tanière. Il offrait un prix très légèrement supérieur à celui d'Augustin et concluait le marché.

2

Aux premiers beaux jours, le commerce des bêtes connut un emballement exceptionnel. Le cours du blé continuait de chuter. Le quintal produit à 25 francs se vendait 20 francs. Augustin lisait dans la presse les accusations portées contre l'invasion des blés étrangers. Abandonnant le blé, les paysans développaient donc l'élevage. Il ramena de Nieul jusqu'à La Roche, à la foire d'avril, la touche la plus considérable de sa carrière de toucheron.

Aristide, euphorique, avait effectué une razzia. Il avait acheté soixante-dix bêtes à expédier pour la plupart à la Villette. Augustin y joignit une quinzaine de têtes achetées par d'autres, et il s'associa les services de deux toucherons de marchands concurrents. L'un se prénommait Amédée et devait conduire vingt-cinq bêtes, l'autre était Maria de la Messe, la seule femme à pratiquer ce métier d'homme. Le surnom « de la Messe » lui était venu parce qu'elle assistait, chaque matin, à l'office divin. Cela lui permettait ensuite de jurer, de sacrer, en courant derrière les bêtes avec une voix et un gourdin inflexibles. Taillée comme une armoire, elle marchait à grands pas. Elle avait corrigé, parfois, quelques hommes avinés aux gestes indélicats, au sortir des auberges de foire. Elle devait convoyer, quant à elle, trente bêtes.

Ils dormirent au Croissant, à Nieul, où l'on recevait à

pied et à cheval, ainsi que l'indiquait l'inscription sur la porte. Le lendemain matin, après la messe, ils rassemblèrent leurs cent quarante animaux gardés pendant la nuit par des enfants. Les bêtes, arrachées à la tranquillité de leur étable, étaient folles. Elles se poussaient en meuglant. Elles étaient blondes, brunes, rousses, grises, rouges, noires, veaux, vaches, bœufs, taureaux, taurillons, génisses, mélangés. Ils attachèrent le taurillon et le taureau les plus nerveux à l'arrière de la carriole de Douillard, exceptionnellement resté à Nieul, espérant ainsi faire suivre le reste du troupeau.

Heureusement il y avait les chiens. Festin, celui d'Augustin, devait encore beaucoup apprendre. Il n'avait pas un an. D'une vague couleur pelure d'oignon, franchement brune dans les emmêlements de poils, il avait été offert à Augustin par Élie et, tout de suite, Festin avait voué son affection à son jeune maître. Il était attentif, levait la pastille claire de ses yeux vers Augustin et attendait ses ordres.

Les cent quarante bêtes s'élancèrent entre les maisons de Nieul dans un nuage de poussière et un vacarme de sabots. Les enfants, en route pour l'école, accoururent :

— La touche ! La touche !

Trois garnements de six à sept ans, réfugiés dans le renfoncement d'une porte, regardèrent passer le flot des cornes, des mufles, des croupes, au ras de leurs musettes serrées sur leurs poitrines en bouclier protecteur. Le plus petit, au milieu, hurlait de terreur. La porte s'ouvrit dans leur dos. Ils tombèrent à la renverse et furent énergiquement tirés en arrière.

Après l'étranglement de la sortie du bourg, la horde s'étira sur plusieurs centaines de mètres le long de la route bien droite. Les toucherons se répartirent à différentes hauteurs, assistés par un peloton de petits valets, endurants à la course, recrutés pour la circonstance. Par malheur, les vaches de La Brosse, en route pour le pâturage, se heurtèrent à la touche. Une longue confusion s'ensuivit, accentuée par la panique du chien du village qui ne reconnaissait pas sa tribu et semait le désordre avec un zèle imbécile.

Une vache déboussolée franchit d'un bond la balustrade du lavoir à l'entrée du bourg d'Aubigny et s'abattit dans l'eau, éclaboussant les laveuses qui se mirent à crier. La vache, enfoncée jusqu'au cou, eut beau se débattre, ruer, meugler, elle resta prisonnière du bassin. Il fallut la corde et l'assistance du maréchal-ferrant, qui n'hésita pas à descendre dans l'eau froide avec Augustin. Les uns tirant, eux soulevant, ils portèrent presque la malheureuse sur la terre ferme où elle s'effondra en tremblant de tous ses membres. Douillard craignit de la perdre. Mais Maria de la Messe se rendit au café Bourrieau. Elle revint avec une bouteille de vin de noah et la donna à boire à la vache. La bête se releva et rejoignit le troupeau en meuglant.

Les chiens gardaient les routes. La touche s'était rassemblée sur la place de l'église. Les toucherons étanchèrent à leur tour leur soif avec le remède de Maria. Augustin exposa son pantalon mouillé devant le feu de la cheminée en creusant le pot de rillettes commandé par Douillard. Ils repartirent au petit trot. La Roche n'était plus qu'à dix kilomètres en tranquilles montées et descentes sur des collines basses. Les bêtes burent à la rivière au pont Ravaud. De la fenêtre de son moulin de La Garde, le meunier découvrit d'abord le nuage de poussière au milieu des chênes, puis il distingua la marée des crânes, des cornes, des croupes. Il salua les toucherons avec son bonnet blanc, leur cria des paroles qui se perdirent dans le piétinement. Les ailes de son moulin tournaient à paisible allure.

Le troupeau atteignit les faubourgs de la ville, et les

animaux revinrent ventre contre ventre, les cous sur les croupes. Le premier à déboucher sur le boulevard de l'Ouest fut un jeune taureau gris perle qui avait réussi à doubler la voiture d'Aristide. Les joueurs de boules en bois, le long des murs des haras, admirèrent cette silhouette dressée au carrefour. L'animal, essoufflé, la langue tirée, hésitait entre la droite et la gauche. Ils eurent à peine le temps de s'interroger : « Qu'est-ce qu'on fait ? » qu'Augustin accourait avec son chien.

— Ramène-le ! ordonna-t-il en barrant la voie sur la droite.

La voiture d'Aristide arrivait. Les boulistes lâchèrent leurs boules. Les plus audacieux se portèrent au milieu, bras ouverts, pour apporter leur aide. Le boulevard était large, avec une contre-allée de chaque côté d'une plantation de platanes. Le flux des animaux dans un espace aussi vaste était quasi incontrôlable. Augustin courait en avant et avertissait :

— Attention, garez-vous ! Voilà la touche !

Une femme s'enfuit en poussant un landau. Un tilbury fit demi-tour. Une section de soldats du 93e R.I., l'arme sur l'épaule, prit le pas de course en débandade, suivie d'un adjudant, rouge, apoplectique, qui criait :

— Tournez à droite, rue de la Préfecture !

La carriole d'Aristide était débordée par une dizaine de bêtes au galop, queue en l'air, dans une contre-allée. Un vélocipède appuyé contre un mur fut heurté par un flanc et piétiné. Un jeu de quilles d'enfant et des animaux peints étaient abandonnés au pied d'un platane. Des vaches curieuses s'en approchèrent, reniflèrent les jouets et les léchèrent.

La folie de la touche se calma sur la route des Sables, plus étroite. Sitôt franchi le passage du pont de chemin de fer, le troupeau obliqua boulevard des Marchandises, et les toucherons le firent entrer dans le parc aux bestiaux de la gare. Instinctivement, les bêtes se serrèrent comme pour se protéger. Un train de marchandises attendait, derrière les barrières, portes ouvertes. La fumée d'une locomotive s'élevait de la gare des voyageurs, enveloppant la marquise par-delà les emmêlements d'aiguillages des voies du dépôt.

Une équipe d'employés des chemins de fer en vestes de coutil sortit du hangar de dépôt, main dans les poches, cigarette à la bouche. Le plus âgé d'entre eux, la casquette de côté, siffla en découvrant les bêtes.

— D'où nous ramenez-vous tout ça ?

— De Nieul.

— Vous avez dû vous amuser !

— Comme tu dis ! repartit Aristide. On n'en a pas perdu en route.

— Quand voulez-vous les envoyer ?

— Le plus tôt possible, aujourd'hui ou demain.

Le vieux prit à témoin ses collègues.

— Cela fait du monde à nourrir. J'espère qu'on a assez de foin.

— Je l'espère moi aussi. Les bêtes sont fatiguées. Elles ont faim et soif.

Aristide fit signe à Augustin.

— Il y en a dix que je garde pour moi, dit-il à l'employé des chemins de fer. On va les trier.

Et, en s'éloignant avec Augustin, il gronda :

— Ils me fatiguent à tirer sur leurs cigarettes. Cela leur ferait du bien de courir derrière une touche !

Il sortit des cordes de l'arrière de sa carriole pour lier les bêtes.

Les seaux raclèrent le fond du puits du village des domestiques au mois de mai. L'hiver froid et sec n'avait pas abreuvé les sources, et les pluies de printemps attendues n'étaient pas venues. De grandes crevasses s'étaient ouvertes dans les terres à une époque où on aurait dû marcher dans la boue. Les champs de foin, mûrs avant l'heure, avaient la pelade. Les blés, croissance arrêtée, ne portaient que des épis avortés aux grains fluets.

Le cortège des rogations, conduit à travers champs par le curé Désamy, connut une affluence inhabituelle. Mais le ciel resta désespérément vide. Les *ora pro nobis* n'y changèrent rien.

Une angine couenneuse, ou diphtérie, tua un enfant chez les Chevallier du village des domestiques, et un autre chez les Roy. Marthe contribua, sans doute, à sauver le dernier-né des Crépeau en lui tenant la bouche ouverte et en lui crevant la membrane formée au fond de la gorge avec son aiguille à tricoter. L'armée passait pour responsable de l'épidémie. Un soldat en manœuvre était tombé, terrassé par la fièvre, sur la place des Moutiers au sortir de l'auberge des Trois Épis.

À Mortevieille, Baptiste, l'aîné des enfants de Moïse et de Léa, celui qui aurait aimé construire des églises, fut emporté en trois jours à l'âge de vingt-cinq ans. Le curé Désamy ne décolérait pas de devoir célébrer autant d'enterrements, de jeunes surtout, sous un ciel si beau. Car le temps était beau, sans sauvageries. Il faisait un temps doux de mois de Marie. Le serein transportait des odeurs suaves. Les abeilles industrieuses des deux ruches du presbytère ne se décidaient pas à se coucher. Mais il ne pleuvait pas. Pour couronner le tout, le gouvernement interdit le catéchisme du diocèse de Luçon, la commission de censure ordonnant de retirer le chapitre condamnant la loi du divorce.

À la lecture de la nouvelle dans son journal, pendant le repas, le curé Désamy se laissa aller à un mouvement inhabituel de désespoir et reprit la parole du Christ :

— Mon Dieu, pourquoi m'as-tu abandonné ?

Sa bonne, Amanda, se signa dans sa cuisine en l'entendant.

Les éleveurs, victimes de la disette des fourrages, conduisirent leurs bêtes en grand nombre à la foire. Les cours si hauts au début du printemps s'effondrèrent. Une vache qu'on aurait vendue 300 francs en mars ne trouvait pas d'acquéreur à 200 en juin. Les maquignons et les bouchers furent accusés par les paysans de profiter de la situation. Ils n'avaient pas tout à fait tort. Les veaux et les bœufs payés sur pied 50 centimes la livre étaient revendus 90 centimes et même 1 franc sur les étals. L'atmosphère n'était plus à la plaisanterie sur les foires. Aristide recommanda la prudence à Augustin :

— À Parthenay, la foire a failli mal tourner. Ils s'y sont mis à une dizaine contre un marchand qui ne leur proposait pas assez. Sans les gendarmes, ils l'auraient tué.

Augustin n'était pas particulièrement fier de jouer les rabatteurs dans ces circonstances. Jusqu'alors il avait l'impression de respecter les règles du jeu. Il avait pris goût à jongler avec les chiffres et à rivaliser de ruse avec les paysans. Maintenant il les considérait comme des victimes et lisait la détresse dans leurs regards. Il se sentait coupable de s'associer à l'œuvre des profiteurs. Car Douillard, sans scrupules, ne s'en cachait pas.

— C'est triste, dit-il, mais vois-tu, c'est dans leurs périodes de vaches maigres qu'on a nos périodes de vaches grasses !

Il lut de la réprobation sur le visage d'Augustin.

— Attention, se hâta-t-il d'ajouter, tout n'est pas facile pour nous non plus. On vend moins de viande dans nos boucheries, et le chiffre de mon épicerie a baissé le mois dernier.

Un dimanche, après la messe, Pierrot, la figure empreinte de tristesse par la mort de Baptiste, le tira à l'écart.

— On est obligés de se débarrasser d'une vache, nous aussi, la Mignonne...

— La Mignonne ?

Augustin se rappelait la génisse jaune aux yeux affectueux qu'il avait vue grandir. Un jour, en revenant de garder les vaches, Pierrot l'avait aidé à se jucher sur l'échine de Mignonne. La jeunette n'en avait pas été indisposée, au contraire, elle avait marché d'un pas lent pour ne pas renverser son fardeau, et Augustin était entré dans la cour de Mortevieille, fier comme un conquérant.

— Ne t'inquiète pas, dit-il à Pierrot, on ira voir Mignonne avec Douillard, tu ne seras pas volé.

À ce moment, l'oncle Valentin sortit de l'auberge des Trois Épis. La figure cramoisie sous son chapeau de feutre noir — l'ardeur du soleil n'en était pas seule responsable —, il effleurait les murs chauds de sa main rouge, en marchant. Il les aperçut.

— Alors, les neveux, fit-il, on complote ?

— Exactement, lui répondit Augustin.

Ils ne s'étaient pas parlé depuis son départ, n'échangeant que des saluts en coin.

— Toi, cracha-t-il en appuyant le tuyau de sa pipe sur l'épaule d'Augustin, tu fais un métier de voyou !

Le mois de juin fut aussi désespérément beau et sec. Les charretées de foin rentrèrent tristement dans les granges. Les tas n'atteignirent pas la moitié de la hauteur habituelle. Le pays ressemblait à un sud profond. Même les grands arbres souffraient. Les châtaigniers, les cerisiers, les charmes avaient pris avant l'heure les couleurs d'automne. Leurs feuilles cuites tombaient, gobées aussitôt par le bétail. Quelques vieux chênes du château, qui avaient tenu tête aux ouragans et aux gels pendant des siècles, moururent d'un coup sur pied. En un jour, leur feuillage devint sec comme du papier.

Le deuxième lundi de juillet, Augustin rentra tard de la foire de La Roche. La foire avait pourtant été moins fréquentée qu'un gros marché. Les mêmes propos étaient revenus sans cesse :

— Ça ne s'arrange pas.

— Ça empire.

Il avait tellement tardé à rentrer qu'Élie et Marthe avaient mangé sans lui et s'étaient couchés. La nuit était venue, une nuit claire rayée d'étoiles filantes. Augustin arriva, précédé de Festin qui se précipita vers sa gamelle. Marthe se leva, leva la lampe vers Augustin, vérifiant mine de rien, croyait-elle, s'il n'avait pas bu. Augustin lui fit signe.

— Venez voir...

La flamme resta droite lorsqu'ils sortirent. Il n'y avait pas un souffle. Marthe appela aussitôt :

— Élie ! Élie ! lève-toi !

Élie sortit, nu-pieds. Sa chemise lui battait les cuisses. Augustin leva un peu plus haut la lampe, éclairant les têtes éblouies de deux vaches attachées à l'anneau. Élie s'approcha et caressa les flancs, les croupes osseuses. L'une d'elles émit un meuglement doux, ploya les reins. Les plaf de la chute d'une bouse retentirent.

— Bonsoir la galette ! dit Marthe. Elle ira à mes fleurs.

— Qu'est-ce que vous en pensez ? demanda Augustin.

Élie interrogea Augustin du regard et estima :

— Elles ne sont pas grasses, mais ce sont de belles bêtes.

Augustin l'accompagna avec la chandelle quand il se pencha pour toucher le pis. Élie contempla son doigt, goûta.

— Elle a encore du lait.

Il se pencha une seconde fois.

— Élie, le réprimanda Marthe, tu es tout nu, les voisins...

Elle indiqua la fenêtre ouverte des Roy, en face.

— Allez, rentre, insista-t-elle.

Elle aussi était nue, la tête découverte, la tresse de cheveux ramenée sur l'épaule.

— Qu'est-ce que tu fais de ces deux bêtes ? demanda Élie, une fois dans la maison.

— Je les ai achetées.

— Tu les as achetées ? Avec quel argent ?

— Le mien. Celui que j'ai gagné depuis un an. Douillard a accepté de m'avancer ce qui manquait.

— Il est fou ! Les paysans se débarrassent de leurs bêtes parce qu'ils n'arrivent pas à les nourrir. Nous, on n'a rien que les carrés de notre jardin, et il nous ramène deux vaches !

— Vous voulez savoir combien je les ai payées ?

Élie ne répondit pas.

— 350 francs la paire.

— Il n'y a pas forcément de quoi être fier. Tu as dû tondre un pauvre gars à l'agonie.

— Si ce n'était pas moi, c'était Douillard. C'est vrai qu'elles ne sont pas payées la moitié de leur valeur. Cette maudite sécheresse est peut-être notre chance.

Élie fronça les sourcils, ne partageant pas l'avis d'Augustin.

— Est-ce que quelqu'un, est-ce que le comte, vous a donné une chance ? s'enflamma Augustin, défendant de nouveau ses idées avec entêtement. Mon grand-père m'a donné en héritage le porte-monnaie de ma défunte mère. Est-ce que je vole, si j'en profite pour obtenir ce qu'on m'aurait toujours refusé ?

Élie secoua la tête, refusant de reprendre la discussion. Augustin baissa le ton.

— Est-ce qu'elles ne sont pas belles, ces bêtes ?

— Elles ne sont pas vilaines. Mais comment veux-tu les élever ?

Augustin sourit.

Marthe aimait le regard ardent de « son » garçon sous les boucles brunes, les joues bleuies par la barbe et la fatigue.

— Allez, assieds-toi pour manger ! ordonna-t-elle.

— Vous ne reprenez pas un peu de soupe avec moi ? demanda-t-il à Élie.

Élie enjamba le banc.

— Après tout...

— On ne les gardera pas longtemps, précisa Augustin. Il s'agit seulement de les engraisser. Entre-temps, les cours auront remonté. On les revendra peut-être le double.

Comme ils ne disaient rien, il poursuivit, s'efforçant de convaincre :

— Douillard va nous livrer une charretée de vieux foin de l'an dernier. Il ne manque jamais de rien. Il a réussi à remplir sa grange, cette année. Je pensais qu'on pourrait mettre les vaches dans le grand bâtiment de l'annexe. Il est à moitié vide. Le comte ne nous le refusera pas. On pourrait lui demander, aussi, les deux prés du moine. Le plantain est mauvais pour ses chevaux.

Élie reposa sa cuiller et examina avec curiosité le profil d'Augustin, stupéfait d'un projet si échafaudé. Marthe s'étala dans la chaise du foyer.

— Eh bien, nous voilà avec deux vaches ! soupira-t-elle, heureuse et inquiète à la fois.

— Où va-t-on les mettre, cette nuit ? demanda Élie.

— Elles peuvent coucher dehors pour une fois. Elles ont brouté un peu en route. C'est pourquoi je suis arrivé en retard.

Ils ressortirent les voir avant de se coucher. Les robes des vaches luisaient sous la lune.

— Comment s'appellent-elles ?

— Favorite et Bavarde.

Ils montèrent tous les trois au château, le lendemain matin, espérant y trouver Bertin, le régisseur. Ils virent le comte monter dans son boguet, et Marthe s'avança dans l'odeur des lauriers.

— S'il vous plaît, monsieur le comte ?

Il inclina le buste.

— On aurait quelque chose à vous demander...

Par chance, il avait le temps. Il descendit de la voiture, en costume de ville gris, et leur serra la main.

— Vous êtes venus en délégation ?

La fonction de député ne l'avait pas épaissi. Il n'avait pas la robustesse de son père, capable d'encaisser les coups tordus de la politique et d'en donner. Il avait encore un rassurant regard à croire en la bonté du monde et au progrès de l'humanité.

— C'est Augustin qui nous a ramené deux vaches de la foire de La Roche..., expliqua Élie.

Augustin prit alors la parole et formula ses demandes. Le comte Bertrand accorda tout. Il offrit même d'avancer du foin en attendant la livraison de Douillard. Le comte posait le soulier sur son marchepied, lorsque Augustin, se ravisant, continua :

— Puis-je vous demander encore quelque chose ?

Le comte parut indisposé, considérant qu'il venait de donner beaucoup.

— C'est au sujet de la lande de la Plissonnière. M'autoriseriez-vous à la défricher, cet hiver, à mes moments libres ? On la mettrait en pâture...

— Défrichez ! dit le comte. Défrichez autant que vous le voulez !

Puis, en plaisantant :

— C'est tout ?

— C'est tout. Merci, monsieur le comte !

Le comte Bertrand claqua de la langue. Son cheval pommelé s'élança.

— Eh bien, mon Augustin, te voilà propriétaire de deux vaches !

— Nous voilà propriétaires ! rectifia-t-il.

Il ajouta, après réflexion, et avec la belle certitude de la jeunesse :

— Ce sont les deux premières...

Les plis d'amertume aux coins de la bouche du dragon de Sedan s'étaient changées en fossettes de rire. Il cracha du jus de chique au pied d'un buis.

— As-tu remarqué la dartre de la Favorite à la patte gauche ? Il faudra lui préparer un emplâtre.

Marthe s'appuya de tout son poids sur Augustin, et, la bouche dans son oreille :

— Tu as vu comme il est content ? Il va les chouchouter. Il ne va plus y avoir qu'elles, maintenant !

3

Les orages éclatèrent en août, et la pluie tomba enfin en abondance.

Augustin profita de la foire d'octobre, à La Chaize, pour une halte au Bourg-sous-La-Roche. Il avait prévenu les autres toucherons.

— Je ne conduirai pas la touche jusqu'à la gare. Je m'arrêterai au Bourg.

Il entra demander l'école au café Louineau près de l'église. On lui indiqua l'école laïque plus loin, dans la descente, auprès de la mairie. Augustin descendit derrière une charrette à bœufs. Son essieu sans graisse pleurait à chaque tour de roue. Et Augustin pensa qu'il répétait : É-lise, É-lise...

Il découvrit la grande maison bourgeoise au toit d'ardoise de l'école, juste à côté de la mairie. Il poussa lentement le portillon du grand portail peint en noir comme une porte de grange. Il était inquiet ainsi qu'un écolier à son premier jour d'école. Il aurait aimé rencontrer quelqu'un. Il ne s'attendait pas à cette cour de récréation vide. Il était cinq heures. Sa blouse sentait la vache. La cour était coupée par un mur séparant les filles des garçons. Il évita de piétiner un jeu de marelle, s'approcha de la première fenêtre, et son cœur sauta. Mon Dieu, c'était elle ! Il ne l'avait pas revue à la messe aux Moutiers depuis si longtemps. Mais il était sûr. Elle tournait le dos. Elle écrivait au tableau. Elle lui avait écrit qu'elle avait été nommée au Bourg pour son premier poste à la sortie de l'école normale. Il frissonna, mais il n'avait pas froid malgré sa blouse mouillée par une averse. Il se retourna vers le tilleul, où le vent arrachait des feuilles jaune citron. Il frappa à la porte et éprouva une douleur merveilleuse en reconnaissant sa voix.

Il entra. Elle écrivait toujours au tableau, le livre dans la main gauche. Ses cheveux étaient liés en catogan dans son dos par un ruban bleu, sa tête coiffée d'un minuscule chapeau de paille à ruban. Elle jeta un coup d'œil par-dessus son épaule. Dans le contre-jour, elle n'aperçut que la silhouette d'un paysan, la casquette à la main.

— Vous désirez, monsieur ? demanda-t-elle de sa voix flûtée, tandis qu'elle achevait d'écrire une phrase.

Augustin s'avança.

— Je suis passé par là. Je me suis arrêté.

Elle se retourna vivement. Ses yeux s'éclairèrent, illuminés de paillettes dorées.

— Augustine ! s'écria-t-elle en éclatant d'un rire heureux. Si je m'attendais !

Elle s'avança, bras tendus. Elle prit ses mains dans les siennes. Il se souviendrait toute sa vie du contact de ces doigts chauds frémissants comme des oiseaux. Elle avait rougi, lui sembla-t-il, mais il n'en était pas certain. Le demi-jour était trompeur. Elle tourna sur elle-même et, dans la vivacité de ce mouvement, la dentelle de sa collerette se souleva. Elle marcha jusqu'au tableau. Elle avait la taille si mince ! Augustin pensa qu'il en aurait fait le tour avec ses mains de laboureur. Elle reprit son livre.

— Je copiais une fable. Veux-tu me la dicter ? Assieds-toi...

Et elle lui montra le pupitre au premier rang. Elle n'avait pas changé. Elle était telle qu'à leur première rencontre. Il y avait chez elle cette facilité étonnante à gouverner les êtres et les choses en jouant. Elle parlait avec l'autorité d'une grande dame. En même temps, elle paraissait fragile. Ses traits réguliers et délicats étaient encore empreints de la douceur de l'enfance. Augustin était ravi de la retrouver comme s'il l'avait quittée de la veille. Elle avait écrit la morale du jour au sommet du tableau :

« La camaraderie est le commencement de l'amitié. »
Et puis, en dessous, les premiers mots de la fable.

Le Linot
Une linotte avait un fils,
Qu'elle adorait, suivant l'usage.
C'était l'unique fruit du plus doux mariage

Augustin dicta la suite :

Et le plus beau linot qui fût dans le pays.
Sa mère en était folle, et tous les témoignages
Que peuvent inventer la tendresse et l'amour
Étaient pour cet enfant épuisés chaque jour.

— Doucement ! s'exclama Élise.
Et elle émit ce reniflement de rire qu'Augustin avait entendu autrefois. Elle était devenue institutrice, mais elle jouait encore à l'institutrice. Les élèves devaient l'aimer comme une grande sœur, admirable, à cause de sa beauté et de sa bonne éducation. Elle avait à peine dix-huit ans. La fable copiée, elle vint s'asseoir près d'Augustin, en prenant garde à un clou du banc, croisa les bras comme une élève sage.

— Comment peut-on être le même et changer à ce point ? demanda-t-elle en le dévisageant avec son habituel regard direct. Tu as été une Augustine chétive. Je ne te croiserais pas maintenant, la nuit, sans crainte.

Augustin répondit, rieur :

— J'ai été formé par le travail. J'ai l'impression d'avoir des semaines de sommeil en retard.

Elle parla de son travail, de sa classe, de ses douze élèves régulières, et de la douzaine qui venaient quand l'école leur chantait. Elle évoqua le maire républicain Héliodore Durand, la concurrence de l'école des sœurs. Les relations n'étaient pas si mauvaises. Les élèves étaient équitablement réparties dans les deux écoles.

Elle s'emporta en rappelant que M. Guilloton, le directeur de l'école des garçons, avait beaucoup plus d'écoliers réguliers dans sa classe. L'instruction était encore un privilège réservé aux garçons, et les lois Jules Ferry étaient injustement appliquées. Elle s'entendait bien avec les Guilloton. Le directeur l'emmenait tous les dimanches assister à la messe à La Roche avec sa femme. Il ne voulait pas les voir à l'église du Bourg. Il lisait *L'Humanité.*

Elle parlait d'abondance, lui répétait des nouvelles qu'elle lui avait écrites. Ses narines se dilataient avec un reniflement amusé. Son rire fusait. Ils se contemplaient. Ils étaient aussi différents qu'on peut l'être. Elle était fragile, fuselée, elle avait le visage délicat. Il était râblé, tout d'une pièce, bâti comme un pilier, avec un chapiteau de cheveux bouclés. Leurs yeux luisaient de la même satisfaction complice. Elle se leva, gravit les trois marches de sa chaire.

— Regarde !

Elle avait à la main un petit couteau à manche rouge, qu'on aurait cru acheté la veille.

— Tu le reconnais ?

Il le prit dans sa main, le considéra avec émotion.

— C'est mon grand-père qui me l'avait offert, dit-il.

— Il me sert tous les jours comme coupe-papier. Je me suis coupée, le jour où tu me l'as donné. J'ai essayé sa lame sur le bout de mon doigt. J'ai eu longtemps la cicatrice.

Elle contempla le bout de son index. Augustin sourit.

— L'oncle Anselme l'avait aiguisé. Je tournais la meule...

Il aurait fallu qu'il s'en aille. Il ne se décidait pas à partir. La lumière du soir nimbait le visage d'Élise. Une porte claqua dans l'appartement au-dessus, occupé par le directeur. Élise sourit de voir Augustin sursauter.

— Ne crains rien..., murmura-t-elle à voix plus basse.

Il chuchota :

— Il faut que je m'en aille.

Elle entendit les gémissements derrière la porte.

— Qu'est-ce que c'est ?

— Mon chien.

Elle ouvrit, s'accroupit, sa robe balayant le plancher tout gris.

— Mais il est superbe ! Il est laid. Il est sale. Il ressemble à un vagabond !

Elle lui pétrissait la gorge. Le chien, farouche, la regardait à travers la broussaille de ses poils.

— Il se ferait tuer pour moi. Il s'appelle Festin.

Les narines d'Élise bougèrent. Elle se releva. Augustin se retourna pour contempler la classe, le bureau de la maîtresse. Il respira l'odeur de craie et d'encre. Elle lui demanda :

— Tu es mouillé, tu n'as pas froid ?

Il secoua la tête en rajustant sa casquette. Il espérait qu'elle allait lui reprendre les mains comme à son arrivée. Mais une fenêtre battit au-dessus, une tête de femme aux cheveux gris se pencha. Élise eut le geste de relever son catogan sur sa nuque. Augustin lui dit rapidement, et il sentit qu'il rougissait :

— Si tu veux me prêter quelques livres, je repasserai un de ces jours...

— Tu en veux, maintenant ? interrogea-t-elle, sans desserrer les lèvres, pour qu'au-dessus la femme n'entende pas.

Elle esquissa le mouvement de rentrer. Ses prunelles brillaient à nouveau.

— Je reviendrai, dit Augustin.

Il descendit les marches. Festin lapait l'eau d'une flaque. Le pied du tilleul était jonché de feuilles mortes.

— Écris-moi vite ! chuchota Élise.

En se retournant une dernière fois, il emporta le souvenir de ses fines bottines à œillets sur les marches de granit gris.

Ils vendirent Favorite et Bavarde le double de leur prix d'achat. Avec une partie de l'argent, ils achetèrent deux autres vaches maigres et renouvelèrent l'opération.

— Celles-là, assura Élie, en les attachant à la place de Favorite et Bavarde, on ne les aimera pas autant ! C'est trop de peine !

Les beaux billets de 10 francs de la plus-value ne suffisaient pas à le consoler du départ des deux vaches.

— Faut comprendre, se défendit-il. Ce sont nos deux premières. Jusque-là, on n'avait soigné que celles des autres !

Quoi qu'il dise, la séparation serait sans doute aussi pénible la prochaine fois. En les installant, il leur parlait.

— Allez, venez, mes filles ! Allez, c'est bien, les belles !

Elles s'appelaient Blonde et Câline.

Comme annoncé, Augustin gagna de la terre pendant l'hiver, les jours sans foire. Il partait pour la lande de la Plissonnière avant l'aube, au moment des grands froids. Marthe mettait dans son panier un œuf de poule blanche et un œuf de poule noire auprès d'un demi-pain rond. Les sabots d'Augustin résonnaient sur la terre dure comme de la pierre. Sa tête était protégée par un lourd passe-montagne de laine molletonnée. Il ne le savait pas encore, mais il était devenu un homme à qui rien ne résiste. Quand une souche d'épine ou de genêt ne cédait pas comme il l'aurait voulu, il redoublait de coups de pioche et reprenait le juron favori d'Élie : « Garce ! Ah ! garce ! » La pierre du coteau giclait, s'en allait en miettes. Il déterrait la racine jusqu'au dernier moignon. Il se rappelait son premier défrichage en compagnie de Pierrot dans la lande des genêts. Il était à présent taillé comme un chêne à tête coupée sur les talus. Il mesurait seulement un mètre soixante et un. Il tenait à ce un. Les muscles de ses épaules, la largeur de ses cuisses dégageaient une impression de force. Comme sa grand-mère Athanaïse, et à un moindre degré son grand-père Athanase, il était doué d'une résistance d'arbre. Cette puissance lui sortait en lumière par les yeux, fleurissait en boucles sur sa tête.

Ainsi il était beau, d'une beauté à rendre jaloux les plus fragiles. Sa journée de débroussaillage finie, il rentrait le soir au village, les mains en sang, les épaules douloureuses. Il se jetait sur la soupe de Marthe avec un appétit d'ogre, sans un mot, les yeux pleins de visions de brume, de givre, de feuilles, de ronces, de branches, le paletot rempli d'odeurs de terre, de bruyère, d'ajoncs.

Au printemps, il avait nettoyé deux journaux de lande. Le comte l'autorisa à y semer de l'herbe pour ses vaches. Marthe et Élie montèrent avec lui guetter l'apparition des premières pousses comme s'il s'agissait de graines rares. Quand le coteau verdit, Élie dit :

— On y fera du foin, cette année. Les vaches auraient trop vite tout raclé. Il faut laisser à l'herbe le temps de prendre de la force.

La tante Octavie recevait encore son neveu à sa table, les jours de foire. Lui n'avait rien oublié des informations au sujet de sa mère, et plus particulièrement l'histoire de ce garde-chasse déplacé au moment de sa mort. Il avait même cela toujours à l'esprit comme un mal chronique, une douleur de dent. De temps en temps, la nuit surtout, il s'éveillait en sueur. Il avait vu Donatienne en songe. Des souvenirs d'enfance étaient revenus.

Il poussa la tante à essayer d'en savoir plus au sujet de ce présumé père déplacé pour éviter le scandale. Il l'ennuya à chacune de ses visites. Un jour, Octavie lui confia :

— Mon petit gars, cet homme, ce garde-chasse est bien vivant encore aujourd'hui. Il s'appelle Berthomé.

— Où est-il ?

Elle porta la main à sa bouche.

— Je ne sais pas si je fais bien... Il est à Chambretaud. Il habite la maison du garde, au château de la Grève.

Douillard accepta de lui prêter Victor et sa carriole, un après-midi de la foire de Mortagne. Chambretaud n'en était distant que d'une dizaine de kilomètres. En d'autres circonstances, Augustin aurait goûté au plaisir de cette promenade dans la campagne blonde du soleil de mai. Des senteurs superbes couraient, assourdies à l'ombre des chênes, exaltées à la lumière. Victor les respirait et trottait des unes aux autres, crinière au vent, avec une énergie inhabituelle. Il osa même se lancer dans un trot inconsidéré au milieu d'une côte.

Augustin l'arrêta lorsqu'ils découvrirent le village de Chambretaud serré sur le plateau autour du clocher pointu de son église. Les cloches sonnaient. Ils s'approchèrent lentement du bourg et laissèrent au cortège d'une noce le temps de rentrer dans l'église. Augustin ne souhaitait pas plus que cela être vu à Chambretaud. La carriole d'Aristide était aussi connue que son propriétaire sur les foires. Les invités de la noce ne manqueraient pas de s'interroger sur la présence de son toucheron dans le pays. Il avisa un cantonnier auprès du presbytère et lui demanda le château de la Grève.

L'homme sortit de son fossé, posa la main sur le bandage ferré de la roue et indiqua la droite, puis la gauche.

— La maison du garde est bien à côté ?

— C'est Berthomé que tu cherches ? Sa maisonnette est au bout de l'allée. Il sera peut-être sorti. Il est souvent dehors avec son métier...

Le cantonnier garda la main serrée sur la roue.

— Comment s'est-elle passée, cette foire de Mortagne ?

— Pas mal ! lui répondit Augustin en souriant.

Le cantonnier avait identifié Augustin à sa blouse de foire. Il lâcha la roue à regret. Augustin desserra le frein et porta le doigt à sa casquette.

Le château de la Grève s'adossait à un bois de châtaigniers, à quelques centaines de mètres du bourg de Chambretaud. Augustin dissimula la voiture et le cheval sous les arbres, attacha la bride à un baliveau. Victor n'en parut pas particulièrement satisfait : il découvrit ses dents jaunes et mordit l'écorce, Augustin s'enfonça vers la lisière du bois et la maison du garde. À partir de là, l'horizon était grandiose. La vue plongeait sur une enfilade de vallées. Les bocages du bas pays moutonnaient au fond dans les vapeurs jaunes de l'après-midi. Dissimulé derrière le talus de bordure du bois, il se tenait près de chez Berthomé. Il y avait une cour à poules, un jardin entretenu avec soin. Un couteau à asperges était enfoncé dans sa butte de terre. La maison était une modeste construction de pierre aux linteaux de brique. Une longue chaîne était fixée à un anneau près de la porte de derrière, mais elle ne tenait pas de chien.

Augustin remonta vers la route, poussa la porte de la cour. La porte d'entrée était ouverte. Un enfant était assis sur le seuil, une poupée de chiffon dans les bras. Le cœur d'Augustin se serra lorsqu'il pensa : « C'est peut-être un frère, ou une sœur. » Et il s'avisa de son erreur. Cet enfant était plutôt un petit-fils du garde.

Des femmes parlaient dans la maison. Augustin frappa à la porte. Une femme aux cheveux gris se montra, le regard méfiant, la voix dure.

— Qu'est-ce que c'est ?

Une autre femme parut derrière elle, plus jeune, habillée de couleurs.

— M. Berthomé est-il là, s'il vous plaît ?

La plus jeune fut plus prompte à répondre. Elle tendit le doigt.

— Il est là-bas, à bricoler dans la petite maison.

Augustin n'avait pas traversé l'allée qu'un fox-terrier hirsute surgit du portail grand ouvert de la petite maison. L'animal, maigre, blanc sale avec les taches rousses caractéristiques du fox, n'aboya pas, se contentant de grogner et de montrer les crocs, planté dans le passage et résolu à n'en pas bouger. D'autres auraient hésité, la jambe d'Augustin effleura le museau du chien, et il découvrit à l'intérieur l'homme au crâne chauve, qui n'avait rien perdu de la scène.

— Votre chien a de drôles de façons de dire bonjour aux gens ! lui dit-il.

L'homme ne répondit pas. La petite maison, ainsi que les femmes l'avaient appelée, était aménagée en atelier de menuiserie-ébénisterie. Elle sentait bon le bois. Le garde poussait la varlope sur une planche fixée à l'étau de son établi. Le squelette d'un meuble, une armoire ou un homme debout, se dressait au milieu de l'atelier.

— C'est du cerisier ? demanda Augustin en regardant le copeau rose sortir de la varlope.

— Hm..., grogna l'homme.

— C'est une armoire ou un homme debout ?

— Hm...

Son saint-hubert à boutons aux têtes de sanglier était pendu à un madrier contre le mur.

— C'est drôle, je ne m'attendais pas à trouver un garde-chasse occupé à de la menuiserie.

— Tout arrive...

— Vous êtes bien Fernand Berthomé ?

— Pourquoi ? Tu es de la police ?

— Non. Je suis toucheron.

Le fox-terrier était revenu se coucher en travers de l'entrée, dans le soleil. La tête dressée, il suivait chaque mouvement du visiteur. Augustin n'aimait pas la mouche et la moustache effilée à la Badinguet sur le visage plissé comme une figue du garde. Il ne se reconnaissait pas dans cette maigreur de compte-sous au dos voûté. Il imaginait cet homme lancé aux trousses d'un braconnier. Son obstination devait être semblable à celle de son chien. Donatienne ne pouvait pas être tombée amoureuse de ce cerbère ! Mais il avait de belles mains fines, des mains d'artiste aux doigts effilés. Rien que pour ces phalanges, Augustin était disposé à admettre que Fernand Berthomé était son père.

— Je m'appelle Augustin Vernageau ! dit-il sans attendre.

— Ah ! répondit Berthomé en desserrant son étau et en retournant sa planche pour en raboter l'autre face.

— Cela ne vous rappelle rien, Vernageau ? insista-t-il, et sa voix était devenue plus agressive. Rappelez-vous, quand vous étiez aux Astiers...

Berthomé redressa sa figure de figue et cessa pour la première fois de s'intéresser à son ouvrage.

— De qui parles-tu aux Astiers ? demanda-t-il.

Et son regard terne glissa sur Augustin. Mais pourquoi diable s'était-il déguisé avec cette barbe de Badinguet ? Il n'y avait pas de paysans bonapartistes dans le pays haut. À moins qu'il n'ait voulu ou dû épouser les opinions de son maître...

— J'ai quitté la foire de Mortagne pour vous demander des renseignements sur des Vernageau que vous auriez connus à cette époque-là...

Augustin essayait de garder son calme, mais sa langue

était bizarrement lourde dans sa bouche, et sa voix tremblait.

— Tu dis Vernageau ? reprit Berthomé, et il fronça les sourcils.

Il secoua la tête.

— Je n'ai pas connu de Vernageau au château.

Peut-être était-il plus malin qu'il ne le montrait. Il semblait sincère.

— Pour être plus précis, se décida Augustin la gorge nouée, il s'agit d'une Vernageau, une servante...

Il éprouva un élan de haine pour ce Badinguet adossé à son établi qui répétait :

— Une servante ?

— Donatienne...

L'œil de Badinguet s'éclaira.

— Ah ! Donatienne... C'est vrai, Donatienne Vernageau. J'avais oublié son nom de famille. Bien sûr que j'ai connu Donatienne. C'était une belle fille. Pourquoi viens-tu me parler de Donatienne ?

— C'était ma mère.

— Ah !

Fernand Berthomé se retourna vers son établi, hésita à reprendre la poignée de sa varlope, caressa la partie rabotée de sa planche, pivota de nouveau vers Augustin.

— Elle venait souvent chez nous. Elle s'entendait bien avec Raymonde, ma femme. Elles partaient à la messe ensemble. Quand on a déménagé, elle l'a embrassée en pleurant. Mais tu devrais interroger Raymonde à son sujet, elle t'en apprendra davantage que moi.

Augustin était décontenancé. Il s'attendait à toutes les réactions, sauf à ce visage immobile, à peine effleuré par un sentiment de compassion. Si Fernand Berthomé mentait, alors il était un formidable menteur.

— Vous savez qu'elle est morte à ma naissance ?

— Oui, mon garçon, on nous l'a appris.

— Vous savez que le bruit a couru que son père avait déménagé pour éviter le scandale et sauver son ménage...

Le garde parut ne pas comprendre, et puis sa prunelle vrilla Augustin à mesure que l'idée se frayait un chemin dans son esprit. Il devait avoir ce regard à la poursuite d'un braconnier. Il délaissa son établi. Augustin sentit son haleine d'ail.

— Nom de Dieu, camarade ! s'emporta-t-il en rougissant, ceux qui ont dit cela ont menti ! J'avais quarante ans à notre départ des Astiers. Ta mère était chez nous comme notre fille. Je n'aurais jamais levé la main pour toucher à cette gamine. Je peux même te jurer que je n'ai pas connu d'autre femme que la mienne !

Augustin le croyait. Il découvrait dans cet homme las aux belles mains adroites, soudain redressé face à la calomnie, une dignité estimable, et il regrettait de ne pas l'avoir pour père. Il insista pourtant.

— Mais vous êtes parti...

Berthomé rougit encore d'exaspération devant le doute d'Augustin.

— M. Tireau m'a proposé d'être garde au château de la Grève chez son cousin. Ma femme était originaire du pays. Elle désirait revenir à Chambretaud depuis notre mariage. Il le savait.

— Ma mère vous avait dit qu'elle attendait un enfant ?

— Elle n'était pas du genre à chanter sa misère. Raymonde non plus n'a rien su. Je peux te le garantir pour avoir bien connu Donatienne : elle a gardé son secret aussi longtemps qu'elle l'a pu. Si cela se trouve, le saligaud qui lui a fait cela n'a rien su.

Augustin baissa la tête.

— Si tu le veux, va voir Raymonde, et pose-lui des questions...

Augustin secoua la tête. La main de Fernand Berthomé se posa sur son épaule.

— Tu lui ressembles, à ta mère..., murmura-t-il.

Augustin remercia, serra la main aux doigts fins, se dirigea vers la porte. Berthomé commanda à son fox de dégager le passage. L'animal obéit. Augustin retrouva Victor à moitié endormi contre son pied de châtaignier. Il lui lâcha les guides.

— Va !

Victor s'ébranla à pas lourds de sommeil. Les cloches sonnaient la sortie du mariage. Augustin n'avait plus de raisons de se dissimuler. Il croisa le cortège devant le presbytère. Le cantonnier lui adressa un signe de la main. La mariée lui parut vieille dans ses ruchers de dentelle blanche.

4

Il n'aurait su dire pourquoi les charolaises lui plaisaient à ce point. Il les guettait toujours sur les foirails. C'était peut-être l'attrait de la nouveauté, tout simplement, et leur éclat au milieu des autres. Il n'avait pas les moyens d'en acheter et il les regardait comme un rêve. Grâce à lui, Élie et Marthe étaient riches comme ils ne l'avaient jamais été. Ils avaient vendu Blonde et Câline à la foire d'octobre des Moutiers, et ils étaient rentrés avec une autre paire de vaches maigres.

Jusqu'alors, ils n'avaient jamais eu d'argent devant eux, ou à peine de quoi se payer la chandelle, une chopine et cinquante grammes de tabac pour Élie, un coupon de petit-gris et un gâteau à la crème pour Marthe. Tout le reste leur était donné en nature pour prix de leur travail. Marthe rapportait de la nourriture du château, de la laine à filer. La comtesse lui payait ses sabots et ses tabliers. Élie avait un sillon de pommes de terre et de choux à la métairie des Fontenelles. Valentin Vernageau lui élevait chaque année un cochon avec les siens, lui fournissait le lait, le beurre, à la bonne saison. En hiver, il lui livrait une charretée de fagots et quelques perches d'une coupe de châtaignier. D'un seul coup, les ventes des vaches engraissées leur avaient dégagé un bénéfice de 250 francs. Marthe avait rangé les précieux billets dans sa vieille boîte de couture en bois. Élie avait enfoncé deux clous de charpentier gros comme le petit doigt dans un chevron et avait calé la boîte contre les tuiles.

En une seule fois, Augustin engagea cette somme patiemment amassée. La vache charolaise qu'il acheta à la foire des Lucs n'était pas maigre. Elle avait le dos large, les jambes solides, de gros yeux farouches et la tête frisée. Elle pesait les quatre cent cinquante. Elle était pleine. Augustin était sûr que le ventre de cette vache renfermait un trésor. Son pis rose enflammé la dérangeait. Elle ferait son veau dans un mois.

— Pourquoi la vendez-vous ? demanda Augustin au domestique de M. Armand Batiot, qui la tenait par la corde.

— Parce que le maître le veut...

Le domestique s'appuyait sur une canne ferrée. Affreusement déhanché, il s'approcha de l'épaule de la vache en boitant et lui caressa délicatement le cou, lui lustra le poil.

— ... Parce qu'elle est belle. M. Batiot veut en répandre l'espèce. Elle attend un petit. Et ce petit fera des petits...

Les yeux noirs du domestique pétillèrent de malice. Batiot était avec Tireau l'un des pionniers de l'implantation des charolaises en Vendée.

— Comment s'appelle-t-elle ?

— Charlotte.

— Si tu la veux, prends-la, lui indiqua Aristide. Tu en meurs d'envie.

— Je n'ai pas apporté d'argent. Et je n'en ai pas parlé avec Élie.

— Et alors, lui avais-tu demandé son avis pour l'achat des premières vaches ?

Charlotte tourna la tête vers lui et meugla avec une tendresse émouvante. Il se décida. Ils l'avaient déjà marchandée. Ils ne pouvaient pas l'avoir à moins de

400 francs. Douillard les avança à Augustin. Sur un coup de cœur, il mangeait même plus que leur réserve.

Quand Augustin rentra au village avec sa vache blanche, il baissa le nez en annonçant le prix. Marthe gémit :

— Mais il ne nous restera rien !

Élie descendit la boîte à couture de la charpente et la vida. Ils étaient même plus pauvres qu'avant, puisqu'ils étaient en dette. Rien qu'à ce mot, le couple Girard tremblait. Ils avaient honte. Ils imaginaient les voisins apprenant la nouvelle.

— Tu es sûr de ce que tu entreprends, mon petit ? demanda Marthe, le front plissé.

— Arrête donc tes pleurnicheries ! la rembarra Élie comme au temps de leurs retentissantes querelles.

Sa colère, dirigée contre Marthe, montrait que lui aussi en avait gros sur le cœur.

La borderie des Merceron venait d'être abolie. La maison donnait peur. Elle avait été ravagée par la diphtérie. Seul le vieux père avait résisté, et le comte lui avait laissé jusqu'au bout la jouissance de ses quatre hectares de terre dont trois étaient de mauvaise qualité. Comme le vieux venait de mourir, il était prévu de joindre ces lopins à la métairie des Fontenelles. Valentin avait prévu le coup et se vantait d'avoir obtenu l'accord de Bertin, le régisseur.

Par l'intermédiaire de Marthe, Augustin obtint un rendez-vous au château avec le comte Bertrand. Il pénétra avec timidité sur le dallage noir et blanc du vestibule, heureusement accueilli par Marthe, qui lui chuchota :

— Il est là...

Comme s'il l'avait entendue, la voix du comte s'éleva aussitôt.

— Faites entrer votre jeune protégé, Marthe.

— Oui, Monsieur.

Marthe encouragea Augustin d'un sourire et l'accompagna jusqu'à la porte du bureau de son maître. Au-dessus de la tête du comte assis à sa table de travail encombrée de papiers, un immense tableau représentait trois cavaliers à la poursuite d'un sanglier. Le comte Bertrand acheva son écriture en indiquant de la main un fauteuil, parapha, releva la tête en pressant son tampon-buvard sur sa feuille.

— Alors, jeune homme, fit-il, qu'est-ce qui vous amène ? J'ai appris que vous vous démeniez comme un beau diable, non sans résultat. Avez-vous encore quelque nouveau projet en tête ?

Le ton affable du comte rassura Augustin. Bien sûr, cet homme était le maître, le propriétaire de tout ce pays. Avec le temps, il endossait le costume de son père. Il s'était laissé pousser la moustache. Il avait commencé comme lui ses tournées digestives à travers le pays. On le disait plus hautain, moins disponible qu'au début. Mais, en reconnaissant dans ses yeux le regard familier de la comtesse mère, Augustin oublia sa gêne et parla. Il expliqua son dernier achat, évoqua le jeune veau à naître, s'enthousiasma au récit de l'implantation de cette race blanche représentant à ses yeux un avenir pour l'élevage. Le croisement des vendéennes et des charolaises produisait, selon lui, plus de viande, autant de lait, et des animaux plus résistants au travail.

— Ce sont les théories de ces révolutionnaires de Tireau et de Batiot que vous me chantez, l'interrompit sèchement le comte. Je n'aime pas beaucoup ces gens-là !

Augustin se tut, et il contempla dérouté les impressionnants lambris de bois noir du bureau et la lampe à pendeloques de cristal. Il reprit enfin et exposa laborieusement sa demande : sur les quatre hectares de la borderie Merceron, il y en avait un sur le plateau, partagé en deux prairies qu'il souhaitait louer pour y mettre au printemps sa vache et son veau.

— Il me semble, repartit le comte, que ces terres ont été promises à votre oncle Vernageau.

— Une prairie de plus ou de moins pour lui, cela ne change rien. Pour moi, c'est tout..., déclara-t-il sur un ton de supplication.

Il ajouta, malin, à la manière du rabatteur de champs de foire :

— Si vous le donnez à mon oncle, monsieur le comte, cet hectare ne vous rapportera quasiment rien. Moi, je vous verserai un loyer.

Le comte Bertrand fronça les sourcils, apparemment irrité par la leçon d'économie donnée par ce gamin. Et Augustin crut qu'il avait perdu. Mais le comte éclata de rire aussitôt.

— Eh bien, c'est entendu, puisque vous y tenez tant ! Le frère des écoles m'avait averti. Il paraît que vous avez un don exceptionnel pour le calcul. Mais je vais me faire rappeler à l'ordre par Bertin en l'obligeant à revenir sur son engagement !

Valentin Vernageau surtout manifesta de la mauvaise humeur en apprenant qu'il était dépossédé du meilleur hectare de la borderie. Il était humilié de s'être fait doubler par son neveu. Il attaqua Élie à ce sujet et traita son protégé de « petit salaud » sans scrupules. Élie ne broncha pas. Sa situation dans les écuries des Fontenelles devenait de plus en plus difficile.

Valentin, qui ne décolérait pas, guetta Augustin et le héla un après-midi à l'entrée du village des domestiques. Il fonça sur lui comme un taureau échappé de son clos.

— Tu m'as volé une terre qui m'était donnée ! hurla-t-il, pointant son gros index déformé.

— Je ne vous ai rien volé du tout ! répondit Augustin sans reculer. Le comte me l'a louée.

— Pourquoi, bafouilla l'oncle, as-tu pris les bonnes prairies et m'as-tu laissé les terres pourries ?

Un sourire insolent effleura les lèvres d'Augustin.

— Parce que je ne suis pas aussi bête que vous le pensiez !

Il crut que Valentin allait lever la main pour le corriger. Mais le temps avait passé. Le métayer des Fontenelles ne pouvait plus sans risque donner une claque à son petit valet.

— Ne t'avise pas de recommencer ! menaça-t-il, les yeux exorbités. On t'a sauvé la vie, vipère. Tu mords la main qui t'a nourri. Méfie-toi, on est encore capable de te briser les reins.

— Vous ne m'avez pas sauvé la vie ! Je ne vous dois rien. J'ai gagné le pain que j'ai mangé chez vous !

Augustin était pâle. Il recevait encore la gifle cuisante de sa condition d'orphelin et de sa vie sauvée par les autres.

Il ne rentra pas à la maison d'Élie et de Marthe cet après-midi-là, tourneboulé par la réflexion de l'oncle. Il éprouva le besoin impérieux de revoir Mortevieille. Il s'arrêta devant la lande des genêts qu'il avait défrichée avec Pierrot. La terre labourée attendait les semailles. Il s'appuya à la rambarde du pont sur la Vie, la poitrine douloureuse de la blessure rouverte. Les feuilles des vergnes tombaient en silence, emportées par le courant. Il trouva la tante Léa avec Fine, frottant le grand cabinet à la cire. La tante avait vieilli depuis la mort de Baptiste. Elle devenait comme un bois sec en vieillissant.

— Tu ne viens pas souvent nous voir, lui reprocha-t-elle. On ne compte plus pour toi. Quand je pense que je t'ai donné à téter comme à mes propres enfants !

Ses jérémiades firent un peu plus de mal à Augustin. Il bredouilla des excuses, demanda des nouvelles de

Marcelline. Elle travaillait comme couturière, fréquentait le fils de sa patronne. Augustin rejoignit Pierrot et son oncle Moïse au champ. Il les attendit au bout de la « versenne » de labour. Pierrot coucha la charrue en haut du champ.

— Alors, tu es venu nous donner la main ?

L'oncle, qui roulait la terre derrière, s'assit sur le coin du rouleau de pierre et sortit sa blague à tabac. La croupe des bœufs fumait dans le jour baissant.

— La tante Léa m'a dit que vous étiez là.

Pierrot rit comme s'il avait prononcé une plaisanterie, et ce rire d'amitié soulagea la souffrance d'Augustin.

— Je parie que tu ne sais plus labourer un sillon convenable depuis que tu es devenu marchand de bêtes ! lança Pierrot, renouant avec leurs compétitions d'enfance.

— Tu crois ?

Augustin saisit les mancherons. Les bœufs lui obéirent. La terre chanta sous le coutre et s'ouvrit en un sillon bien droit. Augustin remettait ses pas dans ceux de ses ancêtres laboureurs, et la terre brune se soulevait jusqu'à l'oreille de la charrue, et le plaisir venait. Lorsqu'il eut rejoint Pierrot au bout du champ, il ne souffrait plus. Il n'avait pas dévié de sa ligne. Il avait même corrigé un léger dévers de Pierrot dans les sillons précédents.

— Tu as eu de la chance de ne pas trouver de refus ! s'écria Pierrot, l'œil jaloux.

Il appelait refus ces blocs de pierre qui arrêtent le fer et le dévient. L'oncle Moïse se déplaça en bout de rang et estima l'ouvrage de son neveu.

— La terre reconnaît les siens, dit-il seulement en tirant sur sa cigarette.

Il avait rarement fait de compliment à Augustin. Celui-là arrivait à point et compensait toutes les méchancetés.

5

En mars 1894, le facteur apporta une convocation pour le conseil de révision. Augustin y retrouva ceux de son âge, les Bouron, Blanchard, Brodu, Parpaillon, Pogu, Violleau. Ils se déshabillèrent et s'alignèrent nus, dissimulant leur sexe derrière leur main, dans la grande salle froide de la mairie. Marcel, le fils du Caïffa, demeuré aussi blond qu'au temps de l'école, avait les poils pubiens aussi clairs que de la barbe d'avoine. Il en était honteux auprès de ses camarades très bruns. Il était resté petit et menu, de complexion fragile, souvent toussant, fiévreux, un cache-nez autour du cou même aux beaux jours. Il murmura à Augustin :

— Ma mère fait brûler des cierges pour que je sois réformé...

Sa pomme d'Adam avait pris des proportions impressionnantes, et elle montait et descendait le long de son cou maigre comme un os monstrueux. Ils défilèrent ainsi dévêtus devant les tables où se tenaient M. des Fontenelles, les maires du canton et un état-major d'officiers galonnés. Ils furent examinés, palpés, mesurés par le médecin-major et ses assistants. Augustin fut déclaré bon pour le service armé, le fils du Caïffa aussi. La pomme d'Adam de Marcel effectua un convulsif mouvement de va-et-vient, et il haussa les épaules en souriant :

— Mon père sera content.

Depuis 1889, l'injuste tirage au sort avait été supprimé. Tout le monde était astreint à trois ans de service militaire. Augustin n'eut pas envie d'acheter les cocardes et les rubans que certains épinglaient au revers de leur veste, avec les inscriptions : « Bon pour le service » ou : « Bon pour les filles ».

Il rejoignit le 93e régiment d'infanterie de La Roche, comme beaucoup de Vendéens. La chance lui souriait. D'autres avaient reçu leur feuille de route pour Saint-Maixent, Bordeaux, Limoges. Marcel était envoyé à Verdun. Quel Verdun ? Où ? Personne n'avait jamais entendu parler de Verdun en ce printemps 1894. Élie, malgré tout, était déçu de l'affectation d'Augustin.

— Tu seras tout près, et tu pourras revenir plus souvent, bien sûr. Mais l'infanterie, tout de même ! Les dragons, c'était quelque chose ! Si encore tu étais au 88e d'artillerie de La Roche !

Augustin ne souhaitait qu'une chose : être débarrassé au plus vite de cette parenthèse obligatoire. Il haussait les épaules aux vociférations des jeunes sortant des Trois Épis en chantant : Vous n'aurez pas l'Alsace et la Lorraine... Il avait d'autres reconquêtes à l'esprit. Il revêtit le pantalon garance, la tunique bleue, la casquette à visière cirée. Il n'eut pas de mal à effectuer les longues marches de quinze, vingt, trente kilomètres, suffisamment entraîné par ses activités de toucheron.

Son intelligence ne fut pas particulièrement mise à contribution au cours des exercices de montage et de démontage du fusil Lebel. Il se révéla médiocre sur le pas de tir. Sa vue était pourtant bonne, sa main ferme. Il n'arrivait pas à se concentrer et à trouver un enjeu à la réussite d'un tir groupé dans une cible.

— Ne vous foutez pas du monde, Vernageau ! braillait

l'adjudant-chef Rabier. Vous mettez dans la cible, ou je vous colle au trou !

L'adjudant de compagnie avait pris Augustin en grippe et l'accusait de jouer les fortes têtes. Il n'appréciait pas son refus de participer à l'hilarité générale à l'occasion de ses reparties d'humour militaire. L'adjudant se taillait, par exemple, un beau succès au rassemblement du matin lorsqu'il lançait de sa voix rocailleuse à un appelé surpris les mains dans les poches :

— Ce n'est pas la peine de vous tenir les dragées, ce n'est pas demain le baptême !

La première fois, on admettait de rire. La répétition devenait lassante. Augustin n'avait pas envie de célébrer l'humour de ce rescapé de l'armée de Bazaine pour quelques exemptions de corvée ou un quartier libre. Il écopa ainsi plus qu'à son tour de corvées de jus et de latrines, et même de quelques jours de prison pour coups et blessures contre le caporal-chef de sa section. Le caporal-chef Lancot s'acharnait sur le deuxième classe Le Covec, un paysan breton, voisin de chambrée d'Augustin. Il lui faisait porter son sac pendant les marches, graisser ses godillots. Augustin ne supporta pas, un matin, d'entendre Lancot injurier Le Covec parce qu'il ne s'empressait pas de lui faire son lit. Sans un mot, il lui administra un aller et retour de main à assommer un bœuf. Et l'arcade du caporal-chef, douze années de service, éclata.

Sur les quinze hommes de la chambrée, six signaient d'une croix, quatre épelaient leur nom en même temps qu'ils l'écrivaient péniblement, la langue tirée. Augustin rédigea leurs lettres et fut considéré avec respect. Il n'avait qu'une envie : il avait appris la constitution d'une section de liaison vélocipédiste, et il souhaitait rejoindre le peloton de ces pionniers d'une armée moderne lancée à toute allure sur ces nouveaux destriers. Il s'était porté volontaire le jour même de son incorporation. L'adjudant-chef Rabier s'employa à différer autant que possible son affectation. Enfin on lui remit une prodigieuse Hirondelle, à cadre pliant, de dix-huit kilos, permettant de la porter sur le dos quand le terrain n'était pas carrossable. Il fut autorisé à pédaler à travers le quartier. Il s'entraîna à effectuer des demi-tours contrôlés en utilisant le freinage de la roue arrière. Il salua son capitaine, assis sur la selle de sa bicyclette.

Élise l'invita à la rejoindre, un dimanche, sur le parvis de l'église Saint-Louis après les consignes des premiers mois de classe et de vaccination. Il quitta le quartier au carillon des cloches annonçant la fin de la messe, en compagnie de Le Covec et de Pincemin, un soldat de Saint-Michel-le-Cloucq. Leurs souliers, leurs boutons, leurs boucles de ceinturon brillaient au soleil de septembre.

L'église lâchait son flot de fidèles sur la place Napoléon. Les trois soldats furent surpris de découvrir certains de leurs officiers à la cervelle lourde paradant au bras de leurs belles femmes d'épouses en chapeau à voilette. Et puis Augustin l'aperçut, les boucles brunes au bord du chapeau, les reins cambrés dans une robe de moire claire fermée sur le devant par des boutons de nacre. Il s'approcha, flanqué de ses acolytes. Elle le vit, sourit. Ses doigts gantés pianotèrent un salut amical. Elle se retourna, et Augustin reconnut la femme qui s'était penchée à la fenêtre lors de sa visite à l'école. Une voiture était garée près des marches du parvis. Elles y montèrent. La voiture démarra. Élise se retourna et adressa un sourire navré.

— Eh bien, dis donc ! Ce n'est pas n'importe qui ! le complimentèrent ses compagnons. Tu n'as pas peur qu'elle soit trop bien pour toi, cette bourgeoise-là ?

Leur commentaire le froissa. Et puis il craignit qu'ils n'aient raison. Il les contempla. Il avait comme eux la figure hâlée par les marches militaires, les traits lourds engraissés par les patates et les fayots de l'ordinaire. Le Covec s'était ouvert une estafilade dans le menton en se rasant. La coupure pansée avec une feuille de papier à cigarettes suintait encore de la lymphe.

Augustin revint seul à la sortie de la messe, le dernier dimanche d'octobre. Il pleuvait. Le vent violent balayait les gouttes à l'horizontale. Il se réfugia dans l'embrasure de la bijouterie Émile Barbet. De là, il pouvait voir les gens surgir du parvis, tête basse sous leurs parapluies. Son humeur était de la couleur du temps. Au fil des jours il avait été convaincu de l'exactitude des propos de ses copains de régiment. Il avait ruminé à nouveau les paroles de l'oncle Anselme autrefois : « Ne te fais pas d'idées, dès qu'elle va grandir, elle ne te regardera plus. » Il ne lui avait pas écrit. Elle non plus. Il se reprochait sa naïveté et mesurait à sa juste mesure, croyait-il, l'ampleur de son infortune. Les voitures s'arrêtaient devant les marches, capotes relevées. Les chevaux se secouaient. Les fidèles se précipitaient. Et les équipages repartaient dans un rayonnement de gouttes.

Il attendit longtemps, il ne la vit pas, ni l'autre femme, ni la voiture de l'autre jour. Il mit le nez hors du trou de sa porte de bijouterie. La pluie le cingla. Plus personne ne sortait de l'église. Il avait tout de même espéré la revoir. Un paquet de crottin en bouillie répandait son jus jaune sur la chaussée. La tunique d'Augustin sentait le chien mouillé. Et tout d'un coup Élise s'engouffra dans le renfoncement pour s'y abriter.

— Oh ! fit-elle, mais c'est un vrai déluge !

Elle tendait encore son parapluie au-dehors. Elle pressa le fermoir de son sac, en sortit un mouchoir de batiste, s'essuya le menton, les joues, le front. Augustin respira un parfum sucré de poudre de riz. Elle se tourna vers Augustin et éclata de rire.

— Que t'arrive-t-il, mon cher Augustin ? On dirait que

le ciel t'est tombé sur la tête ! Heureusement que tu avais cette casquette rouge, sinon je ne t'aurais pas aperçu.

Elle fronça les sourcils.

— Je ne t'ai pas vu, dimanche dernier.

— J'étais de garde.

Le léger duvet pâle collé par la pluie faisait briller sa joue.

— Mme Guilloton est malade. M. Guilloton est en retard pour venir me chercher. Quel dommage, ce temps, nous aurions pu nous promener jusqu'au kiosque !

Elle prit le bras d'Augustin et le tira de son recoin d'ombre.

— Laisse-moi te regarder !

Elle planta ses yeux rieurs dans les siens. Il les découvrit plus rayonnants de mica que dans ses souvenirs les plus éblouis. Elle commenta, satisfaite :

— Tu as bien des yeux couleur de violette !

Son rire fusa. Quand elle riait, sa bouche découvrait ses dents.

— Oh ! voilà M. Guilloton.

Elle glissa prestement le bras sous celui d'Augustin, le retira aussi prestement, ouvrit son parapluie et s'élança.

— À dimanche prochain !

— Oui ! s'écria Augustin joyeusement.

Le bidet de Guilloton n'appréciait manifestement pas la pluie. Augustin les regarda disparaître autour de la place, et il sortit sous la pluie, à travers les rues de la ville. L'eau s'insinua dans son col de chemise, lui dégoulina dans le dos. Ses souliers s'enfoncèrent dans des flaques. Il rentra au quartier trempé, bouche ouverte pour s'abreuver à cette pluie à la saveur délicieuse. Le soldat de garde dans sa guérite le regarda passer, stupéfait. Il interpella ses collègues, à l'abri dans le poste.

— Vous l'avez vu, cet enflé ? Il est allé se baigner !

Ils se revirent le dimanche suivant, et d'autres. Mais Élise était de nouveau accompagnée de l'épouse de son directeur, une grasse femme du peuple qui s'essayait à des manières bourgeoises. Sa présence ne leur autorisait toujours qu'un sourire ou un anodin salut de la main. Ils attendirent tout l'hiver le jour où elle tomberait de nouveau malade. L'heureux événement survint, enfin, en septembre l'année suivante. Élise sortit la première de l'église en grande hâte.

— Elle souffre de la grippe ! Elle a de la fièvre ! confia-t-elle, radieuse. J'ai profité de la communion pour sortir.

Ils se dirigèrent vers le kiosque et, tout naturellement, elle passa son bras sous celui d'Augustin. Les doigts légers et frémissants, parfois, d'Élise sur son avant-bras provoquèrent sur Augustin une sensation éblouissante, et il eut de la peine à tenir le fil de la conversation. Elle lui parlait pourtant de choses graves, évoquant ses oncles et tantes et leur autorité sur elle. Elle rappelait les misères ordinaires de la condition d'orphelin. La lumière était doucement voilée, le soleil peinait à percer les nuées grises. Des pupitres étaient installés en désordre sous le kiosque pour le concert de l'après-midi. Les doigts d'Élise frémirent sur le bras d'Augustin qui éprouva de nouveau une vive sensation d'explosion merveilleuse.

— Tu m'écoutes ?

— Oui, Élise.

Il se rapprocha un peu plus, tandis que son cœur redevenait un peu plus déraisonnable. Elle retira brusquement son bras.

M. Guilloton et son bidet apparaissaient au coin de la place.

— À dimanche !

— Pas celui-ci, l'autre.

Il profita d'un exercice au bois de la Marronnière pour s'échapper un moment avec sa bicyclette, alors qu'il effectuait une liaison pour le commandant de compagnie. Il pédala à toutes jambes jusqu'à l'école. Le capitaine Aumont pouvait à chaque instant avoir besoin de lui et s'inquiéter de son absence. Les enfants étaient en récréation. Entrebâillant la porte, Augustin s'adressa à une petite fille.

— Pourrais-tu aller me chercher Mlle Élise ?

La petite courut vers la classe, suivie de deux camarades qui ajoutèrent leurs cris aux siens.

— Mademoiselle ! Mademoiselle ! Il y a un soldat qui vous demande !

Élise traversa la cour accompagnée par un troupeau de fillettes curieuses et inquiètes de la présence de ce militaire à leur porte. Elle aperçut Augustin et rougit. Rien que pour cet empourprement, il ne regretta pas les risques de son abandon de poste. Élise se retourna vers les filles.

— Allez jouer !

Elle tenait une baguette de bambou qui lui servait à gouverner sa classe. Elle referma la porte derrière elle.

— Je suis venu, s'excusa-t-il. Nous sommes en manœuvre...

Il la dévorait de ses yeux avides. Quelques grains de son tachaient le haut des pommettes d'Élise. Elle rougit de nouveau.

— Tu vas bien ? demanda-t-elle, troublée, la main posée sur son guidon.

Ils éclatèrent de rire.

— Ce sont elles, derrière la porte, qui me gênent !

— Je voulais simplement te voir. Je suis content, je t'ai vue. Il faut que je me sauve, si je ne veux pas me faire attraper par mon capitaine !

Elle retint alors fermement son guidon et planta à son tour ses yeux dans les siens comme elle le faisait de façon si bouleversante. Il vit les paillettes de ses prunelles s'éclairer, blondir.

Il attendit qu'elle fût rentrée dans la cour et s'élança.

Les fillettes n'avaient pas été dupes. La rougeur de leur maîtresse ne leur avait pas échappé. Elles la regardèrent traverser la cour avec un sourire ironique. Et, la main devant la bouche, elles chuchotèrent :

— La maîtresse a un amoureux !

Augustin tenait un décompte scrupuleux des jours qui le séparaient de la quille, et l'échéance ne venait pas assez vite à son gré. Le dimanche 3 mai 1896 eurent lieu les élections municipales, et il obtint une permission de vingt-quatre heures pour aller voter. Au lieu de rentrer aux Moutiers comme il l'aurait dû, il coucha chez la tante Octavie. La vieille femme déraillait : autrefois si coquette et si pudique, elle circulait maintenant en chemise et corset devant son neveu.

Il se sentit coupable de n'avoir rien dit de cette permission exceptionnelle à Marthe et à Élie et se reprocha d'être un mauvais citoyen en ne participant pas à son premier scrutin. Il se rassura en se disant qu'il n'y avait pas d'enjeu : la liste entière du comte était sûre de passer aux Moutiers.

Élise dormit chez une camarade d'école normale, fille d'un pharmacien de La Roche, avec laquelle elle avait renoué pour la circonstance. Ils purent ainsi assister à la messe de neuf heures. Augustin ne pria guère. Le large col amidonné du chemisier d'Élise rayonnait à trois rangées de chaises devant lui. Il se penchait souvent pour apercevoir sa nuque, sa natte débordant du chapeau, surprenant la chère joue parfois, et même la commissure des lèvres, lorsque la tête d'Élise pivotait.

Ils se rejoignirent dans l'allégresse de l'*Ite, missa est.* Élise présenta Augustin à son amie. La fille du pharmacien lui parut infiniment moins jolie. Elle dégringola vite les marches du parvis et disparut. Ils descendirent la rue de Saumur. Il portait le panier de leur déjeuner qu'elle leur avait préparé. Ils s'interrogèrent :

— Où va-t-on ?

Ils prirent le sentier du bord de l'Yon. La vallée était occupée par une succession de petits clos à l'herbe d'un beau vert sombre. Par endroits, les arbres avaient gagné tout l'espace et ils se serraient les uns contre les autres, les aulnes surtout, croisant leurs branches déplumées et agitant leurs têtes frêles avec des airs de commères intarissables.

Ils évitèrent les bâtiments de Moulin sec.

— Je suis venu en exercice par là.

— On ne va pas rencontrer tes copains ?

— Pas un dimanche !

Ils arrivèrent à la carrière des Rochettes traversée par les eaux vives du Noiron, un affluent de l'Yon. Élise prétexta le vent d'est pour entraîner Augustin dans l'or des ajoncs et des genêts, au flanc de la carrière. Elle trouva une niche à l'abri du vent, tendit le visage vers le grand soleil. Une boucle brune dansait de part et d'autre de ses joues. Le ciel était d'un bleu très doux, sans un nuage. Elle demanda le panier à Augustin et en tira une grande serviette blanche, qu'elle étendit par terre.

— Cela, pour nous asseoir.

Elle en étendit une seconde, à carreaux.

— Pour notre manger.

Elle s'assit, tira sa robe sur ses jambes.

— Tu ne t'assois pas ?

Il hocha la tête. Une merlette menait grand raffût à quelques mètres. Son nid devait être tout près, et elle invectivait les intrus de toute la force de sa colère. Augustin la voyait à travers les fleurs de genêts, cramponnée à une branche et le bec en mouvement. Élise avait raison. Le vent n'entrait pas ici. Il ridait seulement la surface des genêts, et le soleil de mai jetait son feu sur la carrière. Ils se prirent la main et se mirent à manger ainsi, liés, maladroits de ne disposer que d'une main, répugnant à se délier. Élise sortit une timbale d'argent.

— Cadeau de baptême ! fit-elle en donnant une pichenette dans le métal.

Elle avait apporté du vin, qui leur enflamma les joues. Ils s'allongèrent côte à côte après manger. Le massif de genêts bourdonnait d'abeilles et de guêpes, et ils avaient l'impression d'être couchés au cœur d'un essaim. Ils avaient apporté de la lecture, des livres, un journal du syndicat agricole départemental.

— Ce Tireau Pierre-Antoine, vice-président du syndicat, demanda Augustin, pressant les doigts d'Élise, c'est ton oncle ?

— Oui, celui de Mortevieille, celui que tu connais.

Elle dressa la généalogie de sa famille. Augustin lui dit que sa mère, Donatienne, avait servi au château de son oncle des Astiers avant de mourir.

— Tu ne trouves pas surprenant que nous nous retrouvions ensemble aujourd'hui ?

— Non, pourquoi ?

Il abandonna le journal sur sa poitrine. Il contemplait le ciel entre ses cils. Elle lui caressait la main, le bras, en parlant de ses parents. Sa mère était partie en 1874, à la suite de sa rencontre avec son père, un petit employé des chemins de fer auvergnat. Le grand-père Tireau avait refusé, intraitable, cette mésalliance. Le couple avait fui et s'était installé à Paris, s'était marié, Élise était née. De ses années de petite enfance. Élise gardait un souvenir diffus. Son père était souvent absent, parti sur la ligne. Mais elle se rappelait les fêtes de son retour, organisées par sa mère. Il s'appelait Joseph, sa mère l'appelait Jo.

Élise les rejoignait dans leur lit, le matin. Ils lui faisaient une petite niche entre eux. Son père avait toujours trop de couvertures et elle avait encore la vision saisissante de ses jambes lancées hors du lit pour se donner de l'air. La diphtérie les emporta à quinze jours d'intervalle. Élise avait cinq ans. Elle vit pour la première fois son grand-père Tireau lorsqu'il vint la chercher pour la ramener en Vendée. Il pleurait. Il était bien temps. Les relations s'améliorèrent un peu par la suite avec les grand-parents auvergnats, dans la mesure où leurs affaires s'étaient développées.

Le doigt d'Élise courait sur le visage d'Augustin, effleura le V Vernageau du menton, toucha son oreille.

— J'ai des boucles d'oreilles de ma mère, je te les montrerai.

Elle s'approcha. Augustin sourit, releva la tête. Ils se goûtèrent d'abord du bout des lèvres, à petits baisers, les yeux dans les yeux. Et puis Élise s'abandonna, fermant les paupières. Augustin, à son tour, ferma les siennes. Il pensa : « Quand on s'aime, on garde toujours les yeux fermés. » Elle lui souffla dans la bouche :

— Tu es fait pour l'amour ! Tu es fait pour moi !

Huit jours après son retour au village des Fontenelles, Augustin, libéré, avait déjà tout oublié du service militaire et de la marche au pas cadencé. Il reprit ses activités de toucheron d'Aristide sans souhaiter poursuivre longtemps ces courses continuelles, même si elles ne lui déplaisaient pas. L'élevage sur les quelques arpents arrachés au comte lui avait donné un autre appétit, à Élie et à Marthe aussi, il le sentait bien.

Élise vint en vacances au château des Établières. Augustin y rencontra Pierre-Antoine Tireau. À cinquante ans, l'oncle d'Élise était encore bel homme, portant le costume et le petit gilet avec une décontraction toute bourgeoise, sa figure longue ornée d'une fine moustache poivre et sel comme sa chevelure. Il demeurait plus que jamais le ver républicain dans le fruit conservateur du fief des Fontenelles. Il s'était présenté contre le comte aux municipales. Il avait été à chaque fois battu, mais il grappillait à chaque fois quelques voix supplémentaires.

— Nos idées progressent..., disait-il, beau joueur, les soirs de défaite. Le jour n'est pas si éloigné où les curés eux-mêmes reconnaîtront que le cléricalisme est le véritable ennemi !

Pour l'heure, il était considéré dans le pays comme le suppôt de Satan. Le préfet lui rendait visite. On racontait aussi qu'il aimait les femmes, d'abord à cause de la sienne, souvent maquillée outrageusement, même à la messe. Et puis on avait vu chez lui une chanteuse aux mantilles excentriques de bohémienne, qui avait chanté dans le parc, accompagnée au piano.

Pierre-Antoine Tireau salua Augustin dans le registre où il excellait, celui de la provocation.

— Alors, jeune homme, vous qui êtes catholique fervent, comment expliquez-vous que Dieu ait fait des rois, des comtes, des métayers et des valets ?

Augustin était embarrassé. Élise l'avait prévenu.

— Méfie-toi. Je connais l'oncle. Il va s'amuser avec toi. Ne te laisse pas intimider. Il n'est pas méchant.

Après avoir hésité, Augustin répondit :

— Êtes-vous sûr que ce soit l'œuvre de Dieu ? N'est-ce pas plutôt celle des hommes ? C'est Jésus qui a dit : « Il n'y aura ni juif, ni païen, ni pauvre, ni riche... »

Sa mémoire l'avait sauvé une fois encore. M. Tireau considéra avec curiosité ce surprenant paysan, ami de sa nièce, capable de lui citer les Évangiles.

— Mais vous êtes aussi calé qu'un séminariste. Si j'ai bien compris, vous êtes toucheron de ce brigand de Douillard ?

Augustin raconta son enfance, tout près, à Mortevieille, son conflit avec l'oncle des Fontenelles, Élie et Marthe. Ils se revirent.

— Allons, disait Tireau en clignant de l'œil vers Élise, voilà notre séminariste !

Augustin ne trouvait pas chez cet homme affable les côtés diaboliques annoncés. Il éprouvait même de la sympathie à son égard, tout en demeurant sur ses gardes. Car, même pour lui, Tireau demeurait marqué. Augustin ne tournait pas autour du château des Établières sans raser les buissons, craignant d'être pris en faute par quelqu'un de la commune. Un soir, il rencontra Lucie Compain avec sa brouette. Elle remontait de la Vie avec un chargement de joncs pour les fûts de l'oncle Anselme. La pauvre veuve vivait ainsi de petits commerces. Son grand sarrau noir était mouillé par l'eau de la rivière jusqu'à la taille. Il ne faisait pas chaud. On était en septembre. L'automne avait pris de l'avance. Des couches de feuilles s'amoncelaient au bord des haies. Le front malgré tout en sueur sous sa quichenotte grise, Lucie posa sa brouette pour souffler.

— Alors, lui dit-elle, tu viens de chez le diable ?

Augustin, pris au dépourvu, ne sut que porter son doigt à ses lèvres.

— Oui, mais ne le dites pas !

Il prit les poignées de la brouette et la poussa pour soulager la bonne femme.

— Mon petit gars, ajouta-t-elle en traînant ses sabots auprès de lui, cela m'est bien égal. Le diable, c'est celui qui refuse de me donner à manger. Et je peux te dire que c'est de la marchandise bien mélangée. On en trouve de leur côté. Il y en a aussi chez ceux qui occupent les premières places à l'église.

Élie et Marthe étaient informés depuis longtemps des relations entre les deux jeunes gens. Augustin ne leur avait pas caché leurs échanges de correspondance.

— C'est ta vie ! lui avait répondu Marthe. Surtout, ne sois pas aussi bête que nous !

V

LES FERMIERS DES ÉTABLIÈRES

1

L'hiver 1897 fut froid. La neige tomba en décembre, et de nouveau en janvier. Augustin rejoignit Élise dans sa classe, un de ces soirs molletonnés. La cour était déserte, gardée par un énorme bonhomme de neige. Augustin lorgna le filet de fumée violet exhalé par la cheminée dans le ciel lourd et s'engouffra dans la classe.

— Comment va le petit écureuil ? demanda-t-il, heureux de surprendre Élise à son bureau, le bel ovale de son visage sous un bonnet de laine.

Il arracha son passe-montagne et aperçut alors une élève inclinée sur un cahier. La grande fille jeta vers lui un rapide regard sur le côté. Élise expliqua à voix basse qu'elle gardait cette élève en étude, le soir, pour la préparer au certificat. Elle pendit la capote d'Augustin près du poêle et appela l'écolière. La fille s'avança, tête basse, maigre dans sa robe de laine, les cheveux de travers.

— C'est bon pour ce soir, tu peux t'en aller !

Elle l'aida à ranger ses affaires, décrocha sa pèlerine à carreaux au fond de la classe et lui en couvrit les épaules.

— Au revoir, mademoiselle ! dit la fille en sabotant vers la porte.

Et en même temps qu'elle sortait, à voix plus basse :

— Au revoir, monsieur !

Augustin soupira en découvrant le soir plus sombre.

— Il va falloir que je m'en aille !

— Tu viens seulement d'arriver ! s'écria Élise en l'embrassant.

Elle prenait ses lèvres avec des gémissements gourmands.

— Tu sais ce qu'il te faudrait pour que tu viennes plus souvent ? Une bicyclette.

— Sûrement. Mais je n'ai pas les moyens de me la payer.

— Je les ai. Si je te la payais, qu'en penses-tu ?

Elle s'accrochait à cette idée, et la défendait avec un enthousiasme qu'elle souhaitait communicatif. Augustin s'y opposa.

— Non, Élise, je ne veux pas. Si je peux en acheter une, un jour, ce sera avec mon argent.

— Mais je te l'offre pour moi ! C'est pour que tu viennes me voir plus souvent !

— Non, Élise, tu me vexerais. Et tu me vois courir les foires avec un vélocipède ? Tout le monde se moquerait de moi.

— Tu n'en disais pas autant à la caserne, déclara-t-elle, boudeuse. Tu étais plutôt fiérot !

— Achète-la pour toi. Tu viendras plus facilement aux Établières.

Augustin n'ignorait pas l'énormité de sa proposition.

— Tu veux que je perde ma place ? lui répondit-elle, fâchée. Tu crois qu'on laisserait l'institutrice traverser le bourg à califourchon sur un vélo ?

M. et Mme Guilloton guettèrent la venue d'Augustin, à Pâques, du haut de leur fenêtre. Élise prétexta la lassitude et lui demanda d'apporter un panier de bois pour sa classe. Elle n'en avait pas l'habitude. Elle l'accompagna jusqu'au serre-bois, tourna la clé devant lui, et il découvrit une magnifique bicyclette rouge, de marque Enfield, à pneus Dunlop, appuyée contre les rondins. Il n'osa pas y toucher, s'accroupit pour considérer l'acier scintillant, les roues dentelées du pédalier, interrogea Élise du regard.

— Tu es folle, murmura-t-il, parcouru par un frisson de tendresse.

— Sors-la, fit-elle, éclairée par une douce lueur moqueuse, les bras croisés sur sa poitrine.

Il hésita, s'empara d'abord de la main d'Élise, sortit la machine à reculons. Les Guilloton ouvrirent leur fenêtre.

— Vas-y !

Il enfourcha le cadre et effectua un tour d'honneur autour des tilleuls, bouleversé, confus, se demandant encore s'il pouvait accepter un pareil cadeau. M. Guilloton, la pipe à la bouche, applaudit. Augustin freina devant Élise, qui appuya les mains sur le guidon.

— Tu me gâtes, dit-il, la première fois, c'était une boîte de poudre d'or. J'avais un couteau à t'offrir. Qu'est-ce que je vais te donner en retour ?

Élise l'enveloppait d'un regard d'amour, et il se sentait réchauffé.

— Tu ne me dois rien, répondit-elle. Si... Veux-tu m'apprendre à rouler à vélo ?

— Je croyais que tu en avais fait en Auvergne !

— Du tricycle !

Elle enjamba le cadre. Augustin leva la tête. Le sourire de Mme Guilloton s'était figé. M. Guilloton avait retiré la pipe de sa bouche et y tassait le tabac d'un pouce ennuyé. Élise appuya sur les pédales. Augustin la soutenait en équilibre, la main sous la selle. Elle dévia de sa trajectoire, zigzagua, fut rattrapée de justesse par Augustin, qui la sauva en empoignant le guidon. Elle se laissa aller contre son épaule, essoufflée, rouge. Ils levèrent ensemble la tête. Les Guilloton avaient disparu de leur fenêtre. Augustin embrassa la tempe chaude et humide de sueur.

Après un dernier coup d'œil à la fenêtre du haut, ils se prirent la bouche. Le rire d'Élise fusa. Elle lança la machine d'un vigoureux coup de pédale et partit sans aide sur une trajectoire rectiligne.

— J'en étais sûr que tu savais faire du vélo !

Elle éclata d'un long rire heureux.

Augustin n'osa pas rentrer dans le village des domestiques avec sa bicyclette. Il la dissimula derrière une haie avant les Fontenelles. La nuit venue, il invita Marthe et Élie à le suivre. Ils n'en étaient pas à leur première surprise avec lui et l'accompagnèrent, inquiets, d'autant plus qu'il leur avait conseillé d'apporter la lampe. La soirée était pluvieuse. La lampe tempête projeta son rond de lumière sous les branches d'une aubépine en fleur agitée par le vent, et révéla le cadre, les roues, le guidon, la selle.

— Qu'est-ce que c'est ? murmura Élie.

— Tu ne l'as pas..., commença Marthe.

— Volée ?... sourit Augustin.

Il secoua la tête.

— Elle est à moi.

— À toi ? Comment l'as-tu... ?

Ils approchèrent la lampe plus près. Il s'agissait bien d'une bicyclette neuve que le mauvais temps malmenait. La selle était mouillée. Des pétales d'aubépine étaient collés sur le cadre. Augustin expliqua. Marthe se lamenta.

— Tu as été fou d'accepter ça !

— Je le sais, reconnut Augustin.

Et puis elle corrigea :

— C'est cette fille qui est folle ! A-t-on idée d'offrir une mécanique pareille ! Elle sait qu'en t'offrant ce cadeau elle te tient, avec ses sous.

— Tais-toi donc ! la reprit Élie.

Ils roulèrent la bicyclette sur le chemin, éteignirent la

lampe tempête en entrant dans le village. Augustin ne sortit le vélo, au début, que lorsqu'il ne voyait personne dans la rue. Et puis il fut aperçu par l'un, par l'autre.

— Qui c'est ?

— L'Augustin Vernageau.

— Pas possible !

— Regardez-le, s'il fait le fier !

— Mais où a-t-il pris l'argent ?

— Je ne sais pas comment il se débrouille, celui-là. Il est un peu fou. Mais vous pouvez me croire qu'il n'a peur de rien. Il trafique avec Douillard, le marchand de bêtes.

— Il paraîtrait qu'il fréquente une nièce de Tireau, des Établières. Je ne sais pas où ça le mènera.

— Pas forcément sur le bon chemin.

Il acheta un bon prix, pour son patron, une paire de bœufs gras des Établières. Les animaux étaient coupés de charolais. Ils pesaient six cent quatre-vingts et sept cent quarante kilos. Le métayer du château, satisfait de la transaction, l'invita à venir assister à la vente de taureaux à l'étable, prévue la semaine suivante.

Augustin pénétra dans la vaste cour pavée retentissant d'une animation de comice. Il avait déjà visité l'étable, autrefois, lorsqu'il était venu futailler au château avec son oncle Anselme. Les voitures arrivaient. Les visiteurs se saluaient. Le métayer, Bourrasseau, commandait le rangement des véhicules le long de la grange pour éviter l'encombrement. Une table des battages était dressée sur des tréteaux à l'ombre de l'acacia, et la femme et la fille du métayer, manches retroussées, servaient à boire. Augustin ne connaissait presque personne. Les arrivants portaient des costumes de belle coupe et respiraient l'aisance bourgeoise des propriétaires. Bourrasseau murmura à l'oreille d'Augustin :

— C'est tout des radicaux.

Pierre-Antoine Tireau avait rameuté tous ses amis du Syndicat agricole départemental, fondé en 1886, en concurrence avec le Syndicat des agriculteurs, conservateur. Vice-président, il était l'ardent promoteur de la race charolaise. C'est pourquoi il avait tenu à donner un éclat particulier à cette vente de reproducteurs.

— On a de la chance ! fit-il, le verre à la main, en lorgnant le soleil.

Et puis, apparemment nonchalant, mais il ne manquait rien des préparatifs :

— Enlevez donc votre veste, conseilla-t-il à Bourrasseau, il me semble que votre chemise blanche aurait un meilleur effet auprès du taureau.

Il manifesta sa satisfaction devant la présence d'Augustin et, se penchant vers lui, le dos un peu voûté :

— Cela tombe bien que vous soyez là, j'aimerais vous dire quelques mots, après la vente.

La porte de l'étable s'ouvrit, et le premier taureau apparut, tenu par Bourrasseau. L'animal, effrayé par le rassemblement, ouvrit la gueule et garda son meuglement pour lui. Bourrasseau tira sur la barre de bois fixée à l'anneau de cuivre pour l'engager à franchir le seuil. Le taureau avança pesamment, légèrement blond, brossé sans cesse par le fils Bourrasseau qui lui traçait des ondulations sur les hanches. Instinctivement les spectateurs se reculèrent, craignant les cornes aiguës.

— L'avantage avec cette race, les rassura Tireau, c'est qu'ils sont généralement dociles.

Bourrasseau l'attacha à l'anneau du mur, et le taureau resta immobile, comme s'il avait été de marbre, les flancs seuls palpitant par saccades.

Bourrasseau sortit alors le second taureau, de race métisse, vendéenne-charolaise. D'un rouge somptueux, il était sensiblement plus grand que le premier, plus orgueilleux aussi, charpenté comme un char de choux.

— C'est le résultat du croisement ! commenta encore

Tireau. Vous imaginez les bêtes de travail qu'on peut obtenir avec de telles origines.

Les discussions sur les prix s'engagèrent. Tireau, répugnant à parler argent, laissait son métayer Bourrasseau jouer ses airs de paysan borné devant ces beaux messieurs. Il se contentait de répéter :

— Ce sont des bêtes d'une valeur inestimable !

Il déclara soudain :

— Tenez, il y a un habitué des foires, ici. Il travaille pour Douillard, le marchand. Augustin, à combien estimeriez-vous ces taureaux ?

Augustin balbutia, surpris :

— Je sais une chose, c'est que je ne pourrais pas me les payer.

Les propriétaires rirent. Il devait avoir le réflexe inverse du rabatteur s'il voulait rendre service à Tireau. Il mit la barre haute.

— Je ne sais pas, dit-il, les mains dans les poches, tournant autour des taureaux, ils sont différents. Je les mettrais au même prix : 1 000 ?

Il souleva des oh ! d'étonnement. Les taureaux furent finalement vendus 900 et 950, l'un à Maurice Batiot, propriétaire à la Marronnière, l'autre à Louis Egonnière du Tibeuf.

Lorsque les voitures commencèrent à quitter la cour, Pierre-Antoine Tireau s'approcha d'Augustin avec deux verres.

— Merci, mon garçon, pour l'aide imprévue de tout à l'heure.

Il leva son verre à sa santé. Il pouvait être pris en défaut de légère ébriété, contraire à son habitude. Sa moustache était plus gaillarde, ses joues plus vermeilles. Ses prunelles grises luisaient, la chaleur mouillait son front.

— Vous connaissez les bêtes, vous l'avez encore prouvé. Vous aimez les charolaises, vous en avez chez vous. Bourrasseau s'en va à la prochaine Saint-Michel prendre la métairie de mon frère aux Astiers. Que diriez-vous de prendre sa suite ?

Augustin crut d'abord que Tireau se moquait, mais les yeux gris étaient sérieux. Il parcourut du regard la grange cossue, la maison d'habitation, le chien-assis du toit, et trouva seulement à répondre :

— C'est que je ne suis pas seul, monsieur...

— Je le sais. La réputation de votre ami Élie Girard n'est plus à faire.

— Nous n'avons presque rien.

— C'est une autre histoire. Demandez-vous d'abord si vous avez envie de vous installer ici. Nous trouverons bien alors un moyen de nous entendre...

Il avait dit : « modus vivendi ». Augustin avait compris. Il en parla d'abord à Marthe, un soir qu'elle filait la quenouille sur la pierre, près de la porte. Elle échangeait de rares paroles avec la voisine Roy, en face, reprisant une chemise. Augustin s'assit auprès d'elle en caressant Festin et lui parla à voix basse. Elle se leva aussitôt, appela Élie, qui sarclait dans le jardin. Ils s'enfermèrent dans la maison, et Marthe s'opposa fermement.

— Vous irez sans moi. Je travaille depuis trop longtemps au château. Ils ont été bons avec moi. Je ne peux pas leur faire ça !

— Tais-toi donc ! s'emporta Élie, crachant le jus de sa chique dans la cheminée, ce qui lui était expressément interdit en période ordinaire.

Elle se tut. Mais deux larmes grossissaient au bord de ses paupières.

— Tu imagines les réactions si on quittait le comte pour passer chez Tireau ! dit Élie, reprenant les mêmes arguments. On aurait la révolution !

— C'est impossible ! ajouta Marthe.

Élie fronça les sourcils.

— Pourquoi ? répondit Augustin calmement. Qu'est-ce que nous devons au comte ? C'est plutôt lui qui nous doit quelque chose.

— Oh ! mon petit gars ! s'écria Marthe, que rien n'empêcherait de parler. Toi qui as été habillé par cette bonne dame ! Toi qu'elle a soigné quand tu étais malade !

Il haussa les épaules.

— Elle m'a donné les vieux vêtements dont ses enfants ne voulaient plus. On ne s'engagerait à rien en demandant à Tireau ce qu'il propose. Je ne resterai pas toucheron toute ma vie !

Élie hocha la tête.

— C'est vrai que cela n'engagerait à rien.

Augustin s'attendait à l'avoir pour allié. Depuis l'affaire de l'hectare de la borderie, les relations avec Valentin étaient tendues, et il avait plusieurs fois évoqué son départ.

— Vous viendriez avec moi, Élie ? demanda Augustin.

— Non, il n'ira pas ! explosa Marthe en colère.

— Non, je n'irai pas ! répéta Élie sur le même ton, furieux de l'injonction de sa femme.

La voisine oublia sa couture, alertée par les cris. Élie s'adressa à Augustin, la voix calme :

— Tu pourras bien aller le voir tout seul. Vous vous connaissez. Ce sera peut-être aussi facile, si je ne suis pas là.

Marthe, fâchée, boudeuse, s'essuya les paupières du coin de son tablier.

— Vous ferez ce que vous voudrez, moi, je ne bougerai pas de là !

Augustin chargea la lanterne à acétylène de sa bicyclette, un soir de juin, et pédala derrière le rond de lumière blanche sur le chemin du château des Établières. Un orage menaçait. Augustin avait travaillé tout le jour à faucher le foin au village voisin du Recrédy et, à son arrivée à la maison, il avait éprouvé soudain l'impatiente envie d'accomplir ce voyage plusieurs fois différé. Il s'était lavé, torse nu devant la bassine, et avait demandé à Marthe sa chemise propre.

— Tu ne vas pas y aller maintenant ?

— Pourquoi pas ?

Le rayon blafard de son vélocipède éclairait des fétus de foin perdus par les charrettes. Il éprouvait un serrement de cœur à l'idée des récoltes menacées par l'orage. Il trouva un domestique dans la cour du château occupé à fermer les volets et le pria de frapper pour lui à la porte du perron. L'homme tutoya la jeune servante de quinze ans venue ouvrir et lui exposa à voix basse le souhait d'Augustin de rencontrer le maître malgré l'heure tardive. Il pensait obtenir quelque confidence pour prix de sa complaisance. Mais Augustin resta silencieux devant la porte. La jeune fille revint. M. Tireau se leva de son fauteuil de velours.

— Eh bien, jeune homme, vous êtes un oiseau de nuit !

Augustin s'excusa.

— J'ai travaillé toute la journée au foin...

— Croyez-vous qu'il va pleuvoir ? Le ciel s'amuse à nous faire peur. Le baromètre n'a pas bougé.

En même temps qu'il parlait, il montait la flamme de la lampe sur un guéridon près de son fauteuil. Il indiqua l'autre fauteuil.

— Regardez ce que j'étais en train de lire, dit-il en repoussant le chat couché sur la table basse.

Il déplia *L'Aurore* et le tendit devant Augustin.

— Un article de Clemenceau. Il écrit bien, le bougre. Vous verrez qu'un jour il sera l'un des tout premiers de ce pays !

Il reposa le journal, croisa les jambes et les bras.

— Alors ?

Le front plissé, il levait vers Augustin des sourcils interrogateurs. Augustin haussa les épaules.

— Nous ne savons pas.

— Mais si vous êtes venu, c'est que vous voulez savoir...

Le chat sauta sur ses genoux. Il tira sur le pan de sa robe de chambre pour protéger son pantalon, et ses doigts caressèrent la fourrure grise.

— Je sais que vous vous entendez bien avec ma nièce, et même un peu mieux que cela. Mon père n'a pas été tendre avec ses parents.

De la tête, il indiquait une photographie dans un ovale sur le mur. Elle représentait un vieillard aux joues élargies par de lourds favoris, au nez fort et au regard sévère sous une broussaille de sourcils blancs.

— Il a déshérité notre sœur, la mère d'Élise, lorsqu'elle s'est mariée avec son petit employé des chemins de fer. Il n'était pas du genre à changer d'avis ensuite. D'une certaine façon, cela l'arrangeait, lui permettant de partager les châteaux des Astiers et des Établières entre mon frère et moi. Élise n'a rien, ou presque, sinon le pécule d'héritage laissé par ses grands-parents paternels. Elle a le goût de l'indépendance de sa mère et refuse d'être aidée...

La jeune servante entra avec un plateau garni de deux verres à pied et d'une carafe à encolure d'argent.

— Voulez-vous un peu de vin de pêche ? demanda-t-il.

Il versa.

— Vous n'êtes pas encore mariés, et Élise désirera certainement rester enseignante. Mais laissez-moi croire qu'à travers vous j'accomplis un commencement de réparation...

Il remit un verre à Augustin, leva le sien, goûta.

— À cinquante-deux ans, vous savez..., murmura-t-il, songeur.

Il se tut, regarda Augustin, rit d'un rire un peu forcé et changea de ton.

— Si je vous fais cette offre, c'est aussi que j'y vois mon intérêt. J'ai toujours eu beaucoup de mal à m'entendre avec Bourrasseau. Il aime le gros travail et les vieilles habitudes. Il ne voit finalement pas d'intérêt à développer la filière charolaise. Je n'arrive pas à lui retirer de l'esprit la croyance en la perméabilité : il est persuadé que lorsqu'un taureau charolais saillit une vache parthenaise il transmet les caractères de la parthenaise aux autres vaches qu'il saillit !

— Élie se bat aussi depuis longtemps contre cette croyance !

— Mon frère, Armand, se fiche pas mal de ces délicatesses. Il se fiche de tout, d'ailleurs, et j'ai bien peur que... Enfin, Bourrasseau déménage chez lui, aux Astiers. J'aimerais continuer avec vous les recherches commencées. J'ai tenté le croisement avec un reproducteur limousin, je n'ai pas obtenu les résultats escomptés...

Il reposa son verre. Augustin l'imita.

— Monsieur, je vous l'ai dit, nous n'avons rien.

— Je vous donne donc les moyens de vous installer. Je fournis tout : les bêtes, le matériel, les engrais, les semences. Vous prendrez le blé dont vous aurez besoin pour faire votre pain, deux ou trois rangs de pommes de terre...

— Nous pourrons emmener nos trois vaches ?

— Bien sûr, vous me paierez une pension pour elles, ou je vous les achète. La femme d'Élie pourra élever des poules, des lapins, un cochon à son compte. Et je vous offre un salaire annuel de 700 francs, à vous et à Élie.

— Je gagne beaucoup moins chez Douillard, et Élie ne reçoit pas la moitié chez mon oncle !

M. Tireau apprécia visiblement cette franchise. Il manipula la tête du chat, les paupières closes sous les doigts de son maître.

— Indépendamment de ma nièce, trop fière pour m'avoir dit du bien de vous, j'ai de l'estime pour vos initiatives. Tout se sait dans notre petit monde. Votre récent surgissement sur nos chemins en vélocipède a suscité des commentaires. Je ne veux pas faire de vous un métayer à l'ancienne mais, si possible, un collaborateur. N'ayez crainte, contrairement aux discours de mes adversaires, je sais ménager la chèvre et le chou. Je ne vous imposerai pas mes idées politiques ou religieuses. Vous pourrez pratiquer librement, ce que fait ma femme, d'ailleurs.

Il chassa le chat, qui entreprenait de grimper sur sa poitrine, reprit son verre. Il avait tout dit. Il fit claquer sa langue en demandant à Augustin son avis sur son vin de pêche. Augustin le jugea fort estimable et ajouta :

— Monsieur, je préférerais que vous ne nous donniez que 500 et un pourcentage sur les bénéfices. Je ne sais pas, 3 p. 100, 4 p. 100 ?

M. Tireau fronça les sourcils.

— Pourquoi pas, après tout ? Nous serions associés. Vous avez la fibre d'un redoutable homme d'affaires...

— Monsieur, puis-je vous demander encore quelque chose ?

— Quoi donc ?

— Seriez-vous d'accord pour transformer la porte d'entrée de la métairie en porte vitrée ?

Tireau claqua de nouveau la langue et sourit.

— C'est, expliqua Augustin, que Marthe se plaint d'être toujours dans le noir à cause de la porte pleine...

— Elle n'a pas tort. Ne vous inquiétez pas. Elle l'aura, sa porte vitrée !

Augustin reprit son vélo. Il aurait aimé maintenant, malgré tout, qu'il pleuve. Il aurait voulu le plaisir de la pluie fraîche sur son visage. Il était heureux. Mais les grondements de l'orage s'éloignaient. Les rafales de vent s'étaient apaisées. Des étoiles scintillaient entre les nuages, toutes proches, à portée de main. Il était certain de vivre un tournant de son destin. Il était souvent inquiet depuis son retour du service militaire, ne voyait pas d'issue.

Pouvait-il raisonnablement offrir à Élise une existence d'épouse de toucheron ? Il s'était plusieurs fois reproché de n'avoir pas accepté l'offre des frères. Il souriait, tout seul, dans la nuit. Il répéta plusieurs fois, à voix haute : « La chèvre et le chou ! » Il n'avait pas enfourché son vélo. Il marchait à côté pour ne pas s'éloigner trop vite. Il allait écrire à Élise. Il allait décider Élie et Marthe, il en était sûr. Il s'arrêta, alerté par un bruissement de feuilles. Il tendit l'oreille dans la direction d'un imaginaire bruit de pas et retint son souffle. Il ne tarda pas à s'incliner sur sa lanterne et à frotter une allumette. Il appuya sur la pédale et s'élança dans un halo blafard.

Bourrasseau répandit la nouvelle de l'installation d'Augustin et des Girard aux Établières, malgré sa promesse formelle de garder le secret. Et la rumeur de scandale s'enfla, rapportée aux oreilles d'Augustin par Pierrot, sur le champ de foire des Lucs.

— Il paraît que tu vas bientôt déménager tout près de chez nous ?

— Qui est-ce qui t'a dit ça ?

— Tu fais fort. Cela m'est égal. Mais je te prie de croire qu'on en parle. Beaucoup ne sont pas fiers de toi dans la famille !

— Lesquels ? Ceux qui ont pris le parti de Valentin quand j'ai dû m'en aller de chez lui ?

Le passage avec armes et bagages, en l'occurrence Élie et Marthe, de l'arrière-petit-fils d'Athanaïse Vernageau dans le camp de l'ennemi républicain était interprété comme une trahison. Même en haut lieu, au château des Fontenelles, l'information suscitait les plus graves inquiétudes. La comtesse convoqua Marthe dans son bureau, aux murs garnis d'images pieuses depuis la mort du comte.

— Ce n'est pas vrai ce qu'on raconte, rassurez-moi, Marthe, vous n'allez pas partir travailler pour notre plus irréductible adversaire, un radical qui nous poursuit de sa haine ?

Marthe devint écarlate, la lèvre supérieure agitée d'un frémissement qui ne présageait rien de bon.

— Excusez-moi, Madame, nous n'allons pas travailler pour lui, nous allons travailler pour nous.

— Mais ce n'est pas possible ! Qu'est-ce qui se passe ? Des employés modèles comme vous et Élie. Vous vous êtes fait monter la tête par ce... sans famille...

— Madame, sa famille, c'est nous !

Madame la comtesse s'emportait, elle d'ordinaire si douce, ne prononçant pas un mot plus haut que l'autre. Elle se calma.

— Vous avez quelque chose à nous reprocher ? demanda-t-elle, disposée à tout entendre.

Et cette ingrate de Marthe lui répondit :

— Rien, Madame, ce M. Tireau nous paie.

— Eh bien, ma fille, vous n'avez plus qu'à prendre vos affaires et vous en aller !

— J'allais vous le proposer, Madame.

Marthe tenait tête ainsi. Elle faisait l'esprit décidé. Elle cachait qu'elle avait résisté autant qu'elle l'avait pu. Mais elle n'était toujours pas fière de partir. Elle partageait l'avis de ceux qui qualifiaient leur attitude de honteuse. Elle n'en défendait pas moins bec et ongles ceux qu'elle aimait. Elle ne tolérait pas la moindre réflexion de ses voisines du village des domestiques. Elle se dressait le dimanche à l'église, la crinière relevée sous le bonnet blanc, la lèvre humide, méprisant les commentaires et les haussements d'épaules dans son dos. À la maison, elle boudait.

Le curé Désamy, le frère directeur et le frère Legland montèrent en délégation, un soir, chez les Girard.

— Vous passiez par hasard, sans doute, leur dit Marthe, en leur approchant les chaises.

Elle ferma la porte, malgré la douceur de la soirée, car la voisine venait de s'installer à son poste d'observation en face.

— Quelqu'un vous aurait-il averti d'un malade chez nous ? poursuivit-elle. Tu es malade, Élie ? Tu es malade, Augustin ?

— Marthe, la réprimanda le curé Désamy, si vous cessiez de vous moquer de nous !

— Non, monsieur le curé !

— Marthe !

Elle baissa des paupières contrites. Il se tourna vers Élie et Augustin, côte à côte sur le banc, le visage mal éclairé par la fenêtre étroite.

— Nous avons été informés de votre désir de passer sur les terres de M. Tireau.

— Ce n'est pas un désir, corrigea Augustin, faisant front avec courage.

— Il n'est pas question pour nous, poursuivit le prêtre comme s'il n'avait rien entendu, d'empêcher quelqu'un de travailler ni de gagner sa vie. Pourtant, il y a des choix qui sont parfois lourds de symboles pour la communauté tout entière...

Il s'arrêta, attendant une réaction. Comme elle ne venait pas, Élie et Augustin gardant les bras croisés — Marthe aussi venait de croiser les siens —, il reprit sur un ton plus vif :

— Vous n'êtes pas sans savoir ce que vous représentez dans la commune !

— Vous nous faites trop d'honneur, monsieur le curé ! murmura Augustin.

— Nous ne représentons rien, articula Élie, que de

pauvres bougres de domestiques, grattant chaque jour pour ramasser leur pain.

— Si vous le voulez, Élie, reconnut le père Désamy d'un ton adouci de patenôtres. Moi-même, je viens de ce milieu. Mais vous êtes au service du château depuis votre enfance, et Marthe aussi. Croyez-vous que cela ne compte pas ?

— Si je vous comprends bien, monsieur le curé, repartit Augustin, adoptant la douceur du prêtre, vous voulez dire qu'ils sont attachés au château à vie ?

Le curé Désamy regimba sous le coup, et son chapeau tomba de ses genoux. Il se pencha pour le ramasser, et releva un front rouge de colère.

— Toi qui parles si bien, Augustin, toi qui es intelligent, les frères me rappelaient en venant ta mémoire extraordinaire, tu as tout oublié, alors, au point de renier tes origines ! Que crois-tu que penseraient ta grand-mère Athanaïse et ton grand-père Athanase, s'ils savaient que tu vas travailler avec le républicain Tireau ?

— Ils seraient peut-être choqués, d'abord. Ils me feraient confiance. Ils me laisseraient libre. Ma grand-mère a pris ses responsabilités en son temps. Elle a été orpheline. Elle savait ce que c'était qu'être orphelin.

Augustin avait répondu cela d'un trait. Les paroles lui étaient sorties du fond du cœur et il se sentait soulagé. Il se redressa. Les regards d'Élie et de Marthe lui indiquaient qu'ils partageaient sa satisfaction. Le curé Désamy glissa le doigt le long de son col dur.

— Tu aurais dû continuer l'école, comme nous te l'avions proposé, soupira le frère directeur.

— Vous ferez ce que vous voudrez, trancha le prêtre. De toute façon, personne ne peut vous en empêcher. Laissez-moi vous dire, quand même, que vous semez le désordre. Et je suis sûr que, là-bas, dans son château, l'autre triomphe.

— Vous nous donnez trop d'importance, monsieur le curé, répéta Élie.

Le curé secoua la tête. Il se leva. Il était vraiment très grand. Sa tête frôlait les solives. Marthe secoua ses cotillons en se levant à son tour et ouvrit la porte en lorgnant la voisine Roy, qui n'avait pas bougé de son poste.

— Voulez-vous boire quelque chose ?

Le père Désamy secoua la tête, interrogea les frères des yeux, et se ravisa.

— Si, un verre d'eau.

— Sans indiscrétion, monsieur le curé, demanda Marthe, c'est le comte qui vous a demandé de venir nous voir ?

— Non. Sans doute son père l'aurait-il fait. D'autres sont venus. Je me doutais que ce serait peine perdue. Et puis les frères m'ont rendu visite, ce matin, à la sacristie. Nous avons décidé de tenter notre chance...

— C'est toi qui as monté tout ça ! reprocha sans animosité le frère Legland à Augustin.

Il avait vieilli, plus que le frère directeur. Il avait pris de l'embonpoint, son visage se cuivrait.

— Jusqu'où as-tu envie d'aller ?

Augustin sourit, et ne répondit pas.

— Nous autoriserez-vous à aller à l'église, monsieur le curé ? demanda Marthe, profitant de la détente de la discussion.

— Ma chère Marthe, l'église n'est fermée à personne. Pour ma part, je suis persuadé que vous commettez une faute, en faisant passer votre intérêt avant celui de la communauté. Vous entraînez des esprits faibles à croire qu'il n'y a rien à redouter du côté de Tireau. C'est un ennemi de l'Église, un défenseur de Jules Ferry. Est-ce que, pour autant, j'ai refusé la messe et la communion à sa femme et à sa nièce ?...

En parlant de la nièce, il se tourna vers Augustin.

Le curé Désamy connaissait aussi la relation des deux jeunes gens.

Augustin ramena deux charrettes des Établières la veille du déménagement. Les Girard ne possédaient guère de mobilier. Les toits à lapins, cages à poules, pots de fleurs de Marthe constituaient une large part du déménagement. Des fumées de brouillard noyaient la vallée du village des domestiques. Une poussière d'eau froide mouillait les déménageurs. Le voisin, Roy, aida au chargement. Il avait été un grand gaillard costaud, joyeux à l'ouvrage, mais une mauvaise toux persistante l'avait beaucoup vieilli. À quarante ans, il en paraissait soixante. Il était ridé, voûté, marchait à pas lents. Sa femme lui reprochait sa mollesse et les faibles gages qu'il rapportait.

— Il est malade, Louise, le défendait Élie. Cela, peux-tu le comprendre ?

Jalouse des succès des Girard, elle les avait espionnés. Elle avait participé à la campagne de dénigrement provoquée par la nouvelle de leur départ. Avec ses commères, elle avait ressorti les vieilles histoires du temps où le couple se donnait en spectacle. L'approche de l'échéance avait peu à peu gommé l'amertume, cédant la place au regret. Élie et Marthe étaient des figures du village. Leur départ allait créer un vide profond.

— Tu connais le monde, confia Roy à Élie en venant lui offrir ses services, on vous a critiqués parce que vous étiez entreprenants. Ce qui nous vexe, au fond, c'est que nous ne sommes pas capables de sortir de nos trous de maisons, nous autres !

Il souffrait en silence depuis sa maladie. Il semblait regarder le monde avec fatalisme. Augustin et Élie évitèrent de lui confier des objets lourds. Louise aida Marthe à vider son buffet. Le chien aboya furieusement lorsque le tonneau de sa niche fut chargé dans la charrette et quand les bœufs s'ébranlèrent. Les voisins, les voisines s'approchèrent du bord du chemin. Même la Jacquette s'écria : « Bonne chance ! » de sa voix de nez, sa quichenotte jaunie sur la tête. Quelques gouttes de pluie voltigeaient. Avec Élie et Marthe, Augustin leva les yeux vers la cime des chênes. Leurs longs bras avaient résisté jusque-là à l'automne, ils s'égouttaient en murmures feutrés.

La maison d'habitation des Établières était constituée de deux grandes salles rectangulaires surmontées d'un vaste grenier anobli par les chiens-assis de la toiture, pourvus d'une poutre et d'une poulie pour monter les sacs de grain. Elle regardait vers la vallée de la Vie, bien exposée au midi, à flanc de coteau.

L'œil vif de Marthe balaya la cour proprement empierrée, les grands bâtiments de la grange et des étables gardant des vents du nord, l'acacia et sa jonchée de feuilles jaunies. Elle réclama soudain avec autorité :

— Élie, Élie, va me chercher une chaise !

Les bœufs n'étaient pas dételés. Les chaises étaient serrées sur la charrette. Élie montra, désolé, l'échafaudage du déménagement et la pria de patienter. Elle insista, menaçant de se fâcher, tirant sur le lacet de son bonnet.

— Je veux une chaise !

— Les chaises ne sont pas faciles à joindre, hasarda Augustin, on va vous apporter le banc, si vous êtes fatiguée...

— Ce n'est quand même pas difficile de m'apporter une chaise !

Marthe abusait de caprices depuis l'annonce de leur départ, se payant des méchancetés et des remarques venimeuses sur le dos de ses hommes, qui supportaient ses exigences sans regimber. Augustin grimpa sur la charrette, chercha dans le fouillis du déménagement, parvint à dégager une chaise, la passa à Élie, qui la tendit à Marthe, qui l'empoigna par le dossier, la porta au milieu de la grande salle commune absolument vide, la considéra et s'y installa lourdement. Le dos appuyé au dossier, la poitrine soulevée par ses bras croisés, elle pria Augustin :

— Veux-tu fermer la porte, s'il te plaît ?

Elle s'épanouit alors dans un large sourire.

— Je te remercie, mon petit Augustin, dit-elle, ravie. Tu l'as voulue pour moi, cette porte vitrée ? Elle est toute neuve. Tu ne pouvais pas me faire plus grand plaisir. Tu es un bon petit.

Elle était la nouvelle reine des Établières. Son large bassin débordait de la chaise. Ses joues grasses luisaient dans le demi-jour. Après avoir redouté sa colère, ses hommes la contemplaient avec un sourire amusé. Elle resta ainsi longtemps, immobile, comme si elle attendait encore quelque chose, les yeux fixés sur les carreaux. Et puis elle dit, heureuse :

— Voilà le soleil !

C'était vrai. Une jambe d'or effleura la porte, s'y appuya, se divisa entre les carreaux et jaillit à travers la salle commune.

2

Les terres de la métairie des Établières étaient situées de part et d'autre de la vallée de la Vie, sur vingt-huit hectares. Les plus arides se trouvaient sur le sommet du coteau de Pierre-Levée où, disait-on, il ne poussait que des pierres. Le vieux Tireau avait voulu autrefois y arracher la grande dent de rocher dressée au milieu de ses champs. Il avait appelé les paysans voisins à la rescousse. Ils avaient lié des câbles et des chaînes autour, avaient attelé vingt paires de bœufs. La Pierre-Levée s'était à peine inclinée. Ailleurs, la terre était profonde et douce, de couleur noire, avec quelques parcelles plus rouges, où affleurait l'argile.

Augustin les laboura, avec six bœufs, quatre grands encadrant deux plus jeunes encore en dressage. Il s'arrêta pour vendanger les coteaux bien nommés de Pot-de-Vin, entièrement replantés d'hybrides selon les volontés de Pierre-Antoine Tireau. Les Girard ne pouvaient pas prétendre aux fruits de la récolte, en cette première année. Tireau leur livra tout de même deux barriques de gros-plant pour leur consommation personnelle. Marthe joignit un troupeau d'oies aux poules ramenées des Fontenelles, enferma une truie dans le toit à cochons.

Un couple de domestiques, Pierre et Berthe Bordage, logés dans les dépendances du château, étaient affectés à plein temps au service de la métairie. Pierre était un petit homme travailleur et têtu. Il s'était souvent battu, dans sa jeunesse, contre les bandes des communes voisines. Il en avait gardé ces arcades gonflées et zébrées de cicatrices au milieu des sourcils noirs. Sa femme, Berthe, était surnommée la Caille, avant son mariage, à cause de sa peau claire et de ses cheveux blonds. Deux grossesses et la trentaine n'avaient pas entamé sa fraîcheur. Elle venait prendre son travail avec ses enfants âgés de quatre et trois ans. Les petits jouaient sur les carreaux de la maison avec des morceaux de ficelle et des cailloux qui gonflaient les poches de leurs tabliers. Une manière de poupée de chiffon ne quittait pas le bras de sa fillette.

Élie s'occupait des étables comme aux Fontenelles. Pierre cueillait les tomberonnées de choux. Augustin appliquait à la lettre les recommandations de Tireau. Il mesura la profondeur de son labour.

— L'année prochaine, nous essaierons de labourer quelques centimètres plus profond, l'année suivante encore. Nous verrons bien le résultat.

Cheville ouvrière du syndicat, Tireau avait fait venir des phosphates des Ardennes. Augustin l'encouragea à semer des scories de déphosphorisation sur les prairies du bord de la Vie. Personne n'avait pris le risque d'une telle dépense. Le résultat ne se fit pas attendre. Au printemps, l'herbe poussa, vigoureuse. La production de lait augmenta.

— On devrait pouvoir élever quelques bêtes de plus, suggéra Élie.

Jusqu'alors, la proportion admise était une tête par hectare. Les travaux s'ajoutaient aux travaux. Après le sarclage du blé en février, il fallut le chausser en mars. En avril commencèrent les labours de printemps pour les pommes de terre, les maïs, les choux, les betteraves.

Élise avait demandé sa mutation et obtenu d'être rapprochée aux Lucs. Ils pouvaient se voir tous les dimanches. Augustin allait la chercher à vélo. Il apportait un coussin. Elle s'asseyait sur le cadre. Il la tenait entre ses bras. Il posait sa bouche contre sa tempe, contre sa joue. Une ornière soulevait les cris d'Élise, agrippée au guidon. Il sentait son cœur battre à travers sa robe.

Ils étaient convenus de se marier à l'automne. L'oncle Pierre-Antoine avait manifesté le désir de prendre à sa charge l'organisation de la cérémonie. Mais Augustin et Élise ne parvenaient pas à se mettre d'accord sur l'avenir. Augustin aurait aimé qu'elle quitte l'enseignement, elle voulait continuer son métier. Ils se querellèrent un dimanche de mars dans la sapinière de l'entrée des Lucs. Augustin avait dissimulé son vélo entre des scions d'alisier. Élise lui avait lié la main avec son tour de cou. Ils s'arrêtèrent de marcher pour contempler le clocher des Lucs par une trouée dans la sapinière.

— Alors, es-tu décidée, tu quittes ton école et tu viens avec moi aux Établières ? lui demanda Augustin.

Elle imprima un mouvement de balancier au bras prisonnier d'Augustin.

— Je vais avec toi aux Établières, mais je continue d'enseigner aux Lucs. Si je te demandais, moi, de quitter la terre ?

Les sapins s'agitaient autour d'eux. Une branche morte tomba, glissant d'un rameau sur l'autre.

— Écoute, ce n'est pas possible d'enseigner aux Lucs en habitant aux Établières...

— Pourquoi ? On peut acheter un cheval et une voiture, ou un vélo.

— Tu ne feras pas le trajet tous les jours.

— On pourrait installer une école laïque aux Moutiers..., suggéra-t-elle avec une perfidie souriante.

— Tu veux la guerre ? s'emporta Augustin. Notre mariage provoquera suffisamment de remous dans la commune.

— Il faut savoir ce que tu veux, Augustin, répliqua-t-elle. Lorsque tu m'as écrit la première fois, j'étais déjà élève à l'école normale.

— Tu pourrais obtenir un poste à l'école des sœurs...

Elle défit vivement le tour de cou qui ficelait leurs mains.

— Il faut que je me plie à tes volontés ! Mets-toi cela dans la tête : je ne serai jamais une femme docile et obéissante, si c'est ce que tu souhaites !

Elle fila vers la route. Il la regarda partir, décontenancé, courut derrière elle.

— Écoute, j'ai dit cela comme j'aurais dit n'importe quoi !

Elle secouait, en marchant, son tour de cou avec violence.

— Écoute, Élise, comprends-moi ! Pardonne-moi... Tu sais que je me moque de toutes ces histoires. J'ai dit cela parce que je pensais à nous, à moi. Je ne voulais pas être séparé de toi.

Il la prit par le bras. Elle s'arrêta. Il la retourna vers lui.

— Tu calculeras, dit-elle, combien de temps tu mets à parcourir les huit ou dix kilomètres des Établières aux Lucs.

— Ce n'est pas la peine, c'est déjà fait.

Elle sourit glissa la main sur la nuque d'Augustin.

— Idiot, pourquoi m'as-tu mise en colère ?

— Je ne voudrais pas que tu t'en ailles.

— Laisse faire le temps...

Aristide Douillard monta lui rendre visite aux champs un après-midi, contrairement à son habitude. Pâques était passé, et les premières chaleurs donnaient à espérer. Augustin guéretait au champ du Cormier : il ouvrait à la charrue les guérets martelés par les pluies d'hiver. La terre était « en état ». Les derniers beaux jours l'avaient suffisamment essorée, et elle se retournait en mottes friables. Deux paires de grands bœufs à robe claire tiraient la charrue.

Augustin marchait sur la terre et elle s'ouvrait devant lui. Elle palpitait sous ses sabots, brune de fraîcheur, exhalant une fumée de chair ouverte au grand soleil. Il avait reconnu la voiture, Victor, le cheval, et la silhouette tassée sur le siège de son ancien patron accompagné d'un passager.

Au bout du champ, il recommença quelques mètres de sillon pour garder sa machine en ligne et s'avança vers la barrière à longues enjambées régulières comme s'il marchait encore derrière ses bœufs. Victor le reconnut et lui adressa un hennissement de salutation. Augustin lui rendit la politesse et lui cajola le chanfrein avant de serrer la main à Aristide. Ils échangèrent des banalités, sur le temps, les foires, la chaux répandue par Augustin sur ces terres acides.

Aristide prétendit qu'il passait par hasard dans les parages et avait détourné son chemin pour venir saluer son ancien toucheron. Mais l'ancien toucheron savait qu'Aristide ne passait jamais par hasard. Il attendit en admirant encore l'art de bonimenteur du rusé marchand, qui se retourna soudain vers son passager, immobile sur le banc de la voiture.

— Je ne t'ai pas présenté le docteur Lagarde ? C'est le médecin qui me soigne depuis ma furonculose.

Augustin salua le vieux monsieur à barbe blanche taillée droit et étalée sur la poitrine comme un col à rabat.

— Je ne sais comment nous en sommes venus à parler de toi, mais le docteur a eu tout d'un coup envie de te voir.

Augustin leva les yeux vers le vieillard chenu en costume noir, aux yeux ardents derrière les loupes des lunettes, et soudain, sans trop savoir pourquoi exactement, il prit peur. Aristide s'éloignait déjà en indiquant :

— Je crois que le docteur a quelque chose à te dire. Monte donc t'asseoir auprès de lui. Moi, je vais en profiter pour me dégourdir les jambes.

Augustin, hésitant, prit la place d'Aristide, vérifia machinalement la manette du frein. Victor était immobile. De la queue, seulement, il se fouettait les flancs de temps en temps. Aristide descendait le long de la haie à grands pas. Le docteur Lagarde articula ses premiers mots d'une voix brouillée, peu audible.

— Ainsi, c'est toi, Augustin ?

Il serrait les mains sur une canne à pommeau de métal plantée entre ses jambes.

— J'ai été le dernier à parler avec ta mère. C'est moi qui t'ai mis au monde chez ta tante.

Un frisson de sueur froide descendit le long de l'échine d'Augustin, qui se recula, contemplant le vieillard maigre serré dans son vêtement de gabardine noire et comprenant que cet homme à la figure pointue noyée dans une mousse blanche était le visage de son destin. Il eut envie de se sauver, de lui crier : « Ne me dites rien ! »

Le vieillard le comprit et lui proposa :

— Si tu veux, je ne te dirai rien.

Augustin secoua la tête. Et le vieil homme serra nerveusement les doigts sur sa canne.

— Douillard m'a dit que tu cherchais ton père. J'ai longtemps hésité avant de te livrer un secret recueilli sur un lit de mort. Je n'en ai jamais parlé à personne. Aristide ne sait rien. Mais je n'en ai plus pour longtemps. La mécanique a des ratés. (Il porta la main à sa poitrine sous sa veste.) Tu es un homme. À ta place, moi, je voudrais savoir...

Il se pencha vers Augustin et le fixa intensément à travers ses lunettes.

— J'ai expédié ta tante chercher de l'eau chaude dans

la cuisine. Ta mère était à bout de sang, elle était consciente de son état. Elle m'a dit, après m'avoir fait prêter le serment de n'en parler à personne d'autre qu'à toi, si tu le voulais, lorsque tu serais en âge : « Son père s'appelle Armand Tireau. »

— Armand Tireau ?

— Oui, le frère de Pierre-Antoine Tireau, ton propriétaire, l'actuel propriétaire du château des Astiers.

Augustin crut qu'il allait être victime d'un éblouissement. Il se découvrit de sa casquette et passa la main dans ses cheveux. Son ventre fut labouré par une violente colique.

— Armand Tireau ! murmura-t-il encore.

Il avait l'impression que soudain les piliers qui tenaient sa vie venaient de s'effondrer. Il s'attendait au pire, pas à ce nom. Le médecin l'observait. Il tendit sa main maigre et la posa sur le bras d'Augustin. Ce geste de compassion aida le jeune homme à demander :

— Elle vous a dit autre chose ?

— Peu, elle n'en avait pas la force, elle n'était pas du genre bavard. Armand Tireau était militaire. Il se conduisait comme un enfant gâté. Elle lui a résisté. Elle ne lui a ouvert sa porte qu'une seule nuit, à l'une de ses permissions. Il s'est sauvé aussitôt à sa caserne et ne s'est plus intéressé à elle. Elle n'a rien dit au père d'Armand lorsqu'il l'a remerciée. Elle n'a rien dit non plus contre personne, cette dernière nuit où elle m'a parlé. Je lui ai proposé d'aller trouver le père. J'aurais pu sans doute obtenir une pension. Elle n'a pas voulu. Je me souviens encore de ses paroles : « On n'a pas l'habitude de mendier, dans la famille. » Elle était belle, tu sais, ta mère. Elle était aussi blanche que son oreiller... Je n'ai pas souvent rencontré autant de dignité pendant ma longue carrière de médecin.

Sa main griffait le bras d'Augustin par saccades. Il

abandonna sa canne entre ses jambes et avança machinalement l'autre main vers sa poitrine.

— Je n'ai jamais oublié ta mère. Toi, j'ai tout fait pour ne pas te revoir puisqu'elle m'avait supplié de ne m'occuper de rien. Et puis il a fallu qu'Aristide te ramène vers moi pour me rappeler à mon devoir.

Aristide revenait vers la voiture. Il feignait d'être très occupé à tailler le brin de noisetier qu'il avait coupé dans la haie.

— J'ai connu Armand Tireau par la suite, lorsqu'il a fréquenté notre Cercle républicain avec son frère, s'empressa de dire le docteur Lagarde en retirant sa main du bras d'Augustin. C'était avant le désastre des actions de Panamá. J'ai rencontré un godelureau sans intérêt, m'as-tu-vu, attiré par tout ce qui brille. J'ai pensé que ta mère avait eu raison de ne pas te confier à ce Tireau-là.

Augustin descendit de la voiture. Il s'aperçut à peine qu'il serrait la main d'Aristide. Il marcha d'un pas lourd jusqu'à la charrue, empoigna les mancherons et toucha les bœufs. Il se retourna sur le champ au milieu du sillon. La voiture du marchand avait disparu.

Il pleuvait sur La Roche. Une averse d'orage battait la place d'Armes à grosses gouttes tièdes. Augustin s'empressa de pousser la porte à tambour du Grand Café. La ville suait une âcre odeur de terre. Il était quatre heures de l'après-midi. La vieille tante Octavie, trop vieille maintenant pour sortir et soignée par sa voisine contre viager, lui avait prêté un parapluie. Il était allé frapper à la porte de M. Armand Tireau, boulevard du Nord, et n'avait obtenu pour toute réponse que des aboiements de chien furieux et des coups de griffes derrière la porte. Il avait interrogé le voisin, qui rentrait des chaises longues de toile bleue, car les premières gouttes tombaient. Le voisin avait souri d'un air à laisser beaucoup entendre.

— Allez donc faire un tour au Grand Café. À cette heure-ci, vous ne devriez pas le manquer. Il y reste souvent prendre pension, et ne rentre pas de bonne heure.

Augustin n'était entré qu'une fois au Grand Café. C'était le lieu de rendez-vous de la bourgeoisie, des officiers supérieurs et des fonctionnaires. Une vinaigrette haute sur roues stationnait devant la porte. Son cheval s'ébrouait, et Augustin eut pitié de cet animal oublié sous la pluie. Il craignit le ridicule en entrant dans son costume de paysan endimanché. Deux messieurs en redingote à pantalons à sous-pieds fumaient des cigares, accoudés au comptoir. À cause de la pluie et de l'orage, les lampes à gaz aux globes d'opaline étaient allumées. Il choisit une table dans un coin d'ombre et se glissa sur la banquette de velours. Six hommes rassemblés autour d'une table ovale jouaient aux cartes derrière une demi-cloison abondamment garnie d'hortensias en pots. Ils lançaient le carton sur le tapis vert en silence. Lorsque la dernière carte était jetée, leur groupe explosait dans un brouhaha de commentaires et d'éclats. Augustin utilisa les miroirs pour détailler ces messieurs à plastron et chercher dans ces silhouettes assises la ressemblance avec un Tireau. Il n'avait livré à personne le secret révélé par le docteur Lagarde trois mois plus tôt. Il avait mené tout seul son enquête sur son père, interrogeant Pierre-Antoine Tireau, Élise, Bourrasseau aux Astiers. Il avait reçu la confirmation des propos du vieux médecin. Son père était un triste sire en bout de parcours. Célibataire, il avait fait carrière dans l'armée. Sitôt après la mort de son père, il avait vendu sa part d'héritage à son frère, ne conservant que le château, qu'il n'entretenait pas, et la métairie attenante. Il avait dissipé sa fortune en menant grand train et en spéculant plus particulièrement sur des actions Panamá. Il ne lui restait plus guère pour vivre que sa retraite de militaire qu'il dépensait sans compter dans les cafés en compagnie douteuse.

Les joueurs de cartes buvaient du vermouth. Un flacon d'eau de Seltz était abandonné sur la table voisine. Augustin vit descendre par un escalier à rampe de cuivre un homme à veste déboutonnée caressant sa bedaine d'une main satisfaite.

— J'arrête, déclara bruyamment celui-ci, j'ai trop de veine. Je gagne à tous les coups. Personne ne peut me résister !

Il souleva le rire des hommes aux cigares appuyés au comptoir.

— Je crois pourtant savoir qu'il y en a une qui vous résiste farouchement..., commenta l'un d'eux avec un sourire amusé.

— Aujourd'hui elle ne me résisterait pas ! lança-t-il, sûr de son fait. Sans ce déluge, je bondirais à côté d'elle.

Et il contempla la pluie tombant derrière la porte à tambour.

Le verre d'Augustin était vide. Il adressa un signe au serveur en tablier blanc, commanda un second verre, et l'interrogea au sujet de l'étage.

— Ces messieurs jouent au billard.

Le serveur regarda les mains abîmées d'Augustin, qui les serra l'une contre l'autre pour dissimuler les écorchures du travail. Après son départ, Augustin gravit lentement les marches de l'escalier. Une dizaine de joueurs se partageaient les deux tables de billard éclairées violemment par une suspension. Les joueurs tournaient autour en un ballet silencieux, dissimulant leur nervosité en frottant à la craie bleue l'extrémité de cuir de leurs queues. Des chaises vides étaient alignées contre la cloison. Une fresque à sujet antique représentant des soldats casqués et des femmes nues aux chairs potelées recouvrait le mur du fond.

Augustin crut reconnaître le pharmacien Guillemé dans l'homme maigre à nœud papillon qui clignait des yeux et tardait à frapper sa boule. Et puis il le découvrit, dans l'aveuglante lumière de la suspension. Il avait tant désiré cette rencontre qu'il était étonné de son indifférence. Son père était une caricature du Tireau des Établières. Il était plus maigre encore que lui, mais gonflait un torse tendu de baleines sous la redingote. Il avait le nez mince et courbé, le front étroit, la lèvre ornée d'une moustache couleur de vieux chaume. La chevelure, sèche et clairsemée, tirée sur le côté pour dissimuler une calvitie avancée, il sentait le vieux beau, le traîneur de sabre qui ne fait plus illusion sans son pantalon rouge et son chapeau bicorne. Il opta pour un angle de tir. Augustin pensa : « Il va rater ! » La boule roula, carambola. L'homme fit la grimace.

— Je vous ai connu plus heureux, mon cher Armand ! murmura le pharmacien.

Augustin éprouva une douleur dans la poitrine à entendre prononcer ce prénom. Le joueur parcourut la salle des yeux pour vérifier le nombre de témoins de sa maladresse. Son regard bleu effleura Augustin, qui se revit, bouleversé, petit garçon devant la glace et interrogeant la couleur de ses yeux. Il aurait beaucoup donné, en l'instant présent, pour changer la couleur de ses prunelles. Un journal était abandonné sur une chaise voisine. La une portait la manchette : « Émile Zola devant le tribunal de Versailles après son "J'accuse" ». Et ce « J'accuse » sonna étrangement au cœur d'Augustin. Il resta encore un moment assis, les jambes ramenées sous sa chaise, vit son père jouer et réussir un meilleur coup. Il se leva et redescendit l'escalier, vida son verre, régla ses consommations, gagna la porte à tambour. La vinaigrette attendait encore. La pluie tombait toujours. Le cheval continuait de s'ébrouer, battant le pavé, mouillé jusqu'aux os, malheureux.

Il rentra ce soir-là par Les Lucs. Après l'orage, des golfes de paradis s'étaient élargis entre de grands caps de nuages et, malgré les efforts du vent, ces espaces majestueux continuèrent de s'ouvrir jusqu'à la tombée de la nuit. En pédalant, Augustin assista à l'apparition de plusieurs arcs-en-ciel au-dessus des champs.

Il lança un caillou à la fenêtre d'Élise, qui partageait la maison d'école avec la directrice, une austère vieille fille effrayée par la fin du siècle. Élise se pencha à sa fenêtre et porta un doigt à sa bouche. Elle courut vers lui sur des chaussures plates, et la légèreté de sa course fit mal à Augustin. Elle glissa sa main dans la sienne et appuya furtivement sa tête sur son épaule. L'heure et la proximité des maisons ne leur permettaient pas de geste plus audacieux. Ils croisèrent un père et son fils avec des escargots dans un panier à salade, descendirent vers les rives de la Boulogne.

— Qu'est-ce qui t'amène ? interrogea-t-elle, câline. Tu ne m'avais pas annoncé ta visite.

Augustin ne répondit pas.

— J'étais en train de t'écrire. J'ai laissé ma lettre sur la table, il ne faudrait pas que ma directrice la trouve, elle se jetterait dessus comme une guêpe sur du miel !

Elle tourna la tête vers Augustin, vit son visage fermé.

— Qu'est-ce qu'il y a ? demanda-t-elle. Qu'est-ce qui t'arrive, Augustin ?

Ils approchaient de la rivière. Les feuilles d'un peuplier s'égouttaient comme si la pluie recommençait de tomber.

— J'ai vu mon père, cet après-midi.

— Augustin !

Elle avait crié. Elle lui pressa la main. Elle attendait qu'il parle encore. La lumière du soir rasait les eaux de la rivière. Les fleurs de sureau exhalaient derrière eux une odeur de citronnelle.

— Il s'appelle Armand Tireau.

— Oh ! Augustin, ce n'est pas possible ! Explique-moi !

Elle lui ceintura la taille et pressa son ventre contre le sien, sans tenir compte des voisins. Augustin expliqua, d'une voix éteinte.

— Mais alors, nous sommes cousins ?

Il hocha la tête. Elle était sa cousine germaine. Il ne pouvait plus l'épouser. Le père, par hasard, dont sa mère n'avait pas voulu, et qu'il ne voulait pas, leur interdisait de réaliser ce qu'ils croyaient être leur bonheur. Il avait tourné tout cela dans sa tête pendant tous ces jours. Il élevait suffisamment d'animaux. Il connaissait les désastres des unions consanguines. Tout le monde, aux Moutiers, avait à l'esprit le mariage des cousins Bouron, dont les enfants étaient anormaux.

— Non, Augustin ! cria-t-elle, refusant l'évidence.

Elle tira sa tête vers elle, embrassa sa bouche, son nez, ses joues, comme pour indiquer qu'ils lui appartenaient toujours.

— Pourquoi ? gémit-elle. Pourquoi ? Qu'est-ce que cela change ? Tu ne diras rien. Il n'y a que toi qui sais.

— Toi et moi.

Elle s'agrippa à son cou, glissa la main dans le col de sa chemise, lui caressa la poitrine.

— Nous sommes faits l'un pour l'autre !

Elle se recula, affolée, s'essuya les yeux.

— Tu ne dis rien...

Elle lui secoua le bras.

— Mais ce n'est pas possible ! Tout ne va pas s'effondrer parce que tu viens de retrouver ton père ! Si tu l'avais appris six mois après notre mariage, nous aurions bien été obligés de nous en accommoder.

— Six mois après, oui...

Elle le lâcha, tourna la tête autour d'elle comme si elle cherchait de l'aide. Elle ne dit plus rien. La lune avait paru dans le ciel. Une moire d'argent frissonnait sur la rivière. Ils remontèrent en silence jusqu'à la maison d'école. Elle poussa un cri lorsqu'il monta sur sa bicyclette. Il se retourna et lui adressa un geste vague de la main. Elle le regarda partir, mortifié, comme s'il était chargé du poids du monde.

Elle attendit de ses nouvelles pendant plusieurs semaines. Elle lui écrivit, écrivit à son oncle Pierre-Antoine pour l'interroger à son sujet.

Il lui répondit : *Que s'est-il passé entre vous ? Je n'ai pas pu tirer un mot d'Augustin. Il est sombre et muet comme une croix de cimetière. J'ai interrogé Marthe et Élie, qui m'ont confirmé qu'il n'a pas ouvert la bouche depuis plusieurs semaines, et ne m'ont pas caché leur inquiétude. Ta tante et moi serions ravis de t'avoir avec nous aux Établières, dimanche. Écris-nous. J'irai te chercher aux Lucs, si tu es d'accord.*

Elle n'écrivit pas. Elle tomba malade. Le médecin diagnostiqua une influenza. Il prescrivit des boissons chaudes et des antiseptiques rhino-pharingiens. Mais Élise n'était pas une malade facile. Elle rechignait à prendre ses remèdes. La fièvre récidiva après une semaine, avec des complications d'ordre pulmonaire. On craignit pour sa vie, au rappel de ses antécédents familiaux. Un ami de Pierre-Antoine Tireau, le docteur Mouche, la sauva en pratiquant un abcès de fixation sur sa cuisse avec une piqûre d'essence de térébenthine.

— Veux-tu que j'aille le chercher ? proposa l'oncle en la voyant souffrir.

— Non ! fit-elle dans un refus catégorique.

La rupture, incompréhensible, paraissait bien définitive. La première sécrétion de pus la soulagea, puis elle s'inquiéta en découvrant l'état de sa cuisse.

— Il va me rester une marque !

Le visage du rationaliste radical docteur Mouche, compagnon de loge maçonnique de Pierre-Antoine Tireau, s'éclaira d'un demi-sourire satisfait en achevant son pansement.

— Eh bien, vous montrerez l'autre côté, mademoiselle !

La réflexion d'Élise était le signe d'une guérison prochaine. Il avait éprouvé de la sympathie pour la probable maladie amoureuse de la nièce de son camarade. Ils avaient rappelé leurs lointains souvenirs de lycée, à La Roche. Mouche avait été amoureux fou de la fille d'un colonel, en classe de rhétorique. Il l'avait attendue devant sa porte en compagnie de ses camarades de classe, porteur de volumineux bouquets. La jeune fille lui avait été ravie par un fringant capitaine. Il avait été victime de la rougeole et avait épousé la médecine.

Élise accepta de passer sa convalescence aux Établières. L'oncle et la tante, navrés par la tournure des événements, espéraient une possible réconciliation.

— C'est fini entre nous, affirma Élise à sa tante en grignotant du bout des dents la tartine grillée de son petit déjeuner.

— Pourquoi ?

Élise se contenta d'un haussement d'épaules énigmatique. La tante, gourmande, avait cerné sa nièce de confitures de poires, de pêches, d'abricots, et d'un bocal de raisiné, dans l'espoir de ranimer un appétit défaillant. L'âge venant, les traits de la belle Mme Tireau s'alourdissaient. Elle devenait potelée. Mais son œil n'avait rien perdu de sa perspicacité.

— Tu n'as pas peur de le rencontrer ? demanda-t-elle. Il est toujours à travailler dans les champs alentour.

Un sourire triste dérida le visage d'Élise.

— Pourquoi aurais-je peur de lui ?

La tante dit à l'oncle :

— Je suis sûre que c'est lui qui l'a laissée. Elle ne veut pas en convenir parce qu'elle est trop fière !

Élise se traînait dans d'épuisantes promenades à travers la campagne. Elle y retrouvait malgré tout, peu à peu, de la vigueur et du hâle malgré l'ombrelle. Elle croisa Augustin un après-midi dans un chemin creux. Elle venait de cueillir une fleur d'églantier. Ils devinrent très pâles, tous deux.

— Bonjour ! dit-elle en imprimant à son ombrelle un mouvement de rotation nerveux.

— Bonjour !

Augustin était assis de biais derrière les bœufs à l'avant de la charrette.

— On m'a appris que tu avais été bien malade..., déclara-t-il, sincèrement désolé.

Elle secoua la tête.

— Je suis guérie. Ça va très bien, maintenant.

— Tu n'as pas encore bonne mine. Tu as maigri.

Elle donna un nouveau coup de tête en reniflant la fleur d'églantier.

— Je t'assure que ça va. Je ne tousse plus.

Elle s'obligea à rire, mais Augustin chercha vainement le rayonnement d'autrefois.

— Et toi ? demanda-t-elle.

— Moi ?

Il leva le pouce et montra derrière lui le chargement de la charrette.

— Je viens de faucher une tomberonnée de trèfle rouge.

Elle hocha la tête. Elle faisait toujours tourner son ombrelle. Ils se fixèrent un moment, et les yeux d'Élise s'éteignirent. Elle regarda la main épaisse d'Augustin serrée sur l'aiguillon et la corde de muscles gonflée sur le poignet. Elle avait l'habitude de suivre du doigt ce bourrelet sur son bras. Elle passa près d'Augustin. Il la regarda disparaître derrière les aulnes noirs du chemin, la main gauche enfoncée dans la poche de sa jaquette. Elle avait lâché sa fleur d'églantier dans la poussière. Il la ramassa, souffla dessus pour la nettoyer, la porta à son nez. Il n'était pas encore trop tard. Il suffisait de courir pour la rattraper.

Une douleur sourde courait dans tous ses membres. Il toucha l'échine de ses bœufs de la pointe de son aiguillon.

Le capitaine Dreyfus fut à nouveau traîné devant un Conseil de guerre à Rennes en août 1899 et à nouveau condamné. La pieuse femme de chambre des Dreyfus, Vendéenne de Rocheservière, mourut en offrant ses souffrances pour le rachat de l'âme du condamné. Une violente tornade passa sur le pays dans la nuit du vendredi 29 au samedi 30 décembre. Un platane s'abattit dans l'allée du château des Établières. Élie, Marthe et Augustin passèrent le dernier après-midi du siècle à bûcheronner. Le vent soufflait toujours en rafales mouillées. La Vie avait débordé.

— Il ne sera pas dit, mes pauvres, que nous n'aurons pas travaillé jusqu'au bout ! soupira Marthe en rentrant éreintée avec eux, le soir. Avez-vous envie de veiller ?

Ils haussèrent les épaules. Ils dormirent d'un sommeil de plomb pendant cette nuit où le monde changeait de siècle.

3

Augustin travaillait. Il se couchait à pas d'heure. Il se levait à pas d'heure. Il avait repris le rythme du temps de son métier de toucheron, perdu pendant ses fréquentations. Élie se plaignait.

— C'est que je n'arrive pas à te suivre !

— C'est que je ne vous le demande pas !

Augustin se réservait les travaux les plus durs. Il arracha les betteraves collées à la terre comme des ventouses. Il partait tous les jours de l'hiver effeuiller ces fameux choux qui l'avaient tant fait souffrir autrefois. Il fabriquait des fagots de feuilles énormes qui mettaient leur jeune nouveau valet Clément sur le derrière au déchargement. Il revenait des champs blanc de givre, mouillé de pluie, s'ébrouait sur le seuil, se frottait pour enlever les brins de paille et les éclats de choux, les mains violettes d'engelures, creusées de gerçures qui saignaient parfois. Il se laissait tomber sur le banc, les yeux encore égarés par l'effort, et contemplait la fumée de la soupe apportée par Marthe. Et puis, après la première assiette avalée bouillante, habitude prise aux Fontenelles, il demandait des nouvelles à mi-voix.

Il s'entendait toujours aussi bien avec Élie et ne prenait jamais une décision sans avoir sollicité ses conseils. La nuit, il se consacrait à ses papiers et à la lecture. Il lisait avec soin les documents du syndicat remis par M. Tireau. Il tenait à jour le livre de comptes.

Il venait de découvrir le mouvement le Sillon lancé par un jeune journaliste, Marc Sangnier, et s'enthousiasmait de ses déclarations pour la défense et l'illustration d'un christianisme social. Il avait trouvé par hasard un numéro de la revue sur les tréteaux d'un marchand à la foire. Ces idées correspondaient à ce qu'il cherchait depuis le début. Elles répondaient à son goût pour le modernisme sans renier les valeurs de la tradition. Elles ouvraient une troisième voie entre le radicalisme de celui qu'il était bien obligé de considérer en secret comme son oncle, et le conservatisme catholique d'un Fontenelles. Le petit valet, qui partageait la chambre avec Augustin, le découvrait penché sur ses papiers tard dans la nuit.

— Il ne dort presque pas ! confiait-il à ses camarades.

— Qu'est-ce qu'il fait ?

— Il lit, ou il écrit.

— Il doit en brûler de la chandelle !

Pierrot, son cousin de Mortevieille, marié, père d'un petit garçon, leva son verre en annonçant à Augustin la naissance de son second enfant, un dimanche.

— À la santé de la prochaine petite Vernageau !

Il cligna de l'œil.

— Il serait temps que tu t'y mettes à ton tour ! Il n'y a pas que le travail dans la vie !

Augustin se déroba en riant.

— Je suis plus jeune que toi !

Pierrot insista.

— Tu as failli te marier avant moi. On te croyait ensorcelé par la nièce de Tireau. L'oncle Anselme s'en arrachait ses derniers cheveux, il disait que vous vous étiez connus à cause de lui. Et puis vous avez cassé tout d'un coup. Qu'est-ce qui vous est arrivé ? Je parie que tu penses encore à elle.

Augustin se ferma, les prunelles remplies d'ombres violettes.

— Si on te le demande, tu diras que tu ne le sais pas.

Marthe appela Augustin un soir d'hiver 1901, alors qu'elle brassait le beurre derrière la porte vitrée. Il traversait la cour, la fourche sur l'épaule. Elle sortit sur le seuil, la jatte de crème sur le bras.

— Arrête-toi un moment. Ils se débrouilleront sans toi.

Tout le monde était occupé dans les étables. De la tête, elle lui indiqua de poser sa fourche près de la porte.

— Viens t'asseoir sur le banc, à côté de moi.

Elle ferma la porte. Elle parlait sur un ton à ne pas être désobéie, « sur la grosse dent », comme elle disait. Elle avait pris en main la destinée de la métairie avec une assurance comparable à celle qu'elle manifestait pour manier la cuiller de bois dans la terrine. On aurait dit qu'elle disposait d'une troisième main. Elle prenait la motte de beurre en formation, la caressait, la faisait tourner, l'écrasait, la reformait. Régulièrement, elle versait le babeurre dans un bol, sur la table. Elle lâcha un instant sa cuiller de bois et effleura les mains d'Augustin sur ses jambes.

— Mon gars ! dit-elle, émue, avec un frémissement dans la voix. Tu travailles comme une bête. Tu ne t'écoutes pas assez.

— Je croyais que vous alliez me reprocher de m'écouter trop !

Elle recommença de brasser.

— Tu sais comme on tient à toi, Élie et moi. On n'a jamais été aussi bien. Tu nous as sortis de la peine. Tu nous inquiètes. Tu n'as jamais l'air content.

— Mais si, je suis content. On a plus de foin qu'il nous en faudra pour passer l'hiver. Les étables sont pleines. Vous avez encore du lait pour brasser du beurre au mois de janvier.

Elle haussa ses larges sourcils et tourna un visage mécontent.

— Ne te moque pas de moi. Tu ne crois pas que tu nous rends tous malheureux ?

Il y eut un silence. Marthe avait arrêté son bras. Ils avaient tous les deux le regard perdu dans la lumière mauve du jour baissant. Les deux petites filles de Tireau entraient dans l'étable avec des bidons de lait pour le château. Elles étaient venues passer les fêtes en Vendée, et les vacances se prolongeaient. Leurs parents étaient installés à Nantes. Augustin demanda enfin, la gorge serrée :

— Pourquoi êtes-vous malheureux ?

— Parce que tu n'es plus heureux, ça saute aux yeux. Avant, tu travaillais peut-être autant, mais tu étais gai, tu chantais. On ne sait pas ce qui vous a pris. Tu n'as pas voulu nous le dire. Cela te regarde. Mais, maintenant, on ne t'entend plus, on dirait un vieux.

— Je chante encore, Marthe. Vous n'êtes pas avec moi dans les champs !

— Augustin, tais-toi ! (Elle avait retrouvé son ton autoritaire.) Tu ne m'apprendras pas ce que c'est que la jeunesse. J'ai été jeune avant toi, et assez folle, c'est de notoriété publique. Alors écoute-moi : ça ne peut plus durer comme ça ! Décide-toi. Choisis. Va la voir, si tu ne peux pas te passer d'elle. Peut-être qu'elle voudra encore de toi. Ou alors, oublie-la. N'y pense plus. Ne gaspille pas ta jeunesse à toujours regarder derrière toi !

Augustin dévisagea Marthe avec curiosité dans la pâle clarté du jour finissant. Elle avait eu l'intuition de l'essentiel sans rien savoir. Elle lui semblait ne pas avoir vieilli. Les rides n'avaient pas de prise sur sa figure laiteuse, pleine comme un melon. Elle s'était encore épanouie dans l'aisance des Établières. Les paupières baissées, un bout de langue rose entre les lèvres, elle surveillait son brassage sur le point d'être terminé. Il respira sur elle l'odeur du petit-lait et de l'herbe fraîche à lapins imprégnée dans ses cotillons de laine grise. Il attendit qu'elle relève les yeux.

— Ne me regarde pas comme ça, grand sot ! se défendit-elle, tu me ferais rougir !

Elle rougit.

— Tu vois, tu me fais tourner bourrique !

Augustin sourit.

— Vous savez ce que m'a proposé M. Tireau ?

Il se leva et s'approcha du carreau. Clément avait, une fois encore, poussé la brouette de fumier à côté de la planche et la roue patinait dans la paille.

— Il veut nous emmener avec lui, Élie et moi, au concours de taureaux de race nivernaise-charolaise à Nevers, à la mi-février !

— Et qu'est-ce que tu lui as répondu ?

Marthe s'emparait des moules à beurre au-dessus de l'évier de pierre.

— Rien. Mais si je suis vos recommandations je ne vois pas comment je refuserais.

— Tu iras, toi. Mais mon vieux bonhomme restera avec moi !

— Non, Marthe, si j'y vais, Élie vient avec moi.

— Comme ça, la pauvre vieille va rester toute seule à travailler pendant que les hommes sont partis faire la noce !

— Vous ne serez pas toute seule, Pierre et Berthe seront là. Tireau a proposé deux domestiques du château pour nous remplacer pendant notre absence. Nous allons au concours pour voir des bêtes et travailler.

— Oui, je devine le travail d'Élie, un verre à la main ! grogna-t-elle, boudeuse. Je me demande si j'ai bien fait de te parler !

— Marthe ! supplia Augustin, reconnaissant pour cette conversation.

Il s'approcha d'elle, pressant le beurre à la cuiller dans

le moule, appuya affectueusement son épaule contre elle. Elle leva la main et lui cajola la joue. Élie entra.

— Qu'est-ce que vous manigancez tous les deux dans le noir ?

Il avait raison. Il faisait noir. Ils ne s'étaient pas aperçus que la nuit venait.

— Au lieu d'arriver les mains vides, lui reprocha-t-elle, grincheuse déjà à l'idée de son prochain départ, tu aurais pu apporter un fagot de bois pour rallumer le feu !

Élie interrogea Augustin du regard, à travers la pénombre, surpris par la vivacité de l'attaque. Et puis s'exécuta.

Le voyage à Nevers devint le sujet de préoccupation essentiel des semaines suivantes. Élie n'avait jamais bougé depuis sa guerre. Il s'efforçait de tenir la bride à son excitation à mesure que la date approchait. Mais Marthe en rajoutait. Elle exigea qu'on descendît du grenier la lourde valise de bois et la maintint, béante, sur deux chaises, au pied de son lit, garnie pour l'instant d'une seule chemise et d'une paire de mouchoirs. Il suffisait parfois que son regard croise cette présence matérielle pour qu'elle gémisse :

— Vous partez au mois de février pour le centre de la France. Il vous faut de quoi vous couvrir, et qui en a la peine ?

Peut-être imaginait-elle là-bas, elle qui n'avait jamais mis les pieds dans un train, quelque commencement de la Sibérie ?

Elle tint à confectionner un complet neuf à Élie. Il se satisfaisait jusque-là de son costume de marié, puisqu'il n'avait pas grossi. Elle fut catégorique.

— Tu ne nous feras pas honte ! Tu n'auras pas l'air d'un mendiant auprès de ton propriétaire !

Elle acheta un coupon de laine croisée À la belle fermière, et lui monta un costume en trois semaines, commettant des erreurs par précipitation, travaillant tard le soir, abandonnant la marche de la maison à Berthe, délaissant les poules, les lapins et les cochons, gémissant :

— Qu'est-ce que nous allons devenir quand vous serez partis ! C'est déjà la panique !

— Si ce n'est pas possible, se renfrogna Élie, essayant son costume, je vais rester. Augustin ira seul !

— Je ne t'ai pas dit cela ! Si tu crois que je ne suis pas contente que tu ailles prendre du bon temps !

Elle s'entendait à les culpabiliser. Elle souffrit d'une angine blanche, trois jours avant leur départ, elle qui n'était jamais malade. Il ne s'agissait pas d'un caprice. Élie lui découvrit de laides pustules au fond de la gorge. À cause de cela, leur voyage demeura incertain jusqu'au bout. Marthe se traînait, fiévreuse, la voix brisée, lamentable, en achevant les derniers préparatifs.

Ils partirent enfin le jeudi 15 février après le déjeuner. M. Tireau passa les prendre en compagnie de son épouse dans sa grosse berline fermée, tirée par deux chevaux. Marthe aussi était invitée à les accompagner jusqu'à la gare. Quand elle s'appesantit sur le siège, ses douleurs s'évanouirent aussitôt. Sa voix redevint claire. Elle le reconnut en riant.

— Incroyable, je ne suis plus malade !

— Un peu plus, tu nous aurais empêchés de partir ! lui reprocha sèchement Élie.

Du moins le perçut-elle ainsi. Elle baissa la tête, humiliée d'être remise à sa place devant le maître et la maîtresse. En réalité, Élie était raidi par son costume neuf, l'empesage du col de sa chemise, le bourrelet de son nœud de cravate. Il était rasé de près jusque dans les plis du bord de la bouche où généralement résistait une brosse dure. Les barrettes de sa moustache, d'un noir de jais surprenant aux approches de la soixantaine, avaient été taillées impeccablement par les ciseaux de Marthe. Il remarqua sa bouderie. Sa main était posée sur sa cuisse.

Il la laissa glisser insensiblement au hasard des cahots, et elle rejoignit celle de Marthe. Leurs mains restèrent ainsi blotties l'une près de l'autre, comme par inadvertance. Marthe releva bien vite la tête.

Le vent fouettait une pluie fine à leur arrivée sur les pavés de la gare. Marthe et Mme Tireau se réfugièrent à l'abri dans la salle des pas perdus. La maîtresse avait descendu sa voilette sur ses yeux. Elle paraissait menue auprès de Marthe. Un porteur se précipita sur les bagages. Mme Tireau remarqua en riant qu'ils étaient chargés comme des coquettes. Marthe recommanda à Élie de bien garder le panier noir à double couvercle auprès de lui. Ils sortirent sur le quai. Pierre-Antoine Tireau les précédait d'un pas alerte, familier des quais de gare, le col de son paletot bleu relevé. Marthe marchait entre ses deux hommes, donnant ses dernières recommandations.

— Tu as bien ton portefeuille ? demanda-t-elle à Élie.

Et à Augustin :

— Tu as davantage l'habitude de sortir, fais attention à lui. Je le connais. Il serait capable de se perdre.

La lumière blondit sur la verrière de la marquise. La pluie ne tombait plus. La locomotive signala son arrivée par un sifflement prolongé. Marthe, effrayée par le tonnerre de son entrée sous la marquise, s'agrippa au bras d'Élie. La figure noire du mécanicien incliné au-dehors de l'abri défila lentement. Un nuage de vapeur jaillit des purgeurs au ras du sol.

Ils remontèrent l'enfilade des wagons. M. Tireau escalada le marchepied de la première voiture de première classe, trouva le compartiment trop plein.

— Il y a du monde ! Même en première !

Il se décida enfin, jeta son sac dans le passage, demanda à Augustin et à Élie de lui passer leurs bagages. Il se contenta d'un geste discret de la main à son épouse, dont les yeux bleus brillaient à travers sa voilette. Elle leva ses doigts gantés à hauteur de son visage. Les joues de Marthe ruisselaient.

— C'est plus fort que moi ! s'excusa-t-elle.

Elle prit Augustin par le col et lui redressa son nœud de cravate pour se donner une attitude. Elle le tira vivement à elle et posa deux baisers bruyants sur ses joues. Élie monta dans le compartiment.

— Bon, eh bien, à dimanche !

Un surveillant fermait les portières. Une nuée de vapeur blanche salie de tourbillons de fumée noire enveloppa le quai. Le coup de sifflet bref du chef de gare retentit, suivi de celui de la locomotive, plus aigu, plus long. La machine s'ébranla, insensiblement d'abord. Mme Tireau passa le bras autour des épaules de Marthe.

Le train glissa à travers l'éventail des voies, longea le bâtiment de la gare des dépôts, prit de la vitesse après le passage à niveau des Forges. Élie se colla contre la vitre, ne voulant rien perdre du voyage. Une femme menue se blottissait à l'autre extrémité du compartiment, tenant sous son bras une fillette endormie contre sa poitrine. Un peu de salive coulait au bord des lèvres entrouvertes de l'enfant.

À Nantes, ils changèrent de train. Le franchissement de la Loire avait mis un sourire sur le visage d'Élie. Ils retrouvèrent le fleuve après la gare de Mauves et remontèrent son cours en direction d'Angers. Ses eaux limoneuses scintillaient dans l'or du soir, elles labouraient la berge au ras de la voie.

Ils étaient seuls maintenant dans leur compartiment et avaient pris leurs aises. Augustin avait desserré sa cravate. M. Tireau avait défait les pressions de ses bottines. Ils passèrent la tour d'Houdon, le château de Barbe-Bleue, Ancenis, et s'enfoncèrent dans la douceur angevine. À Angers, les becs de gaz éclairaient une réclame pour les liqueurs Cointreau. Quand le train repartit, ils rentrèrent dans la nuit et ne distinguèrent plus que quelques lumières sur les bords de la voie. Alors Élie, quittant son poste de vigie, s'écria :

— Si on mangeait ?

M. Tireau sortit la montre de son gousset.

— Pourquoi pas ?

Élie se frotta les mains en souriant. Ils n'avaient pas froid. Ce mois de février était doux, avec des courants d'ouest humides. Ils repoussèrent les bouillottes. Aussitôt s'établit entre eux la complicité d'un chaleureux compagnonnage. Ils paraissaient avoir oublié que l'un d'eux était riche à millions et qu'il était le maître. Marthe avait tenu à préparer le pique-nique. Avec sa générosité habituelle, elle n'avait pas lésiné.

— Qu'est-ce que vous voulez ? demanda Élie, un torchon passé dans son col de chemise. Du pâté ? Des rillettes ? Du jambon ? Un œuf ?

Il soulevait les provisions en même temps qu'il parlait.

— Nous voulons de tout ! convint Pierre-Antoine Tireau. Mais attendez...

Il ouvrit son sac à fermoir de cuivre, en tira une bouteille enveloppée dans un journal.

— Tokay ! fit-il en la frappant avec sa lame. C'est du vin de Hongrie. Un vin qui vient de si loin convient au voyage.

Marthe avait prévu les verres. Il versa avec précaution.

— Bien sûr, il aura été un peu secoué.

Le tokay enflamma leurs pommettes, et ils mangèrent avec appétit, piquant du couteau dans la même terrine, partageant les tranches de jambon, parlant la bouche pleine. Tireau montrait un bel appétit, à la satisfaction d'Augustin et d'Élie. Il raconta comment, le jour de son mariage, son père avait tiré, avec un crochet de fer improvisé, un morceau de viande coincé dans la gorge d'un domestique qui étouffait. Élie parla de l'avaleur de grenouilles vivantes sur la foire, Augustin d'un camarade de régiment malade d'avoir mangé douze douzaines d'escargots. Comme Tireau l'avait recommandé, ils mangèrent de tout. Ils débouchèrent la bouteille du panier de Marthe. Ils finirent avec des pommes qu'ils pelèrent avec un soin méticuleux de sculpteur.

Le train fonçait dans la nuit. Des sonneries retentissaient auxquelles répondait le sifflet de la machine. Des lumières s'approchaient en sautillant et fuyaient. La tête d'Élie dodelina. Il avait fermé les yeux.

Ils arrivèrent à Nevers aux alentours de minuit. M. Tireau héla la voiture de l'Hôtel de l'Europe. Le conducteur demanda s'ils avaient réservé.

— Vous avez bien fait. Il n'y a pas une chambre disponible, ce soir, à Nevers.

L'Hôtel de l'Europe était dans le centre, près de la cathédrale Saint-Cyr-et-Sainte-Juliette. Ils descendirent le lendemain vers les bords de la Nièvre, suivant un flot de marcheurs pressés qui cheminaient tous dans la même direction. Ils passèrent sous un arc de triomphe à cocardes et drapeaux tricolores au fronton barré d'un calicot bleu portant en lettres rouges l'inscription « Concours national de taureaux ». Aussitôt après, l'auberge de la Pomme de pin avait eu l'ingéniosité de garnir ses deux étages d'une silhouette géante de taureau taillée dans des draps blancs. Et la foule se pressait déjà autour des grandes tables dressées devant sa porte, la salle d'auberge étant trop petite. Élie offrit le coup de l'étrier, un premier verre de vin blanc revigorant. Par chance il faisait beau. Les brumes du matin s'effilochaient. Le ciel montrait au-dessous un bleu de dragées.

— Il fait toujours beau pour le concours de Nevers ! leur assura le serveur d'un ton à n'en pas douter.

Ils reprirent le flot de la foule et aperçurent, en contrebas, les premières croupes d'animaux. Redoutant la pluie, les organisateurs avaient répandu de la paille dans les allées, et une odeur d'étable s'élevait de ce foirail d'exception. Trois cent vingt taureaux blancs étaient alignés le long des cordes. Sans s'être passé le mot, les trois visiteurs effectuaient leur propre sélection, s'intéressaient à leurs maîtres en train de les étriller, admiraient la placidité de ces monstres capables de tuer.

— Ils ont été bien préparés au concours, affirma M. Tireau. Ils ont été soignés, bichonnés. Ils sont là pour se montrer, et ils le savent.

Ils restèrent longtemps au milieu d'une bousculade, à contempler le spectacle le plus réjouissant du concours, celui d'une jeune fille jolie comme un bouquet soignant son taureau. Elle le peignait avec dextérité, effectuait des ondulations sur ses flancs et sa nuque. Le colosse paraissait y trouver du plaisir, bougeait la patte pour offrir sa cuisse à la brosse, scintillant dans le soleil, dressant une tête fière au regard tranquille. La jeune fille répondait en souriant aux questions, toujours les mêmes, du rassemblement d'hommes.

— Comment s'appelle-t-il, votre taureau ?

— Berlingot.

— Et vous ?

Elle haussait les épaules et poursuivait son ouvrage avec un sourire énigmatique.

— Berlingot devrait obtenir une bonne place dans le concours, estima Augustin.

— Surtout s'il est conduit sur le podium par ce cornac, ajouta Pierre-Antoine Tireau.

Des tentes de buvettes étaient dressées aux coins du foirail. De la musique venait d'une guinguette au bord de la Nièvre. Le soir, M. Tireau annonça qu'il avait décidé d'offrir un bon repas. Il commanda des huîtres, une terrine de foie de volaille, de l'entrecôte de charolais à la moelle grillée sur la braise, un gâteau de Savoie et un saladier de crème anglaise et d'œufs à la neige, le tout arrosé de bourgogne, blanc et rouge. Les tables voisines étaient occupées par de gros mangeurs comme eux, éleveurs de l'Allier, de l'Indre, de la Saône-et-Loire. La bonne chère délia les langues, des conversations s'échangèrent entre tables. Après le café et le marc de Bourgogne, le patron de l'Hôtel de l'Europe offrit des cigares.

Ils assistèrent le lendemain, la bouche chaude, la cervelle embrumée, aux présentations des différents concours. Élie avait avoué, la veille, à table, qu'il n'aurait pas dédaigné de s'aligner à de semblables compétitions.

— Pourquoi croyez-vous que je vous ai amenés ? repartit Tireau. Pas seulement pour le plaisir de déguster de l'entrecôte en votre compagnie. J'aimerais que nous nous lancions dans l'élevage de race pure.

Que la vie était facile lorsqu'il suffisait de choisir le meilleur, sans compter ! Ils étaient convenus de sélectionner un élevage le lendemain et d'engager les négociations. Par l'intermédiaire de Tireau, Augustin et Élie, ravis, s'offraient la griserie de l'abondance. L'argent de Tireau leur donnait l'illusion de la richesse.

— Si je devais choisir, je négocierais bien avec la coiffeuse de Berlingot ! plaisanta Augustin.

— Tu triches ! lui répondit Tireau sur le même ton, abandonnant soudain le vouvoiement. Tu profites de la situation. Élie et moi, nous avons l'âge de son grand-père !

Augustin et Élie avaient repéré, la veille, un géant jovial au ventre enviable, à la figure de terre cuite. Ils le signalèrent à Pierre-Antoine Tireau lorsqu'il se présenta dans l'arène.

— Je le connais. Du moins, je l'ai vu au concours de Paris. Je crois qu'il n'habite pas très loin d'ici.

Le présentateur annonça Louis Coignard, de Varennes-lès-Nevers. Son animal marchait bien. Il avait le dos droit, très musclé, les reins larges, la ligne de dessous parallèle à celle du dos.

— Vous ne trouvez pas, chuchota Tireau, que le maître et l'animal se ressemblent ?

Il avait raison. Ils avaient le même mufle court, le front large, de petits yeux placides. Ils allèrent à la rencontre de ce Louis Coignard, après sa présentation, le complimentèrent sur son animal, et lui demandèrent s'il n'en avait pas d'autres à leur montrer. Sous la pelisse de belle coupe et le feutre neuf du chapeau, manifestant la réussite, l'homme était tel qu'ils l'avaient deviné. Il était un paysan tout d'un bloc et de la meilleure espèce. Il lança un dernier coup d'œil au trio de ses interlocuteurs, flairant les clients sérieux.

— Si vous voulez en voir davantage, dit-il, venez chez moi. Je n'habite pas loin ! Varennes est à quelques kilomètres sur la route de La Charité. Vous avez une voiture ?

Ils lui répondirent qu'ils étaient venus en train.

— Vous voulez que je vous emmène ?

Il parla tout le long du chemin en conduisant son demi-sang anglo-normand d'une main. Il indiqua que sa vacherie était inscrite au herd-book nivernais depuis quatre ans. Ses terres appartenaient au comte de Marcheval. Sa famille les exploitait depuis cent douze ans. Ils avaient été d'abord métayers, comme partout. Ils étaient maintenant fermiers, sur cent seize hectares, depuis la prise de pouvoir de son père en 1876. Il énuméra alors les travaux considérables, les parcelles entourées de haies énormes couvrant près du tiers de la superficie, les mauvais taillis arrachés et défrichés, les nouveaux abreuvoirs creusés et empierrés. De trente-deux hectares de prés, les terres de la Renardière, ainsi s'appelait la ferme, étaient passées à soixante-dix-sept, soit cinquante hectares pâturés, dix-sept fauchés, dix de prairies nouvelles et huit de fourrages artificiels ; trente et un hectares étaient réservés à la culture. Il énumérait tous ces chiffres sans vanité, en professionnel s'adressant à d'autres professionnels. La clarté de son discours montrait qu'il avait oublié d'être sot. Il signala qu'ils entraient dans ses terres.

Le temps était plus ferme encore que la veille. Le soleil étincelait dans un ciel à peine rayé de blanc de sucre au-dessus des collines de l'est. Les voyageurs goûtaient à la promenade dans ce paysage de riches herbages soignés comme un jardin. Ils estimaient l'entretien des échaliers, des barrières. Un ruisseau aux bords soignés comme un bassin tournait au-dessous d'eux.

— Nous sommes encore des sauvages ! grogna Augustin, impressionné par l'opulence de ce pays vert.

— Nous ne sommes pas des sauvages, corrigea Élie, puisque nous sommes venus ici pour y prendre de la graine !

— Nous avons besoin d'aller voir ailleurs pour progresser !

— À qui la faute ? Nous avons reçu un tel coup sur la tête, il y a une centaine d'années !

Ils arrivaient à la Renardière. Ils découvrirent les imposants bâtiments de calcaire jaune enfermés derrière un muret. Les deux granges étables étaient face à face, perpendiculaires à la maison. Coignard confia son cheval à un garçon d'écurie.

— Voulez-vous boire quelque chose ?

Ils secouèrent la tête, plus désireux de visiter les étables. Ils apprécièrent les avantages d'une fosse à fumier et d'une fosse à purin. Louis Coignard s'était emparé d'un bâton de bouvier en entrant dans l'étable et commanda aux animaux de se lever. Ils étaient tous de la belle espèce et forme de son taureau de concours. Tireau demanda alors combien coûterait une génisse. La discussion s'engagea. Ils piétinaient dans la paille, et même un peu dans la bouse. Coignard finit par proposer 450 francs une bête pleine, de trente mois.

— Et si je vous en prends six ? demanda Tireau.

Coignard alla ouvrir la porte du fond pour donner de la lumière. Ils parcoururent l'alignement des génisses. Coignard hésita, compta trois, quatre bêtes bonnes à vendre, feignit de se faire forcer la main.

— Qu'est-ce qu'il me restera, si vous me prenez tous mes plus beaux spécimens ? se plaignit-il.

— Ce sont les premiers que nous vous achetons, ce ne seront sans doute pas les derniers, si nous sommes contents.

Finalement, ils convinrent d'une somme globale de 2 300 francs, marquèrent les génisses choisies en leur coupant la touffe de crin du bout de la queue. M. Tireau désigna Augustin.

— J'ai quelqu'un, ici, qui a de la mémoire. Il les reconnaîtra.

Ils entrèrent dans la maison. Louis Coignard déboucha une bouteille de vin gris. Sa femme, son père et ses trois garçons assistaient au concours. Un minimum de personnel de surveillance restait au domaine. M. Tireau sortit son portefeuille. Il était entendu que les génisses seraient livrées par le train.

Élie tint à arroser leurs acquisitions après leur retour à Nevers et les adieux à Coignard, par ailleurs médaille de bronze du concours. Pierre-Antoine Tireau assura que les six génisses resteraient aux Établières, destinées à être un laboratoire. Augustin mit à son tour la main à la poche. Tireau ne voulut pas être en reste. Ils rentrèrent à l'Hôtel de l'Europe dans un état d'ébriété avancée, parlant haut et riant, fraternisant avec les Nivernais pour qui la cathédrale, le pont sur la Loire et la porte du Croux représentaient les plus prestigieux monuments du monde.

Ils prirent le chemin du retour le lendemain après-midi, dimanche. Ils goûtèrent à leurs dernières heures de complicité avec un commencement de nostalgie, sachant désormais le temps compté. Augustin lisait *L'Aurore*, le journal de Tireau, et lui avait prêté son Marc Sangnier. Élie profitait du jour, le nez derrière la vitre, contemplant d'un œil attendri les maisons de tuffeau du jardin de la France. Et puis Tireau leva le nez de son livre.

— Tu sais à quoi je pensais..., dit-il en s'adressant à Augustin.

Il continuait d'employer ce tutoiement familier, ses lorgnons carrés sur la pointe du nez.

— Tu vas peut-être penser que je m'occupe de ce qui ne me regarde pas, et trouver mon idée saugrenue...

Il n'était pas dans les habitudes du maître des Établières de prendre des précautions oratoires. Élie cessa de regarder dehors.

— Tu connais un peu mon ami Martineau, de La Genétouze ? Il est propriétaire d'une exploitation de quarante hectares. Pour son malheur, il n'a qu'une fille âgée de vingt ans, impossible à marier. Elle est atteinte d'infirmité sexuelle congénitale. Elle se cache. Elle ne se sent bien qu'auprès de sa mère. Je l'ai aperçue deux ou trois fois, il y a quelques années. Elle n'est pas laide. Elle paraît normale, comme ça. C'est une malheureuse...

Il s'arrêta. Il fixait Augustin par-dessus ses lunettes, hésitant encore à poursuivre. Il promena sa langue sur sa moustache, et puis :

— Tu n'as pas voulu épouser ma nièce. Vous aviez sans doute vos raisons, qui vous regardent. Je sais que vous en avez souffert tous les deux. Pourquoi ne pas imaginer avec elle un mariage blanc ?

— Qu'est-ce que c'est, un mariage blanc ?

— C'est un mariage sur le papier. On se met d'accord sur le contrat. On signe. Et c'est tout.

Les moments douloureux revenaient à l'esprit d'Augustin. Il avait failli plusieurs fois sauter sur sa bicyclette et filer jusqu'à l'école des Lucs. Il était sûr qu'Élise l'aurait pris dans ses bras. Le train en pleine vitesse siffla et entra dans le trou noir d'un tunnel. Tireau n'attendit pas la sortie pour ajouter :

— J'imagine qu'en échange de ta signature mon ami Martineau reconnaîtrait en toi l'héritier de sa propriété.

— Pourquoi ferait-il cela ?

— Pour s'assurer un héritier, justement. Il n'a personne, que des cousins avides de sa succession. Je me chargerais de lui présenter le prétendant sous un jour aussi favorable que possible..., acheva-t-il avec un demi-sourire.

Augustin eut envie de lui demander : « Et vous, pourquoi faites-vous cela ? » Une montagne de nuées noires cachait le soleil déclinant. Ils roulaient vers la pluie. Ces trois jours de beau temps avaient été une parenthèse. Le serveur de La Pomme de pin avait raison. Un troupeau de maisons blanches se blottissait contre son église au clocher pointu sur une terrasse en surplomb de la voie.

Augustin leva les yeux vers Élie. Mais le visage d'Élie n'exprimait rien, se refusant à prendre parti. Augustin dit :

— Renseignez-vous auprès de votre ami.

VI

LE GENDRE DE LA TRÉZANNE

1

Il n'était jamais allé à la Trézanne, la propriété des Martineau. Il la connaissait vaguement, pour être passé auprès sur la commune de La Genétouze. Tireau et lui s'y rendirent un matin de mai. Ils aperçurent le toit noir et les murs de la maison au bout du chemin tout droit. La rectitude de l'allée, les soins apportés aux arbres, à la haie, voulaient à l'évidence donner à cette entrée des allures de château. Ce n'en était pas un, mais un solide logis au toit d'ardoise en croupe, bâti au milieu du siècle par le père de l'actuel Martineau, un paysan fier de sa réussite et de son argent, choisissant le parti libre-penseur et anticlérical parce que ses origines et sa fortune trop récente, et tout compte fait ridicule, ne lui autorisaient pas le moindre espace dans les rangs des conservateurs. Ils avaient amassé leur petite fortune dans le transport des grains, avec un cheval, puis deux. Tout leur avait réussi. Martineau ne s'attendait pas à la malchance des années à venir : il avait perdu son fils aîné en 1870, au siège de Metz, et son troisième l'année suivante d'un clou enfoncé dans le pied. Maintenant, son second et unique descendant n'avait conçu que cette fille mal faite et sans espoir.

Le cheval de M. Tireau entra au pas entre les piliers de granit de la grille d'entrée. Le logis avait encore un air un peu trop neuf, ceinturé par les vieilles granges et remises aux toits de tuile de l'ancienne métairie. On voyait miroiter les eaux d'un étang, derrière, par le côté. Il s'arrêtèrent au milieu de la cour devant un massif rond avec un buis en boule. Ils ne se dirigèrent pas vers le perron du logis.

— Ils y dorment seulement, indiqua Tireau avec un sourire moqueur, et y reçoivent les invités une fois l'an. Ils vivent là...

Il désigna l'humble toit de ferme, sur le côté, dans l'alignement des granges. La porte était ouverte. Un beau soleil oblique exaltait le parfum du buis et de la touffe de pivoine poussée au pied. Ils humèrent une autre odeur chaude, appétissante. L'estomac d'Augustin se retourna. Une femme parut sur le seuil, petite, voûtée. Augustin la prit pour une vieille. La peau de sa figure paraissait flétrie sous le bonnet blanc à large bord tombant sur ses épaules.

— Robert est dans la boulangerie, fit-elle, il finit de cuire.

Elle montra la cheminée qui fumait. Augustin comprit que cette femme était Mathilde Martineau, la patronne. Elle avait les yeux et la voix jeunes. Plutôt que vieille, elle était harassée. Ils entrèrent plus avant dans l'odeur de pain chaud achevant de cuire, virent luire les braises par la porte du four ouverte. Robert Martineau, en chemise de peau, sortait les pains avec sa longue pelle. Ils n'osèrent pas entrer dans la boulangerie, et il ne les en pria pas. Quand il eut retiré le dernier pain, après un dernier coup d'œil dans la gueule du four, il en referma la porte noire. Il prit sa veste sur un sac dans la boulangerie et sortit en la jetant sur son épaule. Augustin eut l'impression de tenir l'un de ses pains en serrant sa main chaude à la croûte craquante. Robert Martineau était un homme solidement charpenté, à la peau fragile tachée de son, suante de la chaleur du four. Il découvrit une longue chevelure ondulée toute blanche en ôtant sa casquette pleine de poussière de farine, pour la frapper sur son genou. Il sembla ne pas s'intéresser à Augustin après lui avoir adressé un premier regard dans l'éclat du soleil. Il conversa avec Tireau au sujet des volets et des fenêtres du logis à peindre. Il tenait sa main en visière pour considérer la façade, Tireau aussi. Le maître des Établières avait été formel.

— Ce n'est pas gagné. Je l'ai interrogé sur le mariage de sa fille. Il a répondu qu'ils s'étaient faits à l'idée que tout ce travail de leur famille irait à n'importe qui. Du moins, ils avaient fait en sorte que, s'ils mouraient les premiers, leur fille ne vive pas dans le besoin. J'ai alors évoqué un mariage blanc. Il a paru intéressé. Je lui ai parlé de toi. Je ne lui ai rien caché. Il a été farouchement contre. Il a fallu que je dise le plus grand bien de toi pour qu'il accepte de te recevoir avec moi.

Sur le toit, la pointe de la girouette indiquait le sud, le grand beau temps. Mathilde Martineau reparut sur le seuil.

— Finissez d'entrer !

Ils descendirent la marche du seuil. La pièce était sombre et fraîche, comme toutes les salles communes de ferme. Face à la porte, deux armoires de cerisier ventrues affirmaient l'opulence de la maisonnée. Leurs longues fiches de cuivre luisaient comme de l'or. Le grand-père Martineau était assis dans son fauteuil, au bout de la table. Tireau lui prit la main.

— Je suis Pierre-Antoine Tireau, des Établières. Me reconnaissez-vous, monsieur Martineau ?

Le vieux bredouilla des sons incompréhensibles d'une voix aiguë de femme et se mit à pleurer.

— Il vous a reconnu. Ce qui le désole, c'est qu'il n'arrive pas à le dire.

Augustin serra à son tour la main molle. Robert s'adressa à son père.

— C'est Augustin Vernageau. C'est lui qui tient la métairie des Établières.

Ils s'assirent autour de la table. Mathilde apporta la bouteille de vin. Une servante au coin du foyer grattait des scorsonères. Ils parlèrent du blé, du commencement de la sécheresse, de leur voyage dans la Nièvre. De temps à autre, la voix du vieillard s'élevait, voulant prendre part à la conversation, mais personne n'écoutait ses bredouillis. Augustin vanta les qualités d'éleveur de Coignard et la beauté de la campagne nivernaise. Il rappela la présence des deux vaches bretonnes dans l'étable de l'éleveur, pour ses besoins personnels en lait, et s'en étonna.

— Je suis sûr que leurs charolaises ne sont pas que des bêtes à viande, et qu'elles peuvent devenir d'excellentes laitières si on les soigne pour ça. Élie est de mon avis.

Il s'adressait surtout à Tireau. Il était resté silencieux jusque-là. Tireau lui avait dit :

— Méfie-toi. Tu vas subir ton examen de passage.

— Je m'en fiche. Je ne sais pas si c'est une bonne initiative, cette histoire !

Il avait l'impression de se retrouver sur un champ de foire. Cette fois, l'animal à vendre, c'était lui. Les paupières de Robert Martineau s'étaient rapprochées en l'écoutant parler. Augustin sentait les regards de sa femme dans son dos. Elle avait rejoint la servante, et son couteau raclait les scorsonères. Il éprouvait, par instants, l'envie brutale de se lever et d'interrompre la comédie. Par ailleurs, cette allée, ce logis au toit noir, ces bâtiments et même cette salle de ferme aux murs épais ne lui déplaisaient pas. Est-ce que le vieux, en bout de table, était au courant de leur marchandage ?

Mathilde Martineau se leva.

— Laisse les scorsonères, Marianne. Va chercher de l'eau au puits !

La servante comprit qu'on ne voulait pas de ses oreilles. Elle sortit dans un tintamarre de seaux.

— Doucement ! gronda Mathilde.

Et, après son départ :

— Je vais chercher Benoîte !

Son ton d'autorité surprenait Augustin. Robert Martineau était affalé sur le banc. Il avait l'avantage de la corpulence. Elle était maigre, le dos déformé. Elle se dirigea, à pas nerveux, vers la porte communiquant avec le logis.

— Oui, pensa Robert Martineau tout haut, et ses paupières lourdes battirent, nous avons tout essayé pour Benoîte, les médecins, les guérisseurs, les prêtres. Il n'y a rien eu à faire. Elle est née comme cela, mâle et femelle. Elle le restera toute sa vie.

Le grand-père fit entendre un nouveau bruit de bouche, et ses larmes coulèrent.

— Vous pouvez pleurer, père, c'est vous qui avez toujours été le plus dur avec elle ! lui reprocha Martineau.

Le vieux s'agita dans son fauteuil, arrosa la table de postillons et de larmes autour de lui. La voix de Mathilde commanda à côté :

— Allez, Benoîte, ma fille, viens !

La mère parut, tirant sa fille par le bras, l'obligeant à la suivre par-delà la profonde embrasure de la porte creusée dans les murs des deux maisons accolées.

— Benoîte, ces messieurs ne veulent pas te manger !

De guerre lasse, la mère lâcha sa fille. Benoîte resta le dos contre le mur, comme si elle avait voulu y entrer. Le rai de soleil de la porte se brisait dans sa direction. Elle glissa lentement pour éviter d'être effleurée par la lumière. D'évidence, sa mère l'avait mise belle pour la circonstance. Elle portait une robe bleu nuit à fine dentelle blanche. Tête baissée, elle montrait un large front et des cheveux ondulés à reflets roux. Tous se taisaient dans l'émotion de cette apparition. Augustin regarda Tireau, et il vit que lui aussi était impressionné. Le maître des Établières n'avait vu Benoîte qu'adolescente. Devenue adulte, elle était belle d'une beauté étrange d'animal traqué. À tant se cacher, sans doute, elle était très pâle. On l'aurait dite dépigmentée, comme ces fleurs qui restent trop longtemps dans la même terre.

— Viens donc t'asseoir auprès de moi ! la supplia sa mère en lui montrant la chaise vide de Marianne devant les scorsonères.

Benoîte releva un peu le front.

— Allez, viens...

Elle traversa lentement la pièce et, lorsqu'elle fut assise, elle ramena instinctivement les coudes sur la poitrine, les poings de chaque côté du menton, pour se protéger. Augustin éprouva alors un élan vers elle, d'amour, de compassion, de fraternité. Il se demanda si, petit garçon, il n'avait pas adopté un jour cette posture. Elle leva un moment les yeux, d'un bleu pareil à celui de son père, pleins d'une infinie détresse. Mathilde Martineau grimaça un sourire.

— Vous la voyez, notre Benoîte. Elle n'est pas bien vaillante !

Il comprit à ces mots qu'elle lui offrait sa fille en mariage, et il décida sur-le-champ qu'il l'épouserait. La Marianne revenait avec ses seaux. L'eau, dans le soleil, lançait des éclats au plafond.

— Si nous allions faire un tour ? proposa Robert Martineau.

Mathilde les suivit. Ils entendirent la Marianne dire dans leur dos, assez fort pour être entendue :

— Alors, ma pauvre Benoîte, ils sont allés te chercher pour te faire voir. Qu'est-ce qu'ils te voulaient donc ?

Mathilde Martineau murmura, sitôt dans la cour :

— Benoîte est notre croix, notre malheur. On aurait eu un autre enfant, on l'aurait sans doute mieux supportée.

— Mais elle est belle, votre fille, s'impatienta Tireau, pourquoi la cachez-vous ainsi ?

— Ce n'est pas nous qui la cachons, c'est elle qui ne veut pas se montrer !

— Qu'a-t-elle exactement ? Vue comme ça, à part sa grande fragilité, on ne remarque rien.

— Dis-le donc, toi ! fit-elle à son homme.

— Je vous l'ai dit. Elle a le sexe de l'homme et de la femme. En fait, ni l'un ni l'autre, les deux sont atrophiés. Vous n'avez pas vu cela, un jour, parmi vos bêtes ?

Tireau posa alors cette question brutale :

— Vous l'aimez ?

Mathilde lui fit cette réponse immédiate :

— Est-ce que je vous demande si vous aimez vos enfants ? Nous ne voulons pas vendre notre fille. Elle restera avec nous, même si nous nous en occupons mal. Nous avons bien voulu parler de ce mariage à cause des terres. C'était votre idée. Si elle vous semble indigne, on n'en parle plus.

— Pardonnez-moi ! s'excusa Tireau. L'émotion m'a rendu maladroit et... injuste.

Ils étaient arrivés au bord de l'étang, tout en longueur, aux bords plantés de frênes immobiles dans le soleil. Un valet s'avança, conduisant par le licol un cheval gris aux longs poils tombant sur les sabots. Il le lâcha à l'abreuvoir et, les mains dans le dos, les jambes écartées, se mit à siffler pour l'encourager à boire. Le cheval but à longs traits, les lèvres au ras de l'eau, releva la tête. Le valet insista avec son sifflement, et le cheval recommença à boire. Il sortit de l'eau lentement, et le valet cabotin, tournant la tête vers les quatre spectateurs alignés, rejeta d'un coup de doigt sa casquette en arrière et attaqua un air nouveau. Le cheval, aux ordres, se mit alors à pisser. Robert Martineau commenta en souriant :

— Il lui commanderait de passer dans le feu, cette pauvre bête lui obéirait.

Tireau profita de la détente pour demander :

— Comment trouvez-vous mon ami Augustin ?

— Il faut qu'il soit bien valeureux, pour que vous le défendiez comme ça ! répondit Mathilde, plus aimable.

— En tout cas, fit Martineau, il est bien entendu que si nous nous mettons d'accord, cela ne changera rien, pour l'instant. Nous resterons les maîtres chez nous, Benoîte continuera de vivre avec nous, et lui aux Établières...

Augustin hocha la tête. Robert Martineau le considérait avec méfiance. Il était clair que, si Augustin n'avait pas été présenté par Pierre-Antoine Tireau, il ne lui aurait jamais donné l'espoir d'être un jour le maître de la Trézanne ; autant l'offrir au valet siffleur. Le regard de sa femme était plus franc, plus net. Martineau reprit :

— Encore faudra-t-il que le père soit d'accord. On ne lui en a toujours pas parlé.

Le mariage eut lieu le 13 septembre, aux premières heures. Ils avaient signé les papiers chez un notaire de Palluau, la semaine précédente. Le tabellion au teint jaune comme ses vieux registres avait donné la lecture des actes, une règle à la main. Par contrat de mariage, Augustin devenait l'héritier des biens, immeubles, terres et animaux, à la mort du dernier vivant des époux Martineau, aux conditions expresses qu'il apporte soins, attention, bonne nourriture, bon vêtement, bon gîte à son épouse Benoîte, née Martineau.

La propriété de la Trézanne demeurerait indivise aussi longtemps que Benoîte vivrait. Chaque année, le 13 septembre ou les jours suivants, le notaire ou son successeur effectuerait une visite au domicile des époux pour vérifier le respect des conditions du contrat.

La longue et fastidieuse énumération des possessions Martineau avait suivi. Régulièrement, le notaire relevait les yeux par-dessus ses lorgnons demi-lunes pour s'assurer de l'attention de ses auditeurs. Pourtant, passé les préliminaires, il débitait les alinéas à une allure souvent incompréhensible, comme un prêtre ses oraisons. L'attention de son public se relâchait. Le grand-père Martineau, porté dans le bureau du notaire par Robert et Élie, s'était endormi. Mathilde indiquait à son mari de se saisir du chapeau de son père qui glissait lentement sur ses genoux.

Benoîte se tenait entre ses parents, sérieuse, droite. Ses yeux craintifs fuyaient ceux d'Augustin. Marthe soupirait, mal assise sur un fauteuil trop bas. Pierre-Antoine Tireau était le seul à apporter une note de couleur dans cette assemblée en noir et blanc, vêtu d'un costume vert bronze, un foulard de soie jaune canari sous la gorge.

Martineau s'était montré sourcilleux. Il était venu vérifier deux fois les compétences d'Augustin, en proie au doute malgré les assurances réitérées de Tireau. Le futur époux devait compter avec un opposant farouche dont l'influence était encore considérable : le vieux dans son fauteuil refusait ce mariage à grands cris et chaudes larmes. La perspective de son bien cédé à un étranger, même longtemps après sa mort, l'empêchait de perdre l'esprit complètement tranquille.

Son existence besogneuse, ajoutant une terre à une autre pour renforcer l'héritage de famille et l'enorgueillir, lui avait donné la haine des pauvres. Il les accusait de paresse, les considérait comme largement responsables de leur sort, s'en méfiait comme des parasites. Augustin était l'un d'entre eux, profitant de son vieux corps malade pour le dépouiller. Peu importait à sa cervelle fatiguée la dispersion automatique de son bien après la mort de ses enfants. Pour l'heure, il refusait d'en imaginer la cession, et le disait à sa manière avec force clameurs et pleurs. Son fils, sur le point de céder par faiblesse, chicanait.

Heureusement, la bru résistait. Elle était favorable à Augustin. Elle avait discerné sous l'enveloppe robuste la tendresse du cœur. Elle voyait en ce mariage des avantages pour Benoîte et même pour eux, dans leurs vieux jours. La chance voulut que les fortes chaleurs de juillet épuisent le bonhomme, victime d'une nouvelle attaque. Il ne lui resta plus qu'une vague conscience avec quelques sursauts inattendus occasionnant des crises de larmes et des cris suivis de longues phases de léthargie. Ils l'obligèrent à ouvrir les yeux, lui tinrent la main pour signer les actes.

Le maire de La Genétouze ouvrit la mairie à huit heures pour célébrer le mariage. Il n'avait pas caché aux Martineau son désaccord au sujet de cette union arrangée. Il était une créature des Fontenelles, métayer sur les terres du comte, poussé à la mairie aux dernières élections. Le château, jusqu'à cette date, pouvait raisonnablement caresser l'espoir de voir un jour les terres de la Trézanne lui revenir. Peut-être Pierre-Antoine Tireau avait-il mis en avant Augustin pour contrecarrer cette perspective. Face aux résistances du maire, Robert Martineau menaça :

— Si tu refuses de faire ce mariage, je constitue une liste pour les prochaines municipales. Vous pourriez bien avoir chaud aux fesses !

Mathilde avait voulu une cérémonie à l'église. Elle n'était pas d'un naturel très dévot. Elle avait reçu une éducation religieuse et avait vite abandonné la pratique régulière après son mariage avec Robert, adoptant la tendance anticléricale de la famille. Elle tenait cependant à une certaine religiosité superstitieuse. Elle ne manquait pas, par exemple, la messe des Rameaux, pour en rapporter un fagot de buis bénit dispersé ensuite brin à brin à travers la maison, les étables et les champs.

Elle s'était heurtée au curé Gallot, un homme sanguin ravi d'affirmer son autorité à une paroissienne qui le bravait chaque jour de l'année.

— Non, avait-il dit à son tour, je ne célébrerai pas cette parodie de mariage !

— Pourquoi ? s'était-elle écrié, je suis prête à vous payer le prix que vous demanderez !

Il la foudroya de son regard noir de gouverneur d'âmes.

— Vous avez une drôle d'idée du ministère des prêtres ! s'était-il emporté. Vous croyez que vous pouvez tout acheter. Vous prenez vos informations chez les ennemis de l'Église !

— Pourquoi ne voulez-vous pas la marier ? avait insisté la mère, les larmes aux yeux.

Le prêtre avait eu alors pitié de cette femme au visage marqué par la souffrance et s'était adouci.

— Je ne peux pas. Vous ne pouvez pas me demander de m'associer à cette comédie au service de vos intérêts.

— Vous n'avez pas compris, avait-elle dit, la voix blanche, et elle s'était levée péniblement de sa chaise dans le bureau du presbytère, en mariant ma fille, même avec un mariage de comédie comme vous dites, je la rends un peu plus comme les autres.

Le curé avait réfléchi, ébranlé par cet argument, les bras croisés sur la poitrine.

— Vous avez entendu les paroles de l'Évangile, avait-il dit : « *L'homme et la femme ne feront qu'une seule chair...* » On se marie pour fonder une famille et avoir des enfants. Vous savez qu'avec Benoîte c'est impossible. Voyez-vous, même si je l'acceptais pour vous être agréable, ce mariage religieux ne vaudrait rien. Il suffirait à votre... gendre de faire appel pour le casser puisque, selon les termes, le mariage ne serait pas consommé. Il en apporterait facilement la preuve.

Mathilde Martineau avait rougi, humiliée. Elle avait pris la poignée de la porte et puis :

— Si vous ne voulez pas les marier, vous ne refuserez pas de les bénir. Vous bénissez bien les maisons, les granges, les charrettes, les charrues, les champs !

Le curé Gallot s'était levé à son tour.

— Oui, je les bénirai.

Ils passèrent donc à l'église. Ils étaient les mêmes que chez le notaire, Mme Tireau en plus, le grand-père en moins, somnolant encore à cette heure dans son lit. Augustin se tenait à côté de sa femme. Elle ne portait pas de robe de mariée, mais une seyante robe de drap satin gris à petits plis. Sa mère l'avait obligée à se lever tôt pour la coiffer en bandeaux ondulés à la mode. Plusieurs fois, tournant la tête, Augustin avait surpris Benoîte à le regarder.

Ils sortirent de l'église et découvrirent des nez aux carreaux. Ni le maire ni le curé ne s'étaient montrés très discrets, confiant à quelques oreilles choisies le jour et l'heure. Il était tôt. Un fort vent frais soufflait, malgré le soleil, obligeant à se pelotonner. Augustin, venu dans la voiture de Tireau, prit place dans celle de son beau-père et de sa belle-mère auprès de Benoîte. Les Martineau avaient tenu à organiser un repas.

En raison de l'heure, ils entreprirent un tour de la propriété. Les plus belles terres étaient rassemblées autour de la Trézanne, sur les coteaux dits « de la Clergerie », quinze hectares d'un seul tenant, bien desservis par un chemin creux. Robert Martineau s'arrêta devant un rouvre énorme désigné comme le chêne des druides. Une partie de sa tête malade était creuse. Tout près se dressait l'oratoire du moine, une minuscule chapelle, soigneusement entretenue par les Martineau malgré leur réputation de païens. Des pierres taillées, perdues parmi les aubépines du talus, indiquaient des constructions plus anciennes.

Ils descendirent ensuite vers ce que Martineau appelait son petit paradis. C'était une succession de prés bien verts exposés au midi et gardés du vent par de hauts baliveaux de châtaigniers. Un ruisseau coulait au fond. L'herbe y venait toute seule, précisa-t-il. Son troupeau de belles vaches s'y trouvait. Son gardien s'avança les saluer. M. Tireau plaisanta.

— Je ne vois pas beaucoup de bêtes blanches. Vous en demanderez à Augustin la recette !

Le repas fut servi dans le logis. Élie avait prévenu Marthe de tenir sa langue. Elle ne retint pas un sifflement admiratif devant des meubles de bois noir et rouge alignés, comme au garde-à-vous, le long des murs de la salle à manger.

— Eh bien, mon vieux ! dit-elle à Augustin.

Mme Tireau sourit, un brin condescendante, devant cette exposition de biens par trop ostentatoire. Les argenteries sur la crédence brillaient de tous leurs feux. Le vaisselier était surchargé d'une abondance d'assiettes colorées. Tout paraissait entretenu, nettoyé, ciré avec un soin jaloux. La Marianne, de service, garda ses habitudes, circulant autour de la table avec des patins de feutre. Benoîte et Augustin occupaient les places d'honneur. Elle mangea peu, refusa la blanquette de veau et le gigot d'agneau.

— C'est l'émotion, sans doute..., supposa Mme Tireau.

— Non, dit Mathilde Martineau, elle refuse de manger de la viande. Heureusement, elle ne rechigne pas sur les œufs. N'est-ce pas, Benoîte ?

Benoîte opina. Sa belle-mère se pencha à l'oreille d'Augustin.

— Demandez-lui donc de vous montrer ce qu'elle a fait ces dernières semaines...

Augustin se pencha à son tour à l'oreille de Benoîte. Elle rougit, ses prunelles bleues affolées parurent chercher un secours autour de la table. Elle secoua la tête.

— Si, Benoîte, insista sa mère, tu vas nous montrer ton beau travail.

Robert Martineau vint à la rescousse.

— Allez, Benoîte, va le chercher ! Mathilde, tu vas avec elle ?

Benoîte recula sa chaise dans un sursaut d'orgueil volontaire.

— Je vais y aller toute seule !

Elle revint, chargée d'un empilement de linge blanc dont elle tenait tout juste l'équilibre. Marthe se dressa à la hâte pour débarrasser le bout de la table. Tout le monde fit cercle autour d'elles. Chaque pièce de drap de lin, chaque nappe et serviette en coton damassé avait été brodée des initiales entrelacées au coton rouge *MV*, Martineau, Vernageau. Les invités admirèrent la qualité de la broderie. Marthe y enfonça l'ongle pour en vérifier le serré. Augustin, profondément ému, embrassa Benoîte. Elle devint rouge, couleur de sa broderie. Ils furent applaudis. La bonne chère et le vin contribuaient à l'optimisme. Marthe réclama une chanson. Benoîte refusa de chanter, malgré les encouragements de son père assurant qu'elle avait une belle voix. Mme Tireau se leva et interpréta *Le Temps des cerises.* M. Tireau resta dans la note et chanta *La Butte rouge.* Augustin fit montre des facilités de sa mémoire et récita d'un trait *Les Pauvres Gens.* Après la crème fouettée et les œufs à la neige, une somnolence teintée de morosité s'installa.

M. Tireau consulta sa montre.

— Tout a une fin ! soupira Marthe en saluant Mathilde, désolée de l'achèvement de cette journée préparée depuis si longtemps.

Augustin monta le dernier dans le cab de M. Tireau après avoir serré la main de son beau-père et de sa belle-mère. Elle retint ses doigts.

— On compte sur vous, maintenant. Il faudra venir nous épauler !

— On n'est pas si vieux que ça ! corrigea Martineau. Mais c'est vrai que tu es chez toi, ici, désormais.

Le cheval, impatient, piétinait les pierres. Augustin s'assit auprès de Tireau, leva la tête. Benoîte se tenait derrière la fenêtre, là-haut dans sa chambre, le rideau soulevé. Il lui adressa un salut de la main. Elle ne bougea pas. La journée s'achevait dans une douce tiédeur d'automne. Les ombres étaient longues. La girouette indiquait le sud-sud-ouest. Tireau lâcha les rênes. Le cheval se cabra.

— C'est triste, tout de même, un mariage qui finit comme ça ! dit Marthe après qu'ils eurent franchi les piliers de la grille.

Pierrot dit à Augustin :

— Où veux-tu en venir ? Tu nous donnes le tournis ! Tu laisses une institutrice laïque pour épouser la fille d'un radical qui n'en est pas une. Tu deviens l'héritier de la Trézanne. Comment vas-tu te sortir de toutes ces combinaisons ? Tu es un phénomène ! Tout le monde parle de toi dans la commune. Certains pensent que Tireau t'a ensorcelé. Les francs-maçons organisent des messes noires, paraît-il.

— Et toi, qu'en penses-tu ?

Pierrot soupira.

— Je ne crois pas beaucoup à ces racontars de bonnes femmes !

Augustin aimait à rendre visite à son cousin de Mortevieille depuis que son fils, Pierre, avait attrapé ses quatre ans. Il s'asseyait sur la salière au coin du feu, prenait son neveu sur ses genoux et parlait à cœur ouvert de tout et de rien, avec Pierrot ou sa femme Marie, une gentille fille qu'il avait connue sur les chemins de l'école. La tante Léa boudait. Fine était morte, à sa façon, sans bruit. L'oncle Moïse intervint dans leur discussion.

— Moi, je te connais, tête de mule comme tu l'es, plus on te fera de reproches, plus on racontera sur toi, plus tu te vengeras à en entreprendre de nouvelles !

— Je ne me vengerai pas. Je me moque de ce que pensent les autres.

— En attendant, réagit la tante, toute la famille en supporte les conséquences !

— Vous, mère, vous êtes par contre beaucoup trop attentive à l'avis des autres ! repartit Pierrot.

Marie demanda alors :

— Tu n'as pas eu envie de faire un vrai mariage, avec une vraie femme, Augustin ? Elles ne manquent pas, les filles qui auraient été contentes de tes avances, surtout depuis que tu es aux Établières. Les gens disent du mal de toi parce qu'ils sont jaloux.

Augustin remonta le petit Pierre sur ses genoux. Il lui montrait comment fabriquer un hochet en jonc pour sa sœur. Pierrot hasarda une réponse à Marie.

— Ne t'inquiète pas pour lui. S'il a besoin d'une fille, il saura bien s'en trouver une.

Il cligna de l'œil.

— Peut-être qu'il en a déjà une ?

2

La confrontation des conservateurs et des radicaux prit en 1905 la forme d'un conflit ouvert avec l'application des lois Combes sur les congrégations. Du jour au lendemain, la plupart des ordres religieux furent interdits. L'onde de choc fut plus violemment ressentie en Vendée. D'un seul coup, les écoles des frères et des religieuses furent menacées de fermeture. Le spectre de la guerre livrée cent ans plus tôt plana de nouveau avec insistance.

Le curé Désamy décrivit, en chaire, la perquisition de l'armée dans les locaux du journal *La Croix*. Et, le lendemain, deux lettres arrivèrent, l'une destinée aux frères des Écoles chrétiennes à l'école des garçons, l'autre aux religieuses de la communauté de Chavagnes à l'école des filles. L'inspecteur d'académie y rendait hommage à leurs mérites et les remerciait des services rendus à la cause de l'instruction primaire aux Moutiers. Il les avisait que leur école serait laïcisée à partir du 15 avril au matin, soit quinze jours plus tard.

À cette nouvelle, deux cents paroissiens et paroissiennes en colère se réunirent autour du presbytère où les frères et les sœurs étaient en conférence avec le curé Désamy. Ils se déplacèrent ensuite en cortège au château des Fontenelles, à la suite des héros malheureux du jour, pour demander au comte son aide et sa protection. Les plus hardis portaient déjà leur fourche et leur faux sur l'épaule.

Le comte parut sur le perron, avec le curé, les frères et les religieuses. Il fut accueilli aux cris de : « À bas Combes ! Vive les frères ! Vive les sœurs ! Vive la religion ! »

Ainsi, en costume clair, cravaté, il avait toujours l'air d'un adolescent timide. Il leva la main et annonça que les écoles des Moutiers n'étaient pas les seules frappées par ces condamnations scélérates. Le dossier avait déjà été examiné en séance du conseil général. La riposte était en route. Il leur recommanda surtout de rester mobilisés et de ne pas oublier la date du 15 avril. Il leur donna rendez-vous devant les écoles pour les protéger. À mesure qu'il parlait, les applaudissements, les encouragements l'enflammaient. Le vent favorable enflait sa voix.

Le frère directeur paraissait frappé de stupeur.

— Regardez comme il est pâle ! disaient les gens.

Le frère Legland, par contre, était revigoré. Il adressait des petits signes d'amitié souriants pendant le discours du comte. Les deux sœurs se tenaient frileusement l'une contre l'autre. Le vent agitait les soutanes et les cornettes. Régulièrement, le curé Désamy renfonçait son chapeau sur sa tête. Les manifestants se dispersèrent, satisfaits. Le comte avait répondu à leur attente. Engagement était pris de se retrouver tous, le 15 au matin.

Le thermomètre avoisina zéro degré ce jour-là. Des taches de gelée blanchissaient les fonds. La quasi-totalité de la population de la commune se rassembla et se répartit en cordons devant les deux écoles. Augustin était là, aussi, et Marthe et Élie. Il avait prévenu Tireau.

— Ce n'est pas possible ! Pas vous ! avait réagi le radical-socialiste.

— Pourquoi pas, monsieur ? La réunion dirigée par Marc Sangnier à Paris a commencé par le chant de *La*

Marseillaise. Il a prononcé ensuite un discours pour toutes les libertés, la liberté de culte et d'enseignement. Il a pris la défense des « éternels entêtés de l'amour plus fort que la haine ». Les religieux n'ont pas toujours respecté l'esprit de l'Évangile, récemment encore dans l'affaire Dreyfus. Mais je crois que vos amis rallument les feux d'une querelle dont nous n'avons pas besoin.

— Vous ne trouvez pas normal qu'on défende l'école de la république ? Aux Moutiers, il n'y a toujours pas d'école laïque.

— Ce n'est pas en condamnant les écoles religieuses que vous sauverez l'école laïque. Vous savez comment on appelle les écoles congréganistes, depuis cette malheureuse loi Combes ? Les écoles libres !

— Moi, j'aimerais que les paysans du comte des Fontenelles puissent mettre leurs enfants dans l'école de leur choix ! ironisa Tireau.

— Et pourquoi pas, si la population des Moutiers demande une école publique ? Je suis bien passé des Fontenelles aux Établières, et je n'en suis pas mort. J'irai défendre l'école des frères le 15, parce que j'estime la liberté menacée.

— Vous êtes libre ! répliqua Tireau, la figure pincée.

Tous ne le virent pas arriver avec enthousiasme. Certains murmurèrent :

— Méfiez-vous, il a été envoyé par son patron pour nous espionner !

Les jaloux :

— Celui-là, il mange à tous les râteliers !

Pierrot et ses amis l'accueillirent avec joie.

— Cela fait plaisir de t'avoir avec nous ! On ne savait pas si tu viendrais. Tu n'es pas aussi pourri qu'on le craignait !

Ils n'étaient pas partis sans rien. Ils avaient allumé des feux sur le bord de la route, y faisaient griller du pain. Le rassemblement prit des allures de kermesse. Les enfants, dans les classes, étaient heureux. En se dressant sur la pointe des pieds, ils apercevaient leurs parents dans la rue.

Grimpés sur deux échelles à chaque extrémité de la maison des frères, Maquigneau, le menuisier, et Célestin, le fils de l'oncle Anselme, le tonnelier, clouaient une large banderole noire où on lisait, en lettres blanches : *La liberté est morte.* Des larmes de peinture ajoutaient au constat funèbre. Le Caïffa proposa alors son drapeau. Il avait chez lui une antiquité tricolore prise à l'ennemi en 1793, selon la tradition familiale. Il sortit de l'épicerie accompagné d'une délégation accrochée à un grand rectangle d'étoffe bleu, blanc, rouge passablement fanée. Maquigneau fixa ce drapeau à une hampe de fortune, et l'épicier monta lui-même à l'échelle le fixer auprès de la banderole.

Le comte et le curé Désamy arrivèrent ensemble. L'excitation de leurs troupes les inquiéta. Ils recommandèrent le calme, ordonnèrent de décharger les trois fusils prêts à tirer. Leurs propriétaires s'exécutèrent de mauvaise grâce, en lâchant leurs coups en l'air. On crut à une vraie fusillade au piquet de garde plus paisible de l'école des filles.

La brume voilait le soleil. Un courant d'air froid rabattait la fumée des feux, à ras de terre. Le juge de paix était annoncé pour onze heures. Des gamins montaient le guet à l'entrée du bourg. Onze heures sonnèrent, onze heures et demie. On eut bientôt la certitude que des émissaires avaient informé le représentant de la loi des risques d'un affrontement avec ce rassemblement. Des cris de victoire furent poussés.

Le comte s'adressa à ses troupes.

— Nous gagnerons d'autres batailles ! L'État a dissous les congrégations. Mais rien n'interdit d'enseigner aux frères et aux sœurs sécularisés, titulaires de diplômes. Nos bons maîtres ne partiront pas. Ils revêtiront le costume laïc puisqu'une bizarre conception de la liberté les y oblige. Ils quitteront leurs maisons religieuses, et personne ne pourra les empêcher de s'installer au milieu de nous !

Ce tour de passe-passe fut chaleureusement applaudi. Partout dans le pays, les congrégations non autorisées jouaient ainsi cette comédie de la sécularisation pour survivre. Les enfants des écoles sortaient. Le curé Désamy entonna le Credo, suivi d'un vibrant *Nous voulons Dieu...*

Quelques irréductibles montèrent, jusqu'au soir, une garde vigilante au cas où le juge se déciderait à apparaître, les plus assoiffés à leur table habituelle, à l'auberge. Un surprenant coup de fusil retentit dans la nuit.

Ainsi les sœurs quittèrent peu après leur habit de religieuse. Les enfants, étonnés, leur découvrirent des cheveux. La bonne mère se fit appeler Mlle Marguerite, et sœur Marie-Marthe, Mlle Andrée. Le frère Legland devint M. Legland. Mais le frère directeur préféra partir, choisissant de s'exiler dans une mission enseignante du Brésil.

Le premier dimanche de mai, le curé Désamy célébra une dernière messe en sa présence et à ses intentions. Il le remercia de tout le travail accompli au service de la communauté des Moutiers, loua sa décision, digne du plus grand respect, conclut sur ces mots qui arrachèrent des larmes :

— Rendez-vous au ciel, si Dieu ne permet pas de se revoir sur la terre !

Tout le monde se bouscula à la sortie de l'église pour serrer la main du frère. Il traçait le signe de croix sur le front des enfants. Il retint la main d'Augustin et la tapota avec amitié.

— Ne scandalise pas ! Sois prudent !

— C'est vous qui me conseillez la prudence ?

Ils l'accompagnèrent en procession jusqu'à la gare de tramways en service aux Moutiers depuis un an. Le tramway avait été baptisé le « petit train ». La foule encombra la voie. Le chauffeur de la loco, bon diable et familier de beaucoup, laissa se prolonger les adieux. Enfin, sa machine siffla pour faire dégager les rails. La loco s'ébranla. Debout sur le marchepied et agrippé à la barre d'accès, le frère prononça ces dernières paroles :

— Adieu, mes amis ! Adieu !

La voix tremblante du frère Legland s'éleva :

— *Ce n'est qu'un au revoir, cher frère, ce n'est qu'un au revoir...*

Toute la population reprit avec lui. La fumée de la loco besogneuse répandit sur elle des escarbilles.

Tireau apprit à Augustin la nomination d'Élise au poste de directrice de l'école laïcisée de La Chaize-le-Vicomte pour la rentrée d'octobre 1905. Le jeune fermier des Établières venait d'engranger sa plus belle récolte de blé, avec un rendement de vingt-sept quintaux à l'hectare en mélange de variété à épi blanc et grain rouge Victoria et de variété à épi rouge et grain blanc Chiddam. Cette association d'espèces lui procurait, de loin, le meilleur rendement de la commune. Lorsque Augustin était petit valet aux Fontenelles, l'oncle Valentin se vantait d'atteindre les vingt hectolitres les bonnes années. Mais Augustin continuait de tenir le registre rigoureux de ses performances, analysant ses essais sur la terre de l'Aumône, son laboratoire. Il avait noté sur son livre :

Pas d'engrais chimique, grain 1 358 kg, paille 2 320 kg.

400 kg superphosphate et 100 kg nitrate, grain 2 121 kg, paille 2 878 kg.

650 kg Scories Thomas et 100 kg nitrate, grain 2 795 kg, paille 3 562 kg.

Bonne formule de fumure blé, 500 kg Scories Thomas, 100 kg chlorure de potassium, 100 kg nitrate de soude.

Robert Martineau vint le voir aux Établières.

— Puisque tu es capable d'obtenir ces rendements pour ton patron, tu pourrais peut-être en faire autant chez nous...

Augustin resta prudent.

— Ce n'est pas moi qui fais pousser le blé. On réussit une bonne année, et l'année suivante on se ramasse !

Marthe s'en prit à sa modestie.

— Il vous dit cela ! L'année dernière, il avait encore les meilleurs rendements de la commune ! Tout vient de là...

Elle se frappa la tempe du doigt.

— Il est toujours en train de calculer. Il y passe la moitié de ses nuits.

Les succès d'Augustin donnaient à Marthe l'occasion d'une revanche sur l'opprobre de leur déménagement. Elle essayait de suivre son garçon autant qu'elle le pouvait. Comme il emplissait les étables de charolaises, elle coupa le cou du coq jaune et élimina petit à petit toutes les poules tachetées. Elle proclama, haut et fort sur le marché, que les poules blanches donnaient les plus gros œufs. On lui démontra la relativité de son jugement, elle soutint, rengorgée, à bout d'arguments :

— On élève des vaches blanches chez nous. C'est plus joli de les voir avec des poules blanches dans notre cour.

Entêtée, elle se mit à élever des lapins angoras.

— Tu vas voir qu'elle va bientôt me reprocher ma moustache noire ! lança Élie en clignant de l'œil.

— C'est vrai, répondit-elle, quelquefois je me demande si je ne devrais pas te faire le même coup qu'au coq jaune !

Elle avait fleuri la ferme à sa manière, surabondante. Les soucis, les dahlias, les giroflées, les roses poussaient dans les parterres autour de la maison et de la grange. Les géraniums rougissaient jusqu'aux fenêtres du grenier. Elle estimait, avec une naïve fierté, que sa cour rivalisait avec le parc du château. Elle jurait lorsque les valets laissaient aux bêtes le loisir d'un coup de langue dévastateur. Elle reprochait souvent à Berthe sa mollesse et son manque de propreté.

— J'ai appris à être maniaque aux Fontenelles, disait-elle. La comtesse ne supportait pas un grain de poussière. Elle m'en a inculqué le principe dès mon arrivée, à dix ans.

— On n'est pas dans un château, ici ! bougonnait Berthe.

— On est chez moi, répondait Marthe, sur ses ergots. Si tu n'es pas contente, tu t'en vas balayer chez toi !

Berthe, excédée, prit une fois le chemin de sa maison. Et Marthe alla la rechercher chez elle.

Elle la reniflait parfois, avec une grimace :

— Tu ne t'es pas beaucoup lavée ce matin, Berthe la caille !

Elle sortait de sa poche son grand mouchoir à carreaux et essuyait les nez sales des enfants de Berthe en soupirant. Ces passes d'armes ne duraient pas. Les deux femmes avaient bon cœur. On les entendait bien vite rire aux éclats. Élie disait à Antoine :

— Des comédiennes ! avec une moue rassurée.

Augustin ouvrit une rubrique « La Trézanne », dans son livre de comptes. En dépit de sa demande, Martineau n'était pas facile à convaincre, voulant rester maître chez lui. Pour les grains, il accepta de semer les engrais indiqués, mais réduisit sensiblement les quantités. Augustin était habitué, selon lui, à ne pas regarder à la dépense, avec l'argent de Tireau. La Trézanne ne pouvait pas se permettre de jeter l'argent par les fenêtres. Pour l'élevage, il refusa catégoriquement de se lancer dans la sélection de charolais. Son étable était pleine d'un mélange bigarré. Il avait même une paire de bœufs rouges limousins, débordants d'énergie et infatigables.

— Elles ne vêlent pas facilement, vos charolaises.

Votre taureau leur fait des veaux trop gros. Heureusement que vous avez Élie.

La tante Octavie mourut pendant l'hiver. Elle fut enterrée un jour de tempête. Les femmes Vernageau hurlèrent de peur lorsque le tramway qui les conduisait à l'enterrement prit le virage très incliné du Boucheau. Elles craignirent que le vent en rafale ne les précipite au fond de l'étang. La tante fut descendue en terre sous une pluie battante. Les cyprès du cimetière de La Roche se balançaient dangereusement. Augustin demanda la permission de rendre visite à la chambre du haut. Il décrocha du mur l'image de Notre-Dame-du-Sceptre et la glissa dans sa poche. Il appuya le front au carreau. D'en haut il dominait le jardinet de la tante. La pluie battait la girouette de l'oncle Auguste. Le coq grinçait sous le vent.

La loi de séparation des Églises et de l'État ralluma le conflit religieux en 1906. Monseigneur Catteau, l'évêque de Luçon, condamna les dispositions gouvernementales dans sa lettre pastorale de *La Semaine catholique.* Il appelait à des dons volontaires pour le paiement des 360 000 francs de traitement du clergé, désormais à la charge du diocèse. Augustin était plutôt favorable à la loi. Les prêtres fonctionnaires n'étaient pas à son goût. Il n'appréciait guère la diatribe vengeresse du curé Désamy après la lecture de la lettre de l'évêque et ne fut pas le seul.

— Il a peur pour ses sous, notre curé ! dirent certains dans les cafés après la messe. S'il en a un peu moins, il ne sera pas encore à plaindre.

D'autres ajoutèrent, plus bas :

— Il ira manger un peu plus souvent aux Fontenelles !

Mais il y eut l'affaire de ce qu'on appela le cambriolage de l'église. Le jeudi 22 mars, à huit heures, un bataillon entier du 93e de ligne, acheminé par tramway spécial, investit le bourg des Moutiers. Tous les passages furent occupés et contrôlés en prévision de l'inventaire du lendemain. Le sacristain, Ambroise, profita de la nuit pour s'introduire dans le clocher avec un compère et, aux premières lueurs, ils réveillèrent la troupe en sonnant le tocsin. Les soldats parvinrent à les décrocher de leurs cordes, et Ambroise et son compère, Chrysostome, parurent sur la place entre deux cordons armés. La nouvelle se répandit :

— Ils ont arrêté Ambroise et Chrysostome !

La population se rassembla avec des fourches, des bâtons et des fusils. Heureusement, M. des Fontenelles arriva sur son cheval, au triple galop. Il avait pris le temps de ceindre son écharpe de maire. Il monta sur la pierre de la fontaine, au milieu de la place.

— Mes amis, ne répondez pas à la violence par la violence. Nous connaissons les agresseurs...

Il y eut des cris, des sifflets.

— ... Ces soldats sont des conscrits comme vous. Nous ne nous battrons pas contre nos frères. Nous ne ferons pas ce plaisir à nos adversaires. À la force, opposons notre détermination pacifique. Reposez vos armes, vos bâtons, vos fourches. Et, pour ne pas être soumis à la tentation, déposez-les... (Il vit dans la foule la patronne des Trois Épis)... aux Trois Épis. Vous les reprendrez ensuite.

Il veilla à ce que tous obéissent à son ordre. Et tout d'un coup on vit s'approcher un petit homme en costume gris, surgi de nulle part, le percepteur de La Roche-sur-Yon, accompagné du juge de paix et d'un ouvrier serrurier chargé d'un lourd trousseau de clés. Ils s'approchèrent du portail de l'église sous la protection de la troupe.

Le serrurier mit de longues minutes à crocheter la serrure fermée à double tour. Le petit homme gris, effrayé par la présence de tout ce monde, allait du juge au serrurier, passait sa serviette de cuir d'un bras sous l'autre. Quand le vantail s'ouvrit, les gens des Moutiers eurent mal comme si l'on forçait la porte de leur maison. Cette église était à eux, ils avaient aidé à la construire, ils l'avaient vue grandir, ils avaient tous mis la main à la poche pour la payer. Le curé Désamy, au milieu d'eux, était rouge, apoplectique.

L'agent du gouvernement entra pour dresser son inventaire. La garde se relâcha. La foule perçut un trou dans le dispositif militaire de ceinture des deux églises et s'y engouffra. Elle se massa devant la porte de la vieille église. Le maire et le curé prirent place au premier rang et exprimèrent des protestations indignées. Le percepteur lança ses trois sommations légales pour obtenir le passage. Les gens refusèrent de bouger. Ils pensaient avoir gagné lorsqu'ils entendirent un bruit sinistre de verre brisé. Un sous-officier avait trouvé une échelle et venait de casser la verrière de la Sainte Vierge. Le percepteur gravit les échelons et pénétra dans l'église par le vitrail.

Lorsque le bourg fut libéré, et Ambroise et Chrysostome célébrés comme des héros, les paroissiens chantèrent le Parce Domine et le Miserere. Ils se bousculèrent pour ramasser les morceaux du vitrail et les emportèrent comme des reliques.

Augustin croisa de nouveau le fer avec son patron, après cette journée. Il s'indigna de la bêtise du Bloc des gauches mobilisant les officiers de l'ordre public. Tireau accusa les curés et les députés de droite de s'opposer à l'application de la loi.

— Il n'était pas mal, le comte des Fontenelles, dit Augustin. On le disait gentil, un peu mou, on prétendait qu'il n'avait pas le tempérament de son père. Il est maintenant le chef incontesté de la commune, et pour longtemps. Ses adversaires politiques n'ont désormais aucune chance !

— Eh bien, s'il est aussi sympathique que cela, pourquoi ne retournes-tu pas chez lui ? répliqua Tireau.

Le 30 septembre, Georges Clemenceau, ministre de l'Intérieur, fut reçu en grande pompe à La Roche et à Montaigu. Il venait transformer en triomphe la victoire du jeune candidat socialiste Daniel Lacombe à l'élection partielle de juillet. Trois mille vingt-six personnes prirent part au gigantesque festin servi sous le chapiteau géant dressé sur la place d'Armes.

« Ils disent une terrible histoire, proclama-t-il, inspiré, nos chemins creux bordés de chênes centenaires qui virent passer les héroïques Bleus du drapeau tricolore, des Mayençais revenant du Rhin glorieux pour aller tomber sous les balles françaises dans les fourrés de Torfou. Le combat n'est pas aux chemins creux, il est à l'école. Ce que les ignorants dénomment notre patois, qu'est-ce donc sinon la belle jeunesse de la robuste et féconde langue d'oïl, la langue libératrice de notre Rabelais ? »

Augustin regretta de n'avoir pas été invité à ces agapes bourgeoises. Même sollicité pour tirer le vin, place attribuée à un paysan comme lui, il aurait aimé en être, par curiosité.

Il fut de la réunion constitutive du Syndicat des éleveurs de taureaux nivernais en 1907. Il s'était habitué à accompagner Tireau à ces rassemblements de gros propriétaires plus à l'aise à porter la chemise à plastron que le tablier de terre dans les étables et les champs. Il n'avait pas honte de ses mains creusées de coupes noires par le travail et ne craignait pas de les ouvrir devant eux. Il s'était aperçu depuis longtemps que l'intelligence n'était pas proportionnelle à la richesse. Cornaqué par Tireau mettant en avant ses connaissances des champs de foire, il fut choisi pour figurer dans la délégation de sélection et d'achats et effectua ainsi deux fois le voyage vers le Centre en 1908.

Pierrot l'interrogea à l'occasion d'une de ses haltes à Mortevieille.

— Je me demande comment tu fais pour être à l'aise avec ces gens. Ils n'ont pas été appris comme nous. Ils ne pensent pas comme nous...

— Je reste à ma place. Je ne dis pas grand-chose. Je les écoute. Ils aiment ça. Quand ils veulent mon avis, ils m'interrogent.

Pierrot opina, releva sa casquette, découvrant un front dégarni. Il considéra Augustin, peu convaincu.

— Tout de même, fit-il, intrigué par les qualités de son cousin, moi, je serais au milieu d'eux, ils ne me verraient pas !

Robert Martineau sollicitait fréquemment les services d'Augustin. Il s'était aperçu de la pertinence de ses indications et avait obtenu à son tour d'excellents rendements en blé. Augustin lui avait dit :

— Quand vous aurez besoin, faites-moi signe !

Il s'arrangeait pour être présent pour les foins, les moissons, les battages, les vendanges. Il courait des Établières à la Trézanne sur sa bicyclette. Il abandonnait sa monture, essoufflé, en sueur, demandait aussitôt une fourche, une faucille ou un râteau, infatigable. Avec l'âge — il avait maintenant passé trente ans —, il avait pris de l'épaisseur. Il était en pleine force, les épaules larges, tout en muscles.

— La Marthe le nourrit bien ! disaient les commères jalouses.

— Son vélo risque de ne pas tenir le choc, avec un tel régime ! commentaient les domestiques et les valets des Établières et de la Trézanne.

— Tu pourrais avoir un cheval et une voiture, lui avait suggéré Tireau, un cheval de travail qui vous rendrait des services, tu te fatiguerais moins.

— Non, non, avait refusé Augustin. Il faudrait le nourrir quand j'arriverais. Ce serait encore du travail. Je passe partout avec mon vélo. Je vais à la vitesse que je veux. Un jour, et il cligna de l'œil, je pourrai peut-être y mettre un moteur...

Tous Les Moutiers pétaradaient, depuis l'achat par le comte des Fontenelles d'un étrange véhicule à deux roues, baptisé motocyclette et œuvre d'un certain Terrot. Le comte y versait du pétrole et s'installait à califourchon sur cette marmite détonante. Tout le monde en parlait. Il y avait ceux qui l'avaient vu avec son casque en peau et ses lunettes à œillères de drap, comme un chauffeur de locomotive. Il y avait ceux qui ne l'avaient pas encore vu, mais qui en avaient vu d'autres, ceux qui ne voulaient pas le voir.

— À quoi bon s'acheter un cheval maintenant, prophétisait Augustin en riant, bientôt, tout le monde roulera en motocyclette !

— À la vitesse où vont les choses !... reconnaissait Robert Martineau, philosophe.

Ses valets trouvaient l'atmosphère plus sereine depuis l'arrivée d'Augustin. La disparition du grand-père y avait contribué. Benoîte se cachait moins. On la voyait cueillir des fleurs autour de la maison. Elle s'arrangeait pour être là lorsque Augustin arrivait. Il lui demandait :

— Ça va ?

Elle le saluait d'un geste timide en baissant les yeux. Un jour, elle lui répondit :

— Et toi ?

Les fossettes d'un sourire fleurirent ses joues blanches.

— Le patron n'aimerait pas qu'on le dise, murmuraient les valets, mais petit à petit l'Augustin Vernageau devient le maître.

Les circonstances favorisèrent les entreprises d'Augustin, un dimanche de fin août 1909. Ses plaidoyers pour la race nivernaise-charolaise n'avaient pas convaincu son beau-père jusqu'alors. Élie, Marthe et lui poussèrent en se promenant, cet après-midi-là, jusqu'à la Trézanne. Ils avaient le cœur léger. Les battages étaient finis et bien finis. Ils pouvaient se donner un peu d'air avant les travaux d'automne.

Ils partirent sitôt après le déjeuner, sans prendre le temps d'une sieste. Les sauterelles jaillissaient en gerbes au nez de leurs chaussures. Une brise tiède soufflait sous les arbres et le soleil chauffait dans les trous de lumière. Sept bons kilomètres séparaient les Établières de la Trézanne. Le chemin sinuait entre les collines. Les éteules étaient blondes. Des vols de pigeons s'y dandinaient à la recherche de grains perdus. Marthe s'extasiait aux trouées de la haie.

— Regardez comme c'est beau par là ! Quel est le village qu'on aperçoit dans le fond ?

Les hommes, noirs comme des grillons, ne lui répondaient guère. Elle était habituée à leur peu de démonstrations. Elle faisait à la fois les questions et les réponses. Elle transpirait. La sueur lui courait sur le front au ras du chapeau de paille. De larges auréoles avaient mouillé son chemisier blanc sous les bras. De temps en temps elle glissait son mouchoir dans le décolleté de son caraco pour s'essuyer la raie des seins.

Robert Martineau entraîna les hommes dans sa cave. Les femmes prirent le café à la table de la salle commune. Benoîte s'assit avec elles un moment et repartit dans sa chambre.

— Elle ne change pas..., remarqua Marthe.

Avec les années, en effet, elle gardait cette apparence floue, adolescente. Elle avait toujours les hanches étroites, les épaules larges, la poitrine à peine formée, et les traits fins, sur un teint de crème, trop blanc.

— Comment elle va ?

Sa mère haussa les épaules.

— Pas plus mal. Avec Benoîte, peut-on jamais dire que ça va ?

Le grand valet surgit alors, les traits tordus de douleur, en se tenant le bras. C'était celui qui encourageait le cheval à boire en sifflant.

— Qu'est-ce qui se passe ?

— Lancier s'est échappé !

— Il vous a fait du mal ?

Il grimaça.

— J'ai voulu le rattraper.

Du sang rougissait sa chemise.

— Il t'a donné un coup de corne ? demanda Robert Martineau. Où est-il ?

— Sur le chemin de l'étang.

Mathilde Martineau le fit asseoir. Le valet était pâle comme un mort.

— Il lui faudrait un petit verre d'eau-de-vie, conseilla Marthe.

Les hommes sortirent au-devant du taureau. Robert Martineau s'empara d'une corde, distribua des fourches. Des aboiements furieux de chiens les appelèrent derrière les étables. Festin vieillissant et le chien jaune et noir des Martineau tenaient Lancier à l'arrêt dans l'encoignure du mur de l'étable. L'animal, un taureau de quatre ans, tête baissée, menaçait de ses courtes cornes les chiens qui voltigeaient autour de lui sans jamais franchir la frontière mortelle.

Les hommes remarquèrent tout de suite la fourche tombée le long du mur, et les écorchures sur le mufle et le fanon. Lancier paraissait ne se soucier que des chiens, dont les aboiements avaient gagné en intensité, mais il avait vu les hommes. Élie dit aussitôt :

— Laissez-moi faire !

Il était en costume du dimanche. Il ôta sa veste et la tendit à Augustin, sa fourche aussi, ordonna :

— Reculez-vous !

— Ce n'est pas à toi d'y aller..., hasarda Martineau.

— Reculez-vous !

La lumière du soleil tombait crue. Les eaux de l'étang luisaient sourdement derrière Lancier, un peu verdâtres, couvertes d'une pellicule poussiéreuse. Élie s'essuya les mains à son fond de pantalon, comme s'il avait été en tenue d'écurie, et s'avança à pas tranquilles. Lorsqu'il fut à quelques mètres, ils l'entendirent parler, mais sa voix était couverte par les aboiements. Lancier releva la tête, les naseaux tremblants et le souffle court, de la bave pendant au coin de la lèvre, rosée de sang. La fourche lui avait ouvert une méchante estafilade sur la joue. Il chancela, sur le point de s'ébranler. Élie continua de s'approcher doucement en parlant. Du pied, il écarta Festin, et les chiens, comprenant, vinrent se poster derrière lui en grognant. Il tendit la main. Lancier redressa brutalement la tête. La pointe de sa verge sortit entre les poils de son ventre.

— Il est fou ! Il va se faire tuer ! dit Martineau d'une voix étouffée.

Augustin le retint par le bras. Élie maintint sa main devant l'animal. Elle toucha la joue blessée et agit comme un charme. La colère parut abandonner l'animal. Sa tête redevint droite. Il cessa de souffler violemment. Même les chiens s'en aperçurent : ils se turent derrière Élie, qui continuait de parler au taureau. Il demanda :

— Où faut-il le conduire ?

— À l'étable.

— Où ça ?

— Dans le fond.

— Rangez-vous. Ça pourrait le reprendre.

Élie pinça la cloison nasale de Lancier et, à reculons, commença de tirer lentement le taureau. Lancier hésita.

Ses yeux brouillés tournèrent vers le bas, regardant la ligne martelée par ses sabots. Et puis il la franchit pesamment. Il beugla en apercevant la porte noire de son étable et voulut trotter. Élie le freina. Ils entrèrent ensemble. Lancier se dirigea tout seul vers sa stalle et tendit le cou pour se laisser enchaîner. Élie se pencha alors sur ses autres blessures.

— Eh bien ! Il n'y est pas allé de main morte, votre gars ! dit-il aux hommes qui entraient. Pas étonnant qu'il lui arrive des histoires !

La fourche avait creusé des trous dans le cuir.

— Il est patient avec les bêtes, corrigea Martineau. Celui-là est infernal.

Élie se tourna vers Lancier, écarta les boucles autour des yeux.

— Tu lui en veux, à ce valet, n'est-ce pas ?

Lancier tira la langue et happa un brin de foin dans le râtelier.

— Vous avez de quoi le soigner ?

Ils revinrent vers la maison. Mathilde posait des pétales de lys macérés dans l'eau-de-vie sur l'avant-bras du valet vilainement entaillé.

— Je ne sais pas comment il ne me l'a pas cassé...

Il ouvrit et ferma la main pour montrer que tout fonctionnait. Il n'avait pas retrouvé ses couleurs. Il transpirait.

— Ça pique ? demanda Mathilde Martineau.

— Ça chauffe.

— Donne ! dit Élie.

Il prit le bras et promena ses doigts autour de la blessure.

— Tu ne dois pas battre les bêtes ! lui dit-il, sévère. Débrouille-toi pour t'en faire obéir autrement.

— Je ne les bats pas ! se défendit le valet. Il n'y a que Lancier qui n'en fait qu'à sa tête.

Il s'épanouit soudain dans un sourire.

— Qu'est-ce que vous me faites ? Je ne sens plus mon bras. Je n'ai plus mal !

— Il te passe le feu, dit Marthe. Je ne sais pas comment il s'y prend. Il fait cela comme il ferait autre chose.

Elle considéra son mari avec admiration.

— Il a fait la même chose au taureau, tout à l'heure, dit Robert Martineau. N'est-ce pas ?

— Peut-être bien..., répondit Élie modestement.

Mathilde avait apporté une bande et elle commença d'en entourer le bras du blessé.

— Je ne veux plus m'occuper de Lancier, patron ! déclara-t-il, catégorique. Il ne vous aime pas, vous non plus. Il sait maintenant qu'on a peur de lui. Il va attendre la première occasion.

— Surtout après la raclée qu'il a reçue, ajouta Élie. Tu devrais leur amener Blandin, Augustin.

— Ils ne veulent pas de charolais ! fit Augustin, désolé.

Martineau se gratta le cou, interrogea sa femme du regard.

— Alors vous voulez me convertir ? dit-il, souriant.

Mathilde sourit à son tour.

— Vous avez vu comment on mène les bêtes ! dit Augustin en montrant Élie.

— J'irai voir votre Blandin un de ces soirs..., accepta Martineau.

3

Augustin accompagna l'animal à la Trézanne, en octobre, après les vendanges. Il bifurqua au retour par le café-épicerie de la Grande Roulière. La boutique se trouvait à l'écart, après un boqueteau de châtaigniers, signalée la nuit par une lanterne allumée jusqu'à l'heure de fermeture. Aristide Douillard y avait conduit Augustin, la première fois.

Augustin avait rassuré Blandin en lui servant quelques gâteries d'orge et d'avoine dans sa nouvelle crèche et avait quitté la Trézanne à la brune, refusant de manger sous le prétexte de ne pas s'attarder. En vérité, il avait prévu de s'arrêter au café Bonnaudet, baptisé « les six fesses » par Aristide : celles de la mère et des deux filles. Il posa la main sur le bec-de-cane et fut assailli d'odeurs de cuisine et d'épicerie mêlées. Un savoureux parfum de viande, d'ail et d'oignons frits dominait.

— Tu l'as senti ! lui dit Bonnaudet en lui tendant la main. Ce soir on mange des escargots.

Il avait des yeux injectés d'alcoolique, le nez bourgeonnant, la respiration sifflante. Il avait joué les utilités, à une époque, en promenant une charrette d'épicerie à travers le pays. Et certains en avaient profité pour rendre visite à sa femme Alberte, une grande brune courageuse sur qui reposait toute la charge de l'épicerie et du café.

Quand ses deux filles, Julie et Albertine, furent en âge de gagner leur vie, il cessa ses tournées, son activité principale se résumant en d'interminables parties de cartes avec des paresseux comme lui.

Augustin, seul pensionnaire ce soir-là, s'assit à leur table pour le souper. La suspension allumée au-dessus de leur table éclairait le centre de la salle de café et quelques paquets de lessive Phénix, des boîtes de cirage Lion noir, dans le coin épicerie. Alberte apporta le bouillon de légumes. Elle en imposait encore, toujours droite et forte. Elle avait du mal à tenir ses cheveux grisonnants. Des mèches rebelles échappaient aux épingles. Bonnaudet tendit la bouteille au-dessus de l'assiette d'Augustin et versa pour faire chabrot. Ensuite vint le fait-tout d'escargots. Bonnaudet vanta leur préparation avec du jambon en cubes et une assiette à calotte d'ails et d'oignons mélangés. Ils prenaient les coquilles avec les doigts et y introduisaient la langue pour en retirer la farce. La langue rose de Julie s'attardait à lécher sa coquille de manière suggestive en dévisageant Augustin avec insistance. Ses lèvres charnues luisaient de sauce, ses gros yeux bleus très pâles pesaient sur lui, parcourus d'éclairs provoqués par la flamme de la suspension. Elle avait de gros traits, mais une jeunesse pleine de santé, agréable à regarder. Sa poitrine se soulevait, échauffée par la nourriture lourde. Albertine, sa cadette, avait placé sa chaise si près d'Augustin qu'il ne pouvait pas bouger sans lui frôler le bras ou l'épaule. Elle était plus fine que Julie, plus longue. Son couteau tomba sur le plancher. Elle se pencha, et Augustin reçut le poids de sa cuisse contre la sienne.

Bonnaudet poursuivait son discours sur les escargots. Il en connaissait les nids à la Grande Roulière. Il était fier de les ramasser à la barbe des voisins.

— Regarde, dit-il, et il remplit sa grande main molle

de coquilles vides, je ne ramasse que les gros, ils ont tous des bords !

Il promena l'index sur le bourrelet autour de la coquille. Ils restèrent à la table devant un dernier verre, pendant que les femmes enlevaient les couverts et lavaient la vaisselle. Et puis Bonnaudet dit :

— Je vais éteindre.

Il parlait de la lanterne du dehors. La nuit était très noire et silencieuse. Ils traversèrent le chemin pour aller se soulager en face, au pied de l'ormeau. Un souffle agita les branches, comme s'ils avaient troublé le sommeil de l'arbre. Quelque chose bougea au-dessus de leurs têtes. Bonnaudet grogna :

— Elles ne les ont pas renfermées, ces feignantes ! Elles savent pourtant que les poules viennent se coucher là !

À la lumière de la lanterne, Augustin vit les silhouettes de trois poules blotties sur une branche. Il rentra et gravit l'escalier après avoir souhaité la bonne nuit. Julie l'attendait sur le palier, le bougeoir de cuivre à la main. Le lit était ouvert. Elle aimait les draps de lin tendre bien tendus et elle y promenait la main pour vérifier qu'ils n'avaient pas de plis. Elle poussa la porte du pied, se jeta sur Augustin avec un cri de plaisir, haletante, un sein impressionnant déjà jailli du corsage. Il la soupçonnait d'exagérer l'accompagnement sonore de leurs ébats pour rendre sa sœur jalouse. La première fois, Bonnaudet lui avait dit, après le souper :

— Monte donc voir les filles, elles n'ont pas tellement de distractions !

Julie avait usé de son droit d'aînesse. La seconde fois, Albertine avait exigé son tour. Depuis s'était instaurée une concurrence entre les deux sœurs, entraînant une surenchère dans les transports. Augustin ne s'en plaignait pas. Julie était plus pressée, plus extériorisée. Albertine plus pudique, mais aussi exigeante. Quand il rentrait au petit jour, les traits tirés, la barbe bleue, les boucles dressées, Marthe l'accueillait sur le seuil sans une parole. Elle lui tendait du bout des doigts, à n'importe quelle saison, une cuvette et le morceau de savon de Marseille avec une crispation de nez rebuté par des odeurs nauséabondes.

— Lave-toi ! ordonnait-elle alors seulement. Ne fais pas entrer de maladies dans la maison !

La consomption chronique de Benoîte s'aggrava inexplicablement au printemps 1911. Elle refusait de prendre des nourritures solides, ne tolérait plus que des bouillies, des laitages. Elle maigrissait. Le docteur Mouche, appelé à l'aide, ne trouva pas de remèdes pour la guérir. Il prescrivit les habituels électuaires et les pilules susceptibles de lui redonner de l'appétit.

— Le mal est d'abord dans sa tête, dit-il à Mathilde. Ouvrez donc sa fenêtre. Sa chambre empeste le renfermé. Sortez-la, vous ne manquez pas de place autour de chez vous, que diable !

Avant le comte, le docteur Mouche avait semé la terreur sur les chemins, botté, casqué, au guidon d'une motocyclette de la première génération, lâchant derrière elle un malodorant nuage de fumée noire. Ses amis de raisonnable conseil lui avaient prédit qu'elle le conduirait au cimetière. Il en vit les portes s'ouvrir devant lui lorsqu'il dérapa sur une plaque de terre jaune. Sa machine fonça sur le tronc d'un chêne et s'y désintégra. Revenu à lui après vingt-quatre heures de coma, il eut cette première parole pour l'oreille de sa femme, inclinée sur ses lèvres : « *Vulnerant omnes, ultima necat* ». « Toutes blessent, la dernière tue ». Il était aussi un latiniste distingué. Depuis, il était revenu à son banal cabriolet à cheval.

— Vous parlez bien, docteur, lui répondit Mathilde Martineau. Benoîte crie dès que je touche à la poignée de sa fenêtre. Elle refuse de sortir. Après quelques pas, elle n'en peut plus.

— Elle ne ment pas. Il faut manger pour vivre. Mais moins elle marchera, moins elle aura d'appétit, moins elle sera capable de marcher.

Élie, appelé à la rescousse, lui imposa les mains, traça sur elle des signes répétés. Son magnétisme fut secourable un temps. Elle recouvra un appétit d'oiseau. Elle montra du plaisir à sucer des pierres de sucre, à grappiller un peu de pain et à mâchonner de la purée de pommes de terre. Elle résista ainsi en 1912 et en 1913, soutenue par les séances régulières d'Élie, accompagné d'Augustin. Le traitement avait lieu dans la salle commune. Benoîte était assise dans le fauteuil du défunt grand-père. Les mains d'Élie allaient et venaient sur elle, l'effleurant à peine, s'arrêtant au-dessus de sa tête, de son estomac rétréci.

— Cela te chauffe-t-il ?

— Oui, répondait-elle, docile, avec un sourire triste.

Augustin contemplait sa « femme », ses joues creuses, sa peau devenue grise, ses yeux bleus naïfs et vieux à la fois, remplis de toute la détresse du monde. Il se sentait coupable de sa bonne santé, de son appétit d'ogre, de sa force à soulever une charrette. Il lui adressait des clins d'œil complices en réponse aux jérémiades de Mathilde.

— Elle ne mange pas assez. Elle ne fait pas d'effort. Dites-lui qu'elle doit se forcer. Elle vous écoutera peut-être davantage.

Elle rechuta au début de 1914. L'issue fatale devint dès lors inéluctable. Benoîte résista pourtant tout le printemps. L'été arriva. Elle ne se nourrissait plus que de quelques cuillerées d'eau sucrée, devenue méconnaissable, ne pesant plus qu'une trentaine de kilos, la figure rétrécie comme un coing.

Elle regarda Augustin entrer dans sa chambre le soir du 31 juillet, et il crut lire une lueur de contentement au fond de ses yeux. Car ses yeux vivaient encore. Elle lui indiqua la chaise à son chevet. Il était tard. Il revenait de moissonner. Benoîte, lui avait-on appris, était au plus mal. Il avait sauté sur sa bicyclette. Elle attendit le départ de sa mère et haleta, fiévreuse :

— Tu sens le blé. J'aime la terre, tu sais. Lorsque j'étais petite, j'ai passé mes meilleurs après-midi à glaner avec ma grand-mère. Raconte-moi ce que tu as fait, aujourd'hui.

Il raconta, et chercha dans sa poche. Il en sortit une poignée de grains rouges.

— Regarde, j'ai égrené un épi, ce matin.

Il mordit un grain qu'il cassa en deux.

— Tu en veux ?

Elle parut ne pas entendre. Elle dit alors de sa voix éteinte, le regard perdu dans la tapisserie à grands ramages :

— Il y aura la guerre, mais tu vivras...

Il fut effrayé par ses yeux dilatés, et l'accent de vérité de ses paroles pénétrait en lui comme un fer brûlant. Où avait-elle entendu parler de la guerre, elle qui vivait repliée dans cette chambre comme dans un boçal ? Elle avala péniblement sa salive, des peaux collées au bord des lèvres.

— Tu souffriras. On t'aimera, beaucoup mieux que la pauvre Benoîte...

Elle s'agita, tourna les yeux vers Augustin. Il lui prit la main et n'eut entre les doigts qu'une poignée d'os fragiles et brûlants.

— Oublieras-tu la pauvre Benoîte ?

Une larme perla au coin de sa paupière.

— Je n'oublie rien, Benoîte, tu le sais.

Il tendit la main vers la tasse et la cuiller sur la table de nuit.

— Veux-tu boire ?

— Je ne peux pas avaler ! gémit-elle.

Ils restèrent silencieux. Elle ferma les yeux. Le regard d'Augustin erra sur les murs de la chambre de la recluse, le bois de cerisier à rouleaux de son lit, la commode aux pieds à griffes de lion. Le cadran de la pendule était serré entre deux amours. Mathilde Martineau entra sur la pointe des pieds.

— Elle dort ?

Augustin haussa les épaules. Il se leva, le plancher craqua. Il regarda encore le rictus de la bouche maigre soulevée par les dents et se sauva.

Le lendemain matin, samedi 1er août, il commença de construire le gerbier des Établières. Il en avait appris la technique aux Fontenelles. On reconnaissait aussi un bon paysan à la forme de son gerbier éphémère. Les plus remarquables avaient la forme d'un cœur. Augustin se flattait de les réussir.

Il commença par le milieu, alignant les gerbes de la première charrette. Le gerbier mesurerait une vingtaine de mètres le long de la haie du verger, chaque épi reposant sur la gerbe d'à côté pour lui éviter l'humidité de la terre. À onze heures, le gerbier atteignait deux mètres de haut, et il prenait déjà ce ventre qui lui donnerait la fameuse forme de cœur, lorsque Robert Martineau arriva. Augustin marchait, ravi, nu-pieds, à pleines jambes dans la mer de blé. Il portait de larges brassées de gerbes odorantes et les diposait savamment comme un maçon. Il transpirait. Il avait tout oublié, les yeux éblouis de blondeur. Il s'étonna d'abord de la présence de Martineau, puis s'assombrit et demanda l'échelle. Il avait compris.

— Benoîte a passé tout à l'heure, dit le père, aux alentours de huit heures. Elle n'a quasiment pas repris connaissance après ton départ. Elle est partie sans souffrir, apparemment.

— Elle avait assez souffert avant.

— Je suis venu t'avertir. Mais ce n'est pas la peine de te déranger de ton travail pour le moment. Sa mère et les femmes s'en occupent. Tu viendras ce soir, si tu veux.

À cinq heures, le gerbier était bien avancé. Sa motte jaune emplissait la cour. Il ne restait plus que cinq largeurs de gerbes au sommet, après ce seraient quatre, puis trois, enfin les deux faîtières. Antoine, le fils de Berthe, surgit dans la cour en courant.

— C'est la guerre ! La guerre ! cria-t-il, et on ne savait pas si le gamin ne s'amusait pas à annoncer cette nouvelle.

Tout le monde s'arrêta de travailler, et son père, noir de poussière sur la charrette :

— Qu'est-ce que tu dis ? interrogea-t-il sévèrement. On ne rigole pas avec des choses pareilles.

Le gamin se défendit :

— C'est M. Tireau qui l'a dit en traversant le parc du château.

En effet, Tireau entra dans la cour, très pâle.

— J'ai appris, pour Benoîte, murmura-t-il. J'arrive des Moutiers. Voici l'ordre de mobilisation placardé sur les murs de toutes les communes de France.

Il tendit un papier à Augustin, qui lut l'ordre du gouvernement : « Tout Français soumis aux obligations militaires doit sous peine d'être puni avec toute la rigueur des lois obéir aux prescriptions du Fascicule de Mobilisation (pages coloriées placées dans son livret). »

Marthe tendit l'oreille.

— Entendez-vous ? On dirait que ça sonne.

— C'est le tocsin, confirma Tireau. Il sonne depuis longtemps déjà. De la tour du château, on l'entend sonner aussi à Beaufou.

Les femmes, Marthe, Berthe et Joséphine, la femme du nouveau jeune domestique, coururent chercher les livrets militaires de leurs hommes. Antoine devait rejoindre Fontenay, le second jour de la mobilisation, Augustin La Roche, le troisième, le mari de Joséphine, Bernard, avait ordre de partir sur-le-champ. Il le savait. Il avait laissé sa petite femme chercher dans les tiroirs pour se donner un peu de temps. Il était devenu couleur de la paille. Sa femme était enceinte de cinq mois, attendant leur premier. Elle supplia en pleurant :

— Tu ne vas pas partir ce soir ! Ils attendront demain.

Elle avait dix-sept ans, une figure ronde et douce de jeunette à peine sortie de l'enfance. La grossesse les avait obligés à se marier plus vite que prévu. Leur noce précipitée avait causé un drame familial. La bénédiction avait été célébrée sans les cloches. Aveuglée par les larmes, elle appuyait son ventre arrondi contre son mari, une main autour de sa taille, l'autre autour de son cou dans un abandon total, ignorant la présence des autres. Elle espérait vraiment qu'il lui accorde un dernier soir, une dernière nuit. Il lui posa délicatement sa veste sur les épaules, comme si elle avait froid. Il demanda, la voix étranglée :

— À quelle heure est le tram ?

Il récupéra sa fourche, et ils s'en allèrent à la hâte. Les hommes achevèrent le gerbier en silence. Ces dernières gerbes leur parurent très lourdes. Ils pensaient que ce blé serait battu sans eux. Augustin organisait tout dans son esprit, avant son départ. Avec Élie et Marthe, il était tranquille, la ferme continuerait de tourner. Il regardait le vieil homme, debout sur la charrette, toujours aussi maigre, levant les lourdes gerbes à la place de Bernard. Augustin le voyait toujours pareil, sa moustache mise à part, en train de blanchir. Élie était le plus sombre d'entre eux. Il avait l'expérience de la guerre. Certaines scènes de son champ de bataille lui hantaient l'esprit.

VII

LES TRANCHÉES D'ASNAIS

1

Augustin suivit le cercueil de Benoîte, le lundi matin, jusqu'au cimetière. Il n'y avait pas grand monde à accompagner le convoi, tout le monde étant occupé par d'autres départs.

— Cette pauvre Benoîte, dit sa mère, aura été aussi privée d'une cérémonie d'enterrement.

Après le tocsin, le glas semblait sonner sur une campagne de fin du monde. C'était la première mobilisation générale de l'histoire. Tout d'un coup, en moins de une semaine, le pays se vidait de ses hommes de vingt à cinquante et un ans. Ce déplacement considérable était rendu possible grâce au réseau de chemin de fer le plus moderne du monde, et on comprenait l'optimisme de ceux qui embarquaient dans les trains bondés aux cris de « À Berlin ! À Berlin ! ». Mais que restait-il à l'arrière après ces départs ? Comment les femmes et les vieux allaient-ils se débrouiller ? Comble de malchance, le mauvais temps avait retardé les moissons. Peu avaient l'avance des Établières. Beaucoup de grain était encore debout dans les champs.

Augustin s'en alla au sortir du cimetière. Robert Martineau le serra dans ses bras, en s'efforçant de sourire.

— Dans un mois tu seras de retour.

Mathilde écarta son voile de deuil et l'embrassa. Les

yeux de Marthe étaient gonflés. Elle avait crié lorsque Augustin l'avait appelée pour lui montrer son cahier de comptes.

— Pourquoi tu nous montres cela !

Elle refusait d'en prendre connaissance, de crainte d'attirer le malheur.

— Pour que vous sachiez..., s'excusa Augustin.

— Elle ne supporte pas..., la défendit Élie, en éprouvant lui aussi d'étranges picotements dans les yeux.

M. Tireau les conduisit à la gare des Moutiers. L'atmosphère n'était plus à l'hystérie comme le dimanche, lorsque les jeunes partaient. Les vieux étaient plus discrets, plus enclins au doute. Ils savaient qu'on gagne rarement à ces sortes de jeux. Augustin voulut les encourager.

— Vous allez voir, je parie qu'on fera trente quintaux cette année !

Marthe l'attira contre elle. Elle avait une force d'amour considérable. Elle prit sa figure entre ses mains en coupe et, le regard mourant, elle prononça des mots venus de l'enfance :

— Mon fi, mon rat, mon loup...

La chaleur était lourde. La fumée de la loco ne montait pas dans le ciel. Elle enfermait la petite gare dans son nuage. Elle piquait les yeux. Augustin emporta avec lui l'odeur de Marthe, une tendre odeur de brioche.

Élise arriva aux Établières le jeudi 6 août.

— Je ne viens pas mener la vie de château, mon oncle, dit-elle, déterminée. Donnez-moi une chambre, et dites-moi ce que je dois faire.

Tireau la considéra avec une grimace agacée. Qu'est-ce qu'elle venait lui casser les pieds ! Il avait tout à organiser. Qu'elle s'occupe de ses petits-enfants en vacances au château et livrés à eux-mêmes ! Leurs mères, anéanties par le départ de leurs maris à la guerre, ses deux fils, le lieutenant et le capitaine Tireau, les laissaient libres de faire toutes les bêtises. Étienne, le plus intrépide, avait cassé cinq carreaux au lance-pierres en jouant à la guerre.

— Tu veux travailler ? lança-t-il. On bat demain chez ton ami Augustin. Tu peux y aller. On ne sera pas assez nombreux.

Elle se présenta à la ferme des Établières le lendemain matin, à cinq heures. Les batteurs se serraient, en rond, sous l'acacia. Ils n'étaient que des vieux, les membres déformés, des enfants et des femmes, prêts à se mesurer à des travaux d'homme.

— On fera ce qu'on pourra ! disaient les plus modestes.

— Il faudra bien y arriver ! reprenaient les plus optimistes.

Le soleil était déjà bien jaune dans un ciel sans nuages. Un fort vent du sud troussait les branches des arbres. Élie avait rangé la batteuse le long du gerbier d'Augustin. Marthe appela son mari.

— Regarde ce qui nous arrive !

Élise se tenait un peu à l'écart du groupe, près des femmes. Elle portait un foulard rouge sur la tête, noué sur la nuque à la mode paysanne.

— Elle ne manque pas de toupet. Elle s'est déguisée. Elle vient s'amuser ! Elle va voir ce que c'est ! déclara Marthe avec la rancune habituelle des femmes de la campagne.

Elle vouait à Élise une haine jalouse pour lui avoir ravi si longtemps le cœur d'Augustin et l'avoir fait souffrir en l'abandonnant. Elle retrouvait cette haine intacte, exacerbée de la découvrir encore belle, désirable, avec une légèreté d'allure enviable sous le foulard et le tablier de grosse toile brune. Les coups d'œil et les saluts polis des batteurs et batteuses à la nouvelle venue disaient des choses semblables, avec moins d'excès.

— Tu la prends à la cuisine avec toi ? demanda Élie.

— Qu'est-ce que tu veux que j'en fasse ?

Le vieux Brianceau, en casquette et bourgeron bleus, s'affairait autour de la locomobile. Il avait dû reprendre du service à soixante-quinze ans. Il connaissait mal cette machine de son fils, parti la veille dans les territoriaux. Ses mains tremblaient un peu. Il dissimulait ses maladresses en houspillant ses aides : deux gamins de onze ans, accusés de verser l'eau à côté de la chaudière. Enfin la machine démarra. La grande roue d'entraînement s'ébranla. La fumée noire de la loco étala son ombre sur la cour. Pierre-Antoine Tireau était arrivé, lui aussi, en culotte de cheval et brodequins de toile, apportant sa contribution à l'union sacrée.

— Qu'est-ce que va faire votre nièce ?

— Ce que vous voulez. C'est vous qui commandez, mon vieux.

Elle connut l'humiliation de se voir confier un râteau en compagnie des vieux les plus chenus, avec la charge de trier les balles et les épis coupés. Mais elle profita de la pause de neuf heures pour réclamer une fourche. Elle rejoignit son oncle avec les secoueurs. Ils préparaient les fourchées de paille que les porteurs montaient sur le pailler. L'après-midi, elle s'offrit à prendre place sur la planchette de la vanneuse. Elle escalada prudemment l'échelle, poussa sa première gerbe dans la gueule noire de la machine, et ne bougea plus de son poste. Plusieurs fois on lui proposa de la remplacer. Elle refusa.

— Ça va !

Bien sûr que ça allait. Elle devait toujours attendre les trois autres égreneurs, plus gauches, plus craintifs des dents de la machine. Elle se couvrit d'un chapeau de paille au milieu de l'après-midi, trop tard. Toute à son ouvrage, elle ne s'était pas aperçue de l'ardeur du soleil. Sa figure avait la couleur de son fichu. Les paysans se la montraient en riant.

— Elle en a pris un coup !

Ses mains aussi étaient en feu, écorchées par la paille. Le lendemain matin, après une mauvaise nuit, elle surprit son oncle et les batteurs par sa présence au pied de la machine, écarlate, cuite, à l'abri sous un chapeau à large bord. Elle monta sur la planchette sans demander d'autorisation et fut la première à pousser le froment dans la vanneuse.

Elle suivit la machine non seulement dans les fermes des Établières, mais pendant les presque trois semaines de sa tournée dans le secteur. Son courage, son adresse retournèrent l'opinion en sa faveur.

— Elle est peut-être institutrice, mais elle est capable !

Elle séduisit par sa grâce naturelle. Elle parlait à tout le monde, même aux ivrognes, même à ceux qu'on méprisait, et s'enquérait des enfants, de leur santé.

— Elle n'est pas fière !

Sa présence apporta un peu de fraîcheur en ces jours de désarroi. Le vieux Merceron à moustache gaillarde cligna de l'œil.

— C'est elle que l'Augustin a longtemps fréquentée. Je les ai vus un jour ensemble dans un coin de champ. Bon sang, ce qu'ils étaient amoureux !

Quelques femmes n'appréciaient pas son succès, lui reprochant de jouer la comédie.

— Regardez-la faire ses mines ! Avait-on besoin d'elle ? On se demande ce qu'elle est venue fabriquer chez nous !

Au mois de septembre, elle vendangea dans les coteaux de Pot-de-vin. Elle monta et descendit entre les rangs, grimpa à l'échelle, lourdement chargée, pour atteindre la cuve sur la charrette et vider les paniers d'un coup d'épaules et de reins. Elle se découvrit une vitalité et une force qu'elle ne se connaissait pas.

— Alors, soldat de liaison Vernageau, dit à Augustin le capitaine Aumont, un peu plus chauve sous le képi, un peu plus bedonnant dans la veste bleue, comment allez-vous ?

Augustin avait retrouvé aussi son vieux copain Le Covec. Ils ne s'étaient écrit que trois ou quatre fois. Le Covec avait envoyé une carte pour annoncer son mariage avec une Henriette. Mais il avait des difficultés avec l'écriture. Ses réflexions sur la santé et le temps, laborieusement rédigées, étaient entrecoupées de réflexions comme : « Il y a trois semaines, nous avons changé la vache. » Ou bien : « Ma sœur, Louise, s'est mariée avec un marin de Lorient. » Leur correspondance en était restée là.

Augustin était dans l'œil du tourbillon de la grande salle d'habillage du capitaine fourrier, lorsqu'un grand désossé, torse nu, en caleçon, le dos en lame de faux d'un blanc de cadavre, les avant-bras et la figure couleur de terre, l'avisa, le dévisagea, et éclata de rire.

— Augustin !

Augustin hésita.

— Tu ne me reconnais pas ?

La voix et l'accent lui furent aussitôt familiers.

— Le Covec !

Ils se tombèrent dans les bras.

— Tu es toujours pareil ! lui dit Le Covec. Tu as forci. Tu n'as pas vieilli.

— Toi non plus.

— Tu dis ça. Tu ne me reconnaissais pas !

— Écoute, je ne pensais pas te retrouver là !

— Moi, je le pensais ! s'illumina Le Covec avec son sourire généreux d'autrefois. As-tu vu Edin et Pincemin ? Ils sont là aussi.

Ils revêtirent ensemble l'uniforme, assis sur le bat-flanc, et s'en allèrent vers leur casernement, le paquetage sur l'épaule. Augustin était surpris de découvrir Le Covec si vieilli : il avait perdu des dents, il ne lui restait qu'une couronne de cheveux grisonnants. À trente-huit ans, il avait l'apparence d'un homme sur le déclin, usé par le travail et les privations.

Il l'interrogea sur sa vie, sa famille. Le Covec menait l'existence de tous les valets de métairie. Il habitait un trou de maison près de Guipavas avec sa femme et ses cinq enfants. Sa fille aînée souffrait de la poitrine. Il comptait sur les gages du cadet et du troisième pour aider la famille et lui permettre de manger à sa faim. Pourtant, ce n'était pas faute de travail de la part de Le Covec et de son Henriette. Quand ils croyaient s'échapper, la maladie, la malchance les rattrapaient. Il avoua à Augustin que cette guerre ne lui déplaisait pas. Elle lui donnait l'occasion de sortir, de souffler. Elle l'arrachait à son esclavage.

— Tu comprends, ici, on a le fricot !

— Mais chez toi, là-bas, comment vont-ils faire ?

— Les gars ont pris ma place, et ça fait une bouche de moins à nourrir.

Il interrogea Augustin sur Élise, et Augustin se confia comme il ne l'avait fait avec aucun autre. Il se laissa aller à penser à Élise. Il ne l'avait pas revue depuis de nombreuses années. Il ne partait pas à la guerre avec le même esprit que Le Covec. Marc Sangnier appelait à l'union sacrée et à la mobilisation de tous pour dresser un rempart contre l'ennemi. Dans sa ligne de pensée, Augustin accomplissait son devoir au service de la nation.

La première tragique nouvelle arriva à la mairie des Moutiers le 10 septembre. L'ex-frère Legland, devenu l'instituteur M. Legland, et garde-champêtre par intérim en remplacement du garde sous les drapeaux, porta le pli au curé Désamy. Le comte maire des Fontenelles était lui-même parti à la guerre. Son adjoint habitait à l'autre extrémité de la commune. Ils allèrent trouver le vieux tonnelier Anselme, présent sur la liste du maire depuis trente ans, et disposant d'une voiture et d'un mulet.

— Irez-vous avertir du décès ?

— Monsieur le curé, ce jeune gars a eu le courage de mourir. Si vous me le demandez, et si c'est la part qui m'est réservée, je ne vois pas comment je pourrais refuser.

— Je vous accompagnerai, si vous le voulez.

— J'irai tout seul. Votre soutane ferait peur aux gens.

Il avait soixante-douze ans et avait perdu le gras du temps de sa splendeur d'artisan. Il buvait moins, ayant moins d'occasions de mettre le nez à la bonde des tonneaux. Ses moustaches avaient jauni, brûlées par le tabac. Il attela son mulet et s'en alla chez le tisserand de la Nonnerie, dont le fils Félix avait été tué dans les premiers engagements de la bataille des frontières.

Sa carriole et son mulet furent bien vite considérés comme le char funèbre. Quand il attelait, on demandait avec effroi :

— Chez qui va-t-il porter la mort ?

Il avertit deux fois encore en septembre, quatre en octobre, après le choc de la Marne. Chaque mission devenait une épreuve pour le vieil homme, qui cessa de fréquenter Les Trois Épis.

— J'ai honte, avoua-t-il à l'un de ses copains passé prendre de ses nouvelles. Je fais peur aux gens. Il m'aura fallu devenir vieux pour accomplir le pire des métiers.

La 133e compagnie de réservistes du 93e était cantonnée à l'arrière, à Bar-sur-Aube. Augustin écrivit à Marthe et à Élie :

On ne fait pas grand-chose, à part de longues marches pour nous entraîner. Je n'ai pas encore touché mon vélo de soldat de liaison. La guerre sera peut-être finie avant. Pourriez-vous me tricoter une paire de gants, au cas où les opérations dureraient jusqu'à l'hiver ? Il fait plus froid que chez nous, ici.

Il leur parlait surtout du travail aux Établières :

J'enrage de me tourner les pouces alors que vous avez tant à faire. Essayez de tenir. Bridonneau, des Ardiats, est avec moi. Il m'a dit que sa femme avait liquidé une paire de veaux pour moins de 100 francs. Les embusqués profitent de la panique. Les betteraves du champ Delaire sont-elles toujours aussi belles ? Elles seront pénibles à récolter et lourdes à charger dans le tombereau.

Au mois de novembre, il écrivit :

Cette fois, on nous a rapprochés. On entend le canon gronder. La terre est grise. Elle colle. Mon copain Le Covec est content de pelleter. Qui va ramasser les choux ?

Il reçut un livret édité par le ministère de la Guerre : *Conseils au soldat pour sa santé*, sous-titré : *Pour la Patrie, le soldat doit être aussi ménager de sa santé que généreux de son sang.* Les têtes de chapitre évoquaient l'hygiène du cantonnement, les vêtements, l'alimentation, les poux, les maladies vénériennes, les soins pour les blessures des différentes parties du corps :

« Les blessures de la tête qui n'ont pas atteint les os du crâne ne sont pas graves, elles peuvent saigner beaucoup, mais l'hémorragie sera toujours arrêtée par un pansement serré. Les blessures de poitrine, malgré les apparences, ne sont pas très graves pour la plupart. Ne vous effrayez pas des crachements de sang, ni de l'essoufflement ; restez calme. Faites-vous asseoir, le dos appuyé. En attendant le médecin, soyez patient. »

Le livret conseillait l'aménagement de tranchées de protection et recommandait pour le confort la préparation du sol de manière à le rendre sec par l'empierrement, l'agencement de planches, clayonnages, etc. ; il encourageait à la protection des tranchées par des panneaux, et des abris, des postes de commandement par des toiles ou des couvertures mouillées efficaces contre les gaz ; il exhortait à ventiler les tranchées en y allumant du feu (brindilles arrosées d'essence et de pétrole). Le gouvernement français venait d'exprimer la protestation la plus énergique contre l'emploi allemand des balles dum-dum qui s'épanouissent ou s'aplatissent facilement, contraires à la déclaration de La Haye. Il s'élevait aussi contre la baïonnette dentelée dont la lame découpée en forme de scie provoquait d'horribles blessures.

Ils marchèrent toute une journée sous la pluie. Le ciel, couleur de cendre, était parcouru de larges traînées noires porteuses de violentes averses. Le Covec disait :

— On va s'en prendre une saucée. Regarde ce qui monte !

Il marchait devant Augustin. Ils étaient en colonne par deux de chaque côté de la route. Augustin poussait son vélo. Un long convoi de voitures bâchées et de pièces d'artillerie les avait doublés à la sortie de Reims.

— Ça, c'est le 155, avait dit Pajot, connaisseur, en montrant le fût d'un canon bondissant derrière les chevaux à la robe cirée de pluie.

— Je m'en fous ! avait répondu Bourcereau. Regarde moi ça !

Il avait été arrosé au passage du canon. Ses bandes molletières et ses godillots étaient maculés de boue noire.

— Mon adjudant, quand va-t-on faire la pause ?

Le capitaine les arrêta à l'abri d'un bois de sapins. Ils sortirent leurs rations. Le pays s'étalait devant eux en longues vagues douces, rayé par la pluie. Un ruisseau avait répandu ses eaux sur un champ. Par endroits, la craie dégagée luisait, toute blanche.

Ils montèrent vers un village au clocher apparemment intact, s'en approchèrent par un mauvais chemin de terre glissante et découvrirent les trous béants dans le clocher. Le village était vide, les volets des maisons fermés. Certains murs étaient éventrés. De gros moellons de pierre avaient volé à travers les cours, comme lancés par des mains de géant.

— Tu vois ce lit, dit Le Covec en montrant la brèche d'un mur, Henriette voudrait un lit de fer comme celui-là. Je ne sais pas où elle est allée prendre cette idée !

Et puis, après quelques pas en silence :

— Tant pis, je lui achète quand on va rentrer. Elle l'a bien mérité.

La terre grondait sérieusement. Ils s'étaient habitués au bruit du canon, à l'arrière. Le Saux, l'autre Breton de la compagnie, disait qu'il l'entendait tonner ainsi tous les jours, chez lui, à Brest. Mais maintenant le sol vibrait comme un tambour sous leurs godillots. Ils scrutaient avec inquiétude la ligne de jonction de la Champagne et du ciel.

Ils s'arrêtèrent à la ferme de la Gravière dont il ne restait plus que deux murs de grange avec un portail noir enfoncé dans la terre. Ils s'alignèrent contre le mur pour s'abriter de la pluie rageuse, irrégulière. Une troupe arriva en désordre, des jeunes, riant et fanfaronnant. Ces gars du 117e régiment breton descendaient des premières lignes. Ils avaient été le fer de lance du dispositif d'offensive de Joffre. Tout de suite, Le Covec et Le Saux allèrent aux nouvelles.

— Y a-t-il des gars de Guipavas ? De Brest ?

Un Yves s'installa entre Le Covec et Augustin. Sa plaque bracelet portait le matricule 3637. Il avait une figure de souris blonde, trois poils de barbe claire vrillés sur le menton.

— On en a bavé, dit-il. On était mille huit cents, on n'est plus que la moitié. On a progressé de deux cents mètres. Notre capitaine n'est pas notre capitaine. Le nôtre a été tué. Il y a au moins une justice, les gros aussi se font tuer. Ils regroupent les compagnies pour les reconstituer.

Le capitaine Aumont avait sorti ses cartes et les consultait avec un capitaine du 117ᵉ. Il avait enlevé son képi. Les trois mois d'exercice ne lui avaient pas fait perdre son ventre. Il était difficile de l'imaginer courant à l'ennemi sur ses jambes courtes.

— Tu es de quelle classe ? demanda Le Covec au matricule 3637.

— 14. Et vous ?

— Ça ne se dit pas.

Ils avaient presque l'âge d'être les pères de ce gamin. Au travail, ils lui en auraient appris. Ici, il leur était supérieur.

— On est de la 96, confia Augustin.

Le jeune siffla. Quand il fut parti, Augustin dit :

— Pour faire la guerre, il faut être jeune, très jeune.

Le capitaine l'appela, lui montra la carte.

— Vous allez nous précéder à la ferme d'Asnais. Il y a deux kilomètres. Vous nous annoncerez. Ne perdez pas de temps. On vous attend. Il faut arriver avant la nuit.

La nuit tomberait vite, en effet, avec un temps pareil. Augustin essuya de la main l'eau de sa selle. De toute manière, la pluie avait commencé de lui ruisseler dans le dos depuis belle lurette. Il appuya sur la pédale. Il vit le jeune 3637 lever la main et comprit qu'il disait : « Salut l'ancien ! »

— Salut blanc-bec ! grommela Augustin entre ses moustaches.

Il les avait laissées pousser à la gauloise depuis sa mobilisation, surpris d'avoir le poil si dru. Il l'avait écrit à Marthe, qui lui avait répondu : *Méfie-toi, la vermine peut se loger là aussi. Tu étais plus beau avant. J'en suis sûre.* Elle n'aimait pas les moustaches, reprochant les siennes à Élie :

— Vous avez honte de vous, sans doute, pour avoir besoin de vous déguiser !

Peut-être le temps allait-il changer. Après une accalmie, la pluie semblait vouloir s'arrêter. Augustin frissonna. Le vent était plus vif, à cause de la vitesse du vélo.

Il effectua de grands moulinets avec ses bras pour se réchauffer. Le chemin descendait entre des guérets gris, bordé de haies très basses. Il entra sous le couvert d'un bois, presque rond, comme une île au milieu des champs.

La plupart des arbres, des hêtres, avaient la tête déchiquetée. Ils dressaient des poteaux tragiques, écorce arrachée, leurs branches en lambeaux à leurs pieds. Augustin pédala plus vite, comme si le bois risquait encore de voler en éclats. Il déboucha sur une colline galeuse, montrant ses os blancs. Il l'escalada et, après avoir franchi le dernier pli, posa pied à terre.

— Bon Dieu !

Une longue étendue plate s'étalait devant lui. La terre luisait dans le jour finissant. De larges flaques dormaient dans les cuvettes. Il avait rêvé de telles surfaces de blé d'un seul tenant, à la place de ses petits clos avec leurs talus. Mais le grain ne lèverait pas cette année, sur cette terre. Elle était semée de chevaux de frise, hérissée d'aiguilles de bois et de fer, boursouflée de remblais. Au fond du ciel immense des fusées éclataient. Des flammes rouges s'allumaient. Des fumées noires glissaient comme au-dessus d'un incendie.

Un convoi bâché arrivait sur la gauche. Une troupe d'hommes marchait à travers les restes d'un village. Il entendait nettement la musique des clairons. Il aperçut la ferme à la lisière d'un bosquet, entra dans la cour remplie d'un alignement d'affûts. La toiture de la maison tendait vers le ciel les poutres de sa charpente brisée. Il avisa un homme, tête nue, adossé au mur de la grange, un pied appuyé contre les pierres, les bretelles pendant de chaque côté de sa culotte rouge, tirant sur un brûle-gueule.

— C'est bien ici, la ferme d'Asnais ? demanda-t-il.

— Oui, fit le soldat, et il ôta sa pipe de sa bouche. Qu'est-ce que tu cherches ?

— Je suis l'éclaireur de la 133e compagnie du 93e d'infanterie.

— Il ne fallait pas te presser, dit l'homme en se remettant sur ses deux pieds.

— Pourquoi ?

— Parce que si vous arrivez on va monter là-bas.

De la pipe, il montra le ciel où scintillaient les flamboiements. Il poussa la porte de la grange.

— Eh, les gars, voilà ceux du 93e !

Augustin distingua des tables alignées. Une unique lampe éclairait la pénombre, fixée à un clou au mur. Des hommes jouaient aux cartes. Il vit luire leurs yeux comme ceux des bêtes lorsqu'il entrait dans l'étable, le matin.

Anselme Vernageau vint annoncer la mort du capitaine Alain Tireau au château des Établières, le samedi 27 février. Avant de rejoindre son commandement, le fils de Pierre-Antoine avait annoncé son désir de revenir au château après la guerre. Son père s'était félicité de cette décision. Il souhaitait depuis longtemps voir son fils s'intéresser à ses affaires et le préparer à prendre sa succession.

Trois semaines plus tard, Anselme revint aux Établières frapper cette fois à la porte de la jeune Joséphine. Le pli du ministère de la Guerre portait les habituelles informations laconiques : *Gilbert Bernard, zouave de deuxième classe, mort pour la France, décédé à la tranchée des Anglaises, près de Massiges, a été tué le 18 mars 1915, à 20 heures.*

Il n'aurait pas la joie de connaître son fils, Bernard, venu au monde pendant la nuit du 1er janvier. L'amoureuse petite Joséphine se mit à crier comme une folle. Elle était fragile. Elle avait souffert d'accoucher sans lui. Elle avait peur, toute seule, à dix-sept ans, dans sa maison. Elle ne vivait que dans l'espoir de son retour. Elle guettait le facteur. Elle cessa de s'occuper de son bébé. Elle oublia de lui donner le sein. Elle passa des jours et des nuits, en pleurs, devant la photo de Bernard, debout, le képi sur la tête, la capote boutonnée jusqu'au cou, une cigarette de Scaferlati entre les doigts. Marthe descendit à sa maison un matin où Joséphine devait venir à la ferme. Elle la trouva en chemise, pas coiffée, pâle comme la mort. Le petit, qui pleurait dans son berceau, n'avait pas été changé depuis la veille. Il n'y avait pas une couche propre pour le changer. Marthe tira le premier torchon venu de l'armoire et s'écria :

— Vous n'allez pas rester tous les deux comme ça dans ce miserere ! Tu vas venir t'installer un moment chez nous, le temps qu'il faudra. Tu reviendras chez toi quand tu iras mieux. Mais donne-lui à manger ! Tu ne vois pas qu'il me mange les doigts ?

Elle lui remit le nourrisson. Elle voulut enlever de la table la photo de Bernard. Joséphine cria comme si on lui arrachait le cœur. Marthe marchanda, la photo à la main.

— Donne-lui à téter, ou je garde la photo.

Joséphine sortit un beau sein blanc de sa chemise au mamelon gonflé et rose suintant le lait.

— Tu n'as pas honte, la réprimanda-t-elle, d'avoir de beaux tétés et de l'en priver ! Tu as encore de la chance de l'avoir, celui-là !

Elle s'était adoucie au spectacle de l'enfant happant le sein de sa mère et y appuyant sa menotte.

— Regarde cette canaille, il te caresse ! Crois-tu faire revenir son père, en laissant celui-ci mourir ? Tu crois que d'en haut il ne te le reprocherait pas ?

Marthe était aux aguets depuis le début de la guerre. Elle n'avait jamais voyagé et n'avait pas idée de la distance. Elle écoutait comme si les rumeurs de la guerre pouvaient se répandre jusqu'aux Établières. Elle sursautait au moindre bruit bizarre, comme s'il s'agissait d'un écho des combats. Elle contemplait les nuages poussés par le vent du nord en pensant qu'ils avaient survolé le champ de bataille. De son nez sensible elle humait l'air. Elle croyait y percevoir des relents de poudre.

Elle travaillait plus que jamais à un âge où elle aurait été en droit de prétendre au repos. Elle courait aux vaches, à la traite, aux cochons, aux poules, aux champs, à la cuisine. De temps en temps son cœur s'affolait. Elle portait la main à sa poitrine et s'encourageait à repartir, se fouettant d'un : « Marche donc ! » Augustin leur avait écrit : « Tenez bon ! » Elle voulait qu'à son retour il retrouve les choses en état. Elle sentait confusément qu'elle contribuait ainsi à le préserver. D'instinct elle se disait qu'un fléchissement à l'arrière le mettait en danger sur le front. Il était passé chez le photographe, lui aussi. Sa photo, avec ses horribles moustaches dissimulant toute sa belle figure, trônait sur la cheminée. Marthe s'adressait souvent à ce portrait, l'interrogeait. Elle s'épuisait à entretenir ses massifs de fleurs inutiles.

— Il faut continuer comme avant, n'est-ce pas ? disait-elle en prenant la photo à témoin. On va bêcher nos fleurs. Quand Augustin pense aux Établières, il voit la maison au milieu des parterres.

Élie travaillait dur, aussi. Il s'était mis à la charrue, était allé aux choux avec le fils de Pierre, de frêle constitution. Il peinait. Marthe s'en apercevait. Élie n'était pas de nature à se plaindre. Mais le soir, en se couchant, il poussait un profond soupir. Marthe lui cherchait la main sous les draps.

— Mon pauvre homme !

Augustin écrivit : *Je ne crois plus à une guerre courte. Tout semble installé pour durer. Vous dites que le prix des bêtes a augmenté. Peut-être feriez-vous bien de vendre pour vous soulager. Voyez avec M. Tireau. Je lui écris à ce sujet.* Mais M. Tireau était sous le coup de la mort de son fils. Il s'enfermait dans son bureau. On ne le voyait pas. Il n'avait pas paru choqué à l'annonce de la mort de son fils, à l'opposé de sa femme. Il s'était raidi. Il avait eu cette réflexion mal comprise :

— Nous avions deux fils. Il nous en reste encore un à donner à la patrie.

Le cadet, lieutenant, se battait sur le front d'Artois. M. Tireau n'évoqua pas la lettre d'Augustin. Marthe dit à Élie :

— Il a peut-être raison, Augustin. Ce serait mieux de vendre. On se débarrasserait des bœufs de trois ans que tu viens de dresser.

— Vendre les bœufs de trois ans ! se révolta Élie. Est-ce qu'on n'a pas passé l'hiver ? On serait beaux de vendre après six mois de guerre ce qu'on a mis des années à élever !

Marthe sourit. Elle partageait l'opinion d'Élie. Il était fatigué, sans doute, mais n'avait pas perdu courage.

2

Élise revint aux Établières le 15 juin. Le maire de La Chaize l'avait autorisée à mettre les enfants en vacances plus tôt à cause des gros travaux. D'ailleurs, même sans autorisation, les écoliers avaient déserté la classe dès les premiers beaux jours.

Elle offrit ses services aux fermes de son oncle. Elle le reconnaissait, elle avait éprouvé un vrai plaisir à travailler dans les champs. Elle avait aimé cette proximité de la terre, ces odeurs chaudes de récolte, et même la fatigue des journées de sueur et de poussière. Elle s'était aperçue de son ignorance. La philosophie des paysans lui était apparue frappée de bon sens. Elle était devenue avec eux plus attentive à la course du vent, à l'apparition d'un nuage au bout du ciel. Elle avait pensé à Augustin, comprenant mieux sa passion pour ces guérets, ces troupeaux pâturant dans les champs. Elle avait connu une liaison orageuse avec un inspecteur primaire de La Roche, qui lui avait proposé le mariage, et l'avait refusé pour être libre.

— Libre de quoi ? lui avait-il demandé, consterné, alors qu'il était sûr de lui et fier comme un pou de son titre d'inspecteur.

Il était persuadé d'offrir la chance de sa vie à cette petite institutrice de village. Il n'était pas vilain garçon par surcroît. L'évolution de sa carrière le conduirait à coup sûr à l'académie de Poitiers, peut-être à Paris. Leurs querelles, pensait-il, provenaient d'un complexe d'infériorité d'Élise. En l'épousant, il la ferait entrer dans le rang, et elle se résoudrait à son autorité.

— Libre d'aimer ! lui avait-elle répondu.

— Mais alors, tu ne m'aimes pas ? avait-il ajouté, stupéfait.

Elle avait souri, cruelle, rivant sur lui ses grands yeux clairs.

— Pas comme tu l'imagines. Je n'ai pas la nature à me convertir en esclave.

Ces paroles définitives avaient rompu leur liaison. Elle avait maintenant trente-neuf ans, aucun regret. Elle était libre.

Elle enfila le tablier de terre avec gourmandise, proposa ses services aux époux Guérin. Marthe vit surgir sa belle figure sous le fichu rouge avec sa mauvaise foi coutumière.

— Qu'est-ce qu'elle vient nous embêter encore, celle-là !

Elle comptait pourtant secrètement sur son secours pour soulager la fatigue de tous. Élise fut placée au tas de foin, dans la grange, sous les tuiles. Elle en sortit grise de poussière, poivrée, crachant, mouchant, pour prendre un peu d'air du dehors, et elle retourna ranger le foin. Marthe la considéra avec plus de sympathie et écrivit à Augustin : *Nous profitons de l'aide de la nièce de M. Tireau en vacances au château. Elle est vaillante. Elle tient sa place. Élie tousse. Il traîne un gros rhume depuis plusieurs semaines.*

Pour la moisson, Élise s'essaya à manier la faux à moissonner. Mais une longue expérience de cet outil était indispensable. Elle se contenta de lier le blé. Elle prit vite le coup de serrer les javelles contre sa poitrine, d'en réaliser une lourde brassée et de la ficeler avec de la paille de seigle. Elle enviait les gerbes d'Élie, trouvant les siennes mal formées, mal serrées, moins grosses. Élie disait à Marthe :

— Elle avance. Elle ne perd pas de temps. J'ai du mal à la suivre !

Augustin était resté soldat de liaison de la 133ᵉ, désignée compagnie de commandement et de service. Le colonel Henry avait son terrier derrière la grange. On y descendait par un escalier de rondins. Chaque nuit, la ferme d'Asnais bourdonnait d'une activité de ruche. Les convois de munitions tournaient dans la cour. Les ambulances aux flancs marqués de grandes croix s'emplissaient de leurs chargements de civières. Les roulantes recevaient des sacs de pommes de terre, des carcasses de bœuf. Le Covec se plaçait un fléau sur chaque épaule, y suspendait deux marmites et deux bidons de vin. Commis aux vivres, il accomplissait sa fonction avec un soin sourcilleux et prenait sa revanche sur des années de faim au ventre. Il avait engraissé. Il avait toujours les poches remplies de boîtes de singe subtilisées à la roulante. Il en donnait à Augustin, qui les mettait dans sa musette avant de partir accomplir sa tâche de facteur des premières lignes.

Le front était à un peu plus de un kilomètre. Augustin plongeait dans la tranchée de la cave, appelée naturellement « la tranchée d'Asnais ». Elle obliquait sur la droite et rejoignait l'intersection des tranchées des Viennoises et des Gretchen. L'adjudant Fricandier était le premier client de sa tournée d'abris-cavernes. Il aimait les cartes : le brelan, la coinchée, la manille, jouait de l'argent sur des empilements d'obus. À son arrivée dans l'abri, Augustin savait si le sort des cartes lui avait été favorable. Il montait ensuite plus avant vers la tranchée des Tantes et des Homosexuels. Le passage des Fatmas était particulièrement exposé. Les Allemands guettaient le surgissement de sa silhouette sur leur banquette de tir. Plusieurs fois, les balles avaient griffé le boyau au-dessus de sa tête, la mitrailleuse hoquetant à trois cents mètres. Les gars aimaient le voir paraître, ils lui adressaient un chaleureux : « Salut, facteur ! », s'empressant de cacheter leurs lettres, se remplaçant aux meurtrières pour venir aux nouvelles. Ils le regardaient avec des yeux étranges, reniflant sur lui les bonheurs de l'arrière. Il ne venait pas sans un journal qu'il ouvrait devant eux, alimentait leurs espoirs d'armistice, de permissions. Il annonça le remplacement des pantalons rouges par les uniformes bleu horizon et les casques d'acier. Certains députés des régions productrices de garance défendaient pourtant les couleurs vives : « Le pantalon rouge, c'est la France ! » Et *L'Écho de Paris* proclamait : « Bannir tout ce qui est coloré, tout ce qui donne au soldat son éclat, c'est aller à l'encontre du goût français et de la fonction militaire. »

La première ligne commençait plus loin encore, après la tranchée des Odalisques et des Tsiganes. Le no man's land ne mesurait que quelques dizaines de mètres par-delà les fortifications du Palatinat et de Magdebourg. Un soir d'été, Augustin fut appelé à glisser un œil à une meurtrière.

— Regarde, lui dit le soldat, appuyé à un crapouillot.

Augustin vit un couple de rats. Les soldats les avaient pris pour cible, d'un bord et de l'autre. Par une pratique convenue, ils faisaient durer le jeu. À tour de rôle, avec un respect scrupuleux de l'ordre de tir, ils « chauffaient les fesses » des rats. Ils les obligeaient à sortir des cratères d'obus, les débusquaient de quelques abris de métal. Ils faisaient voler les pierres autour d'eux. Quand un tir était bien ajusté, la tranchée d'en face applaudissait. Les deux grosses bêtes noires, affolées, cherchaient désespérément un abri et couraient dans tous les sens. Il sembla à Augustin entendre leurs cris aigus. Et puis l'une d'elles, frappée de plein fouet, décolla de terre. Les tireurs s'acharnèrent, la réduisirent en une mousse rouge. Le second rat boitait, blessé à la patte. Un Allemand lui blessa l'autre patte. Ce coup d'adresse fut salué par une ovation française. Le rat traîna son arrière-train dans la poussière, cerné par les nuages des balles. Blessé au ventre, couché sur le dos, il effectua de ridicules moulinets avec ses pattes et fut la cible de tous les tirs. La fusillade s'arrêta soudain. L'homme au crapouillot leva machinalement les yeux au ciel et grommela :

— Allez, la récréation est finie !

Quelques jours plus tard, Augustin interpella un soldat assis dans le boyau Guillaume. Bandes molletières défaites, l'homme martelait une douille d'obus avec un poinçon.

— Je cherche le lieutenant Billaud.

L'homme leva la tête.

— Jean-Marie !

— Augustin !

Ils se tombèrent dans les bras. La dernière fois qu'ils s'étaient tenus ainsi, ils se battaient. Ils s'étaient toujours évités depuis. Augustin s'assit près de lui sur la marche de terre.

— Qu'est-ce que tu deviens ?

Le grand valet grogna. Sa chemise était grise de crasse. Des saletés traînaient dans sa barbe autour de sa bouche.

— Qu'est-ce que tu veux devenir dans ce métier de chien !

— Fais voir.

Augustin lui enleva la douille de cuivre des mains. Jean-Marie avait commencé de marteler une jolie marguerite.

— Tu m'en feras une ?

— Si tu veux. Tu me diras ce que tu veux.

— Tu as des nouvelles du pays ?

Augustin revit sous le front bosselé de Jean-Marie le regard par en dessous qui exprimait son animosité.

— Qui veux-tu qui s'inquiète de moi ?

Augustin lui prit le poignet et dégagea sa plaque matricule : 4351. Ce geste d'amicale curiosité adoucit les traits durs de Jean-Marie.

— Si, j'ai reçu une carte et un colis de Valentine, il y a un mois.

Augustin sourit.

— C'est une brave fille.

Et puis :

— Tu l'aimais bien, Valentine. Pourquoi tu ne l'as pas demandée en mariage ?

— Tu connais l'histoire de la chèvre et des trois chevreaux ?

Augustin ne comprenait pas. Il hasarda :

— Une chèvre n'a que deux mamelles...

— Justement. Moi, je suis le troisième chevreau, et il n'y a pas de lait pour moi. Le patron ne me l'aurait jamais donnée et elle n'aurait pas voulu de moi.

— Qu'est-ce que tu en sais ? Valentine aurait sans doute été plus heureuse avec toi. Un jour on s'est trouvés sur le chemin des Fontenelles. Elle pleurait à cause de son mariage décidé par son père.

Jean-Marie ouvrit de grands yeux surpris.

— Tu aurais dû oser, Jean-Marie. Il faut oser dans la vie.

— Ce matin, un *Feldgrau* a osé ! grommela-t-il. Il s'est dressé au-dessus des lignes. Il a été descendu aussitôt.

— Ne fais pas l'idiot. Tiens, j'ai fauché ça à la roulante.

Il lui tendit une boîte de singe. Le grand valet sourit et demanda :

— Tu te souviens des choux ?

— Les choux ?

— Les choux dans la neige. C'était dur, dit Jean-Marie, rêveur, mais je cueillerais bien des tomberées de choux plutôt que de mener cette existence de bandit !

Le soldat de liaison Augustin Vernageau, matricule 2020, avait espéré dans ses dernières lettres une prochaine permission, mais il n'avait pas avancé de date pour ne pas entretenir de faux espoir.

Il descendit du tram des Moutiers comme un voleur, étonné par le silence du bourg. Il eut l'impression d'une terrible paralysie. La vie, l'agitation, le bruit étaient concentrés là-haut, sur les champs de mort des plaines du Nord. Pourtant, chaque pas sur le chemin des Établières le bouleversait. Il suffisait d'un détail : une tache de rouille dans le feuillage, une douce inclinaison de la terre fraîchement labourée aux bords de la Vie.

Il parlait à voix haute, tout seul, pour se décharger du trop-plein d'émotion. Tout était merveilleusement à sa place. Rien n'avait bougé. Les canons, les fusils, la folie des hommes n'avaient pas changé ici l'ordre des choses. Il s'emplit à grandes aspirations de l'air du pays, renifla ses odeurs ordinaires de terre, d'arbres, de vent salé. Il était bientôt midi. Une gaze de nuages voilait le soleil.

Il entra dans la cour des Établières. Il n'y avait personne, pas même le chien. Il trouva la clé sous la pierre, derrière le pot de géraniums, se débarrassa de son uniforme, enleva jusqu'à la chemise de peau. Il revêtit sa tenue de travail et sortit transformé. Il jeta un regard circulaire sur la cour en fermant la porte. L'acacia abandonnait quelques feuilles citron sous lui. Le pailler était aussi beau que par le passé. Le cochon poussait derrière la porte de son toit, ayant flairé sa présence.

Augustin hésita à aller vers l'étable, mais il s'empressa sur le chemin. Il avait deviné où ils étaient tous. Il avait reconnu les odeurs venues du château des Établières.

Il dépassa l'épaule du talus, s'arrêta à l'ombre des grands chênes, le cœur battant, découvrit les charrettes avec leurs cuves fixées par des câbles, les basses, les moulins à raisin, les échelles, les bœufs sous le joug, paisibles au bord de la haie. Il avait en ligne de mire le haut de la colline de Pot-de-Vin.

Réajustant sa casquette, il s'approcha de la barrière. Il entendait leurs voix, des cris d'enfants heureux. Ils étaient tous là, inclinés ou accroupis parmi les rangs de vigne dégringolant de la colline. Il essaya de reconnaître leurs taches de couleur dans la lumière tamisée. Son cœur sauta. La première qu'il voyait, c'était elle, justement. Elle montait à l'échelle de la charrette avec des baquets pleins de raisins blancs. Il s'avança, les jambes flageolantes.

— Bonjour ! dit-il.

Elle se retourna, et sa gorge rougit. Son menton, ses joues, son front prirent la couleur de son fichu sur sa tête. Il lui tendit la main. Les doigts d'Élise étaient collants de jus de raisin. Il s'abîma dans ses yeux clairs.

— Tu vas bien ? demanda-t-elle, sautant de ses yeux à ses joues, à son front, à sa moustache.

Et puis elle se défendit dans un murmure :

— Ne me regarde pas comme ça !

Alors un hurlement s'éleva du bas de la vigne, un cri de femme extraordinaire, venu des entrailles. Toutes les têtes des vendangeurs et des vendangeuses se relevèrent. Ils virent Marthe remonter la côte en courant, ramant avec ses bras d'un rang sur l'autre, s'arrêtant pour reprendre souffle. La côte était longue de deux cents mètres. Marthe tomba comme une pierre dans les bras d'Augustin.

— Ce n'est pas possible ! Ce n'est pas vrai !

Elle le palpait pour vérifier. Elle riait, pleurait.

— Pourquoi ne nous as-tu pas prévenus ?

Ils se rassemblèrent autour de lui et se bousculèrent pour le toucher, comme pour s'assurer qu'il était bien vivant. Augustin remarqua la fatigue d'Élie, sa moustache blanchie, les traits tirés de M. Tireau, aussi, ses joues creuses. La jeune Joséphine, seule, se tenait à l'écart. Le retour d'Augustin ravivait cruellement la blessure de l'absence de son mari. Augustin s'en aperçut et s'écria :

— Je suis venu travailler. Commandez. Dites-moi où je dois me mettre !

Ils dirent qu'il était l'heure du déjeuner.

— Non, non ! On peut reprendre le travail un moment !

Comme il n'avait pas de baquet, il se fit porteur, avec Élise. Il encouragea l'ardeur des vendangeurs. Les raisins étaient beaux. Il plaisanta, montra sa vigueur en portant plusieurs baquets dans chaque main. L'ardille de la colline fuyait sous ses sabots. Augustin se réjouissait de sentir ses pieds et ses jambes libres après les jours et les mois de croquenots et de bandes molletières.

Il poussa la perche du pressoir, sortit la râpe. Il reprit le rythme de ses longues journées de travail comme s'il était définitivement de retour. Marthe le réprimanda.

— Repose-toi. Tu n'es pas en trop bon état, tu sais !

— Prenez-vous le temps de vous reposer, vous autres ? Je trouve Élie très essoufflé.

— Oui, il soupire souvent depuis les premières chaleurs. Il est comme toi, il n'y a rien pour l'arrêter.

Augustin rechigna à parler de la guerre. Aux questions, il se contenta de répondre avec le regard sombre.

— Ce n'est pas un travail d'homme. On est descendu bien bas pour en être arrivé là !

Après un an, vingt-deux jeunes hommes avaient été tués dans la commune. Marthe dit qu'elle se réveillait en sursaut la nuit, parce qu'elle croyait entendre le grelot de la mule d'Anselme dans la cour. Augustin comprit la torpeur du village et l'ombre portée dans tous les regards. Élie avait conservé le cheptel en excellent état. Au moins, ses bêtes ne souffraient pas des horreurs de la guerre. Les prix flambaient à cause de la pénurie.

— On va mourir riches ! soupira-t-il.

Il montra les quatre veaux bons à vendre. Il n'avait pas

eu le temps de les conduire à la foire de septembre, ils attendraient celle de novembre. Il s'en prit aux vieux maquignons, Douillard compris, qui profitaient des circonstances pour acheter dans les étables bien en dessous des cours.

— Pourquoi, suggéra Augustin, n'organiseriez-vous pas un système de ramassage des bêtes dans la commune ? Vous les conduiriez par touches jusqu'aux foires, et vous les garantiriez au meilleur prix.

Tireau ne parut pas convaincu.

— Il faudrait que les paysans me fassent confiance. Si l'idée venait des Fontenelles, elle serait peut-être réalisable.

— Pourquoi ne le proposez-vous pas au château ? Pourquoi ne pas réaliser l'union sacrée, ici aussi ?

Tireau exhala un soupir las.

— Je n'ai pas envie de me lancer dans cette aventure en ce moment.

Augustin trouva la même lassitude à la Trézanne. Les Martineau, privés de valets, avaient laissé une partie de leurs terres en friche, s'étaient débarrassés du tiers de leur cheptel. L'état de la cour, jadis entretenue avec orgueil, laissa Augustin consterné. En peu de temps, tout paraissait livré à l'abandon. La belle allée du logis était maculée de chapelets de bouses. Même le parterre de roses était rempli de mauvaises herbes.

— Tu comprends, lui dit Martineau, nous ne sommes plus que trois, Mathilde, Noémie et moi. Nous ne pouvons pas tout faire.

— Sans doute. Mais vous n'avez pas l'inquiétude de perdre un ou plusieurs fils à la guerre.

— On a le souci de toi ! corrigea Robert Martineau, vexé.

Après un silence, il expliqua sur le ton de la confidence :

— Mathilde n'est plus la même depuis la mort de Benoîte. Elle se plaignait du temps passé à la soigner. Depuis sa naissance, elle l'avait toujours à l'idée. Cela ne l'empêchait pas de tenir sa place pour le reste. Maintenant que Benoîte n'est plus là, Mathilde semble avoir perdu la moitié de sa vie. Tu sais qu'elle gouvernait Noémie avec autorité. Aujourd'hui, c'est souvent la bonne qui commande. C'est drôle, l'attachement des gens entre eux. On n'aurait jamais cru que notre malheureuse enfant avait autant d'importance chez nous. Depuis son départ, la Trézanne est devenue un moulin qui n'a plus de grain à moudre.

Il s'excusa, montra la charrette en travers, devant la grange.

— Je sais que tout est en désordre, ici. Je me contente de garder nos affaires, à peu près. Tu remettras tout en place à ton retour. Prévois de prendre les commandes. Nous n'avons plus le goût de rien.

Le matin de son départ, Augustin quitta les vendangeurs de Pot-de-Vin pour aller visiter les labours. Il s'était réveillé avec une violente envie de labourer, et il regrettait à présent de ne pas s'être laissé aller à ce caprice. La brume d'automne noyait les fonds. Les châtaigniers laissaient tomber leurs feuilles en pluie et, en marchant, il les chassait devant lui à grands coups de sabots.

Il s'agenouilla pour ramasser trois têtes de cèpes au pied d'un chêne, et ses narines se dilatèrent à leur odeur. Il ne sut pas où les mettre et les déposa dans sa casquette. Il s'avança dans le labour du champ de la Grue, une des meilleures terres des Établières, doucement déclive, plus sèche sur le sommet. Il s'accroupit pour estimer la profondeur des sillons et fut de nouveau pris par son désir de labour. Il écrasa une motte de terre entre ses doigts. Il était privé de ce bonheur depuis plus de un an. Il n'aimait rien tant que peser sur les mancherons et entendre la terre gémir en s'ouvrant. Il pensa qu'il aurait du mal à reprendre le train pour les labours de Champagne. Il avait volontairement tout oublié pendant ces quelques jours. Il avait retrouvé les gestes de la vie et de l'amitié avec le monde. Il avait ri en voyant couler le jus de la vigne à la gouttière du pressoir.

Il se redressa et vit une compagnie de perdrix se tapir dans les sillons et se confondre avec le champ. Il leur lança sa poignée de terre. Les perdrix s'envolèrent. Il s'en voulut de ce geste idiot. Les bruits de la guerre lui revinrent.

Il poussa jusqu'à la gîte où il ramassait les châtaignes avec son grand-père, à la limite des Établières. De la hauteur, il apercevait les toits rouges de Mortevieille parmi la verdure. Un filet de fumée s'élevait de la cheminée. Il n'était pas allé rendre visite à l'oncle Moïse. Pierrot avait été blessé en Artois. Des bruits divers couraient sur la gravité de sa blessure à la tête. Il se pencha et chercha au loin parmi la végétation de la lande des genêts. Il retrouva la tête fière du noyer de sa grand-mère. L'arbre dominait toujours le paysage. Son feuillage plus sombre avait une densité de granit. Les autres arbres l'entouraient avec modestie. Il lui parla, s'excusa de ne pas descendre jusqu'à lui et lui promit, les poings serrés, de revenir un jour goûter ses noix.

Il revint à la vigne. Des bras de soleil roux s'allongeaient sur les rangs à travers les brumes. Élise était montée sur la charrette. Il empoigna la manivelle du moulin à raisin. Elle versa un baquet.

— J'ai trouvé des cèpes. Ils sont pour toi. Cela te plaît-il de faire la paysanne ?

Un éclair de défi passa dans les yeux d'Élise. Augustin ressentit le même coup douloureux au cœur qu'un moment plus tôt dans les labours. Élise avait la splendeur de la femme dans son plein épanouissement. Les travaux des champs lui avaient hâlé le visage et les bras. Sa bouche était rouge sang.

— Je ne « fais » pas la paysanne ! dit-elle.

Et puis elle convint :

— Oui, ça me plait.

Elle leva le bras pour verser un autre baquet dans l'entonnoir du moulin. Sa poitrine ronde gonflait son corsage, offerte. Il eut envie de presser son corps contre le sien. Il posa la main sur sa taille serrée par le tablier. Elle lui adressa un regard attendri, nullement farouche, et des étoiles blondes s'allumèrent dans ses yeux. Il entendit alors cette parole moqueuse, venue de l'enfance :

— Tu as des prunelles couleur de violette, Augustin Vernageau !

Elle rit comme une gamine.

— Je ne suis pas d'accord avec Marthe. Je trouve que la moustache te va bien. Elle te donne un air plus..., plus...

Le rouge commença de lui prendre la gorge, le menton.

—... plus sauvage ! acheva-t-elle.

Augustin n'avait pas ôté la main de sa taille. Il en épousait la rondeur. Il la sentait frémir sous ses doigts. Il en éprouvait la chaleur à travers les vêtements.

— J'ai honte, fit-elle avec une grimace, cela ne me passe pas. Je ne parviens pas à m'empêcher de rougir.

— Tant mieux, j'aime que cela ne te passe pas.

Du poignet elle se frotta la racine des cheveux que le rouge venait d'atteindre. Elle redevint grave.

— Tu m'écriras ?

Il y avait de la supplication dans son regard.

— Je t'ai écrit dix lettres. Je n'ai pas osé te les envoyer.

Il leva les yeux. Les vendangeurs et les vendangeuses, le nez levé, contemplaient leur tête-à-tête sur la charrette. M. Tireau feignit de s'affairer à la poursuite d'une grappe à travers le pampre. Marthe s'épanouit dans un sourire. Augustin relança la manivelle du moulin.

3

Le Covec avait souhaité accompagner Augustin dans sa tournée de liaison. Le capitaine l'avait autorisé à le suivre pour saluer une section de compatriotes en première ligne. Le Covec emportait pour eux un bouteillon de vin et deux flacons d'eau-de-vie dissimulés sous sa capote. La pluie tombait en abondance depuis octobre. Les soldats pataugeaient dans la boue, remontaient la terre effondrée, renforçaient les remblais avec des madriers.

— Quelle soupière ! gronda Le Covec en glissant sur une plaque de glaise blanche. Ça ne peut pas être pire.

Est-ce qu'ici tout n'était pas pire ? Le Covec n'en revenait pas de la facilité d'Augustin à circuler dans ce labyrinthe. Il n'hésitait jamais aux intersections, lui indiquait les noms des boyaux. La géographie de ce réseau souterrain n'avait pas de secret pour lui, et Le Covec répétait, la bouche ronde :

— Ben, mon vieux ! Ben, mon vieux ! Si je n'étais pas avec toi, je me perdrais !

Augustin lui signalait les tranchées prises aux Allemands, reconnaissables à leurs défenses de fer. L'explosion d'un premier obus les surprit dans la tranchée des Odalisques à mi-chemin d'un abri. Ils s'aplatirent contre la paroi de terre. La boue vola. Le sol fut secoué de tremblements. Une fumée à l'odeur de poudre les enveloppa.

— Les fumiers, hurla Le Covec, ils ne pouvaient pas attendre !

Augustin connaissait le vol des obus. Leur sifflement lui indiquait où ils allaient tomber. Par réflexe, il rentrait la tête dans les épaules lorsque leur souffle devenait menaçant. La joue collée contre la terre, il la sentait palpiter, vivante. Les crapouillots français entrèrent dans la danse. Les détonations sèches de leurs tuyaux courts se succédèrent plus loin dans la tranchée à un rythme accéléré. Augustin vit la main de Le Covec tâtonner dans la boue. Il tendit la sienne.

— Ne bouge pas ! lui cria-t-il, en refermant les doigts sur cette main grosse comme un battoir.

Un obus en bout de course rasait la tranchée. La terre trembla. Des mottes de terre giclèrent sur eux. Le Covec sursauta. Augustin lui serra la main plus fort. Peu à peu le bombardement s'éloigna. Le plus fort de l'orage paraissait passé. Ils relevèrent la tête, regardèrent le ciel au-dessus d'eux. La nue grise s'était ouverte. Un peu de bleu paraissait au fond de la déchirure.

— Saloperie, dit Augustin, j'en ai plein les moustaches.

Il essaya d'enlever la boue et s'en barbouilla.

— On va courir jusqu'à la cagna. On sera à l'abri.

Le Covec hocha la tête, pas fier, son bouteillon de fer-blanc plein de boue contre sa jambe.

— Ça va ? lui demanda Augustin.

— Ça va.

— Tu me suis. Fais-toi petit, comme moi.

Il s'emplit de deux grandes bouffées d air et s'élança. Le passage le plus dangereux, il le savait, était le tournant de la Croix. Il le franchit presque à genoux, en crabe, se retourna vers Le Covec et lui fit signe. Une mitrailleuse balayait au-dessus, ses griffes raclaient la terre. Le Covec s'avança. Augustin allait s'approcher des nids-de-pie des artilleurs autour de la cagna. Un claquement sec de métal l'alerta, et aussitôt une odeur de vin. Il se retourna, vit le bouteillon éventré dégorger son vin.

— Bon Dieu, Le Covec ! l'engueula-t-il.

Il vit alors son vieux copain tourner les bras comme un moulin. Il pensa au rat blessé battant des pattes. Il se précipita vers lui, le tira à l'abri. Le Covec le regarda, désolé, ramena sur son ventre ouvert une de ses grandes mains qui ruissela de sang aussitôt.

— Bon Dieu de bon Dieu ! cria Augustin en écartant cette main plongée dans les tripes, qu'est-ce que tu as fait ?

Le Covec ne répondit pas. Ses yeux étaient fixés à la fenêtre de ciel bleu, immobiles, comme des pierres. Augustin, occupé, n'entendit pas venir l'obus. La tranchée explosa. Le Covec fut soulevé de terre. Augustin fut recouvert de sang. Il ne savait pas si c'était le sien ou celui de son copain. Il se mit à courir en hurlant et s'effondra quelques mètres plus loin.

Il s'éveilla. Il était avec Élie à la Trézanne. Le taureau s'était échappé. Ils s'avançaient pour le calmer. Le taureau les chargeait, coinçait Augustin contre le mur de l'écurie, lui écrasait le bras. Il hurlait. Il hurla. Ses cris en suscitèrent d'autres dans la grande salle grise d'hôpital. Des blessés s'agitèrent. Quelqu'un cria :

— Ta gueule !

Des pas précipités s'approchèrent de son lit. Il distingua une religieuse en robe grise et à cornette blanche.

Plus tard, bien plus tard, réveillé à nouveau par la douleur dans son bras, il voulut voir le pansement. Une boue d'éther lui alourdissait la langue. Il ne trouva rien d'abord, puis la manche de sa chemise, vide. Il remonta ainsi jusqu'à l'épaule. Il n'avait plus de bras gauche. Il était manchot. Il était manchot. Il hurla de nouveau.

Plus tard, il découvrit la pile de lettres sur la table de nuit, et un colis, près de son verre et de la cuiller.

— Vous avez de la chance, lui dit sœur Claire, on vous écrit beaucoup. Voulez-vous que je vous lise vos lettres ? Il y a aussi un colis avec du chocolat, mais il est encore trop tôt pour vous autoriser à en manger.

Elle s'assit auprès de son lit. Les lettres étaient, pour la plupart, de Marthe et d'Élise. Elles ne recevaient pas de nouvelles, s'alarmaient. Sœur Claire avait pris sur elle de les informer. Elle leur avait appris l'amputation du bras gauche d'Augustin.

Le chirurgien avait d'abord coupé jusqu'au coude dans la caverne-hôpital du front, en arrière de la ferme d'Asnais, et avait retiré les éclats de schrapnell des deux cuisses, du mollet, de la poitrine. Augustin avait été ensuite expédié vers l'arrière, avec moins d'une chance sur deux de survivre. Il avait été chargé, inconscient, dans un wagon sanitaire, le carton d'identité en collier sur la poitrine. La gangrène avait pris le bras, et il avait fallu amputer d'urgence jusqu'à l'épaule à son arrivée dans cet hôpital de Marly-le-Roi.

Les femmes ne tarissaient pas de paroles de satisfaction à la nouvelle de sa guérison annoncée. Elles paraissaient avoir oublié l'absence de son bras. Augustin se mit à pleurer.

— Vous n'avez pas honte ? le gronda sœur Claire. Vous êtes vivant. Préférez-vous entrer, tout entier, tout de suite, dans votre éternité, ou continuer de vivre avec un bras en moins un peu plus longtemps ? Il semble que ces femmes tiennent à vous. Elles vous aiment.

Sœur Claire avait un beau visage de madone sous la coiffe. Elle ne devait pas avoir plus de trente ans. Ses yeux verts, très doux, étaient remplis de compassion. Elle avait lu :

Cher Augustin,

J'ai cru devenir folle lorsque Élie m'a annoncé la nouvelle. Le pire est de ne pas savoir. « Blessé grièvement », qu'est-ce que cela veut dire ? Je passe de l'espoir le plus fou aux plus sombres pensées. Blessé, cela veut dire que tu es vivant. Grièvement : que t'ont-ils fait ? De quoi souffres-tu ? Je m'oblige à faire mon travail de chaque jour pour ne pas devenir folle d'inquiétude...

Mon cher Augustin

Où es-tu ? Que fais-tu ? Tu ne peux pas me laisser plus longtemps sans nouvelles. Je suis allée demander des informations à la caserne du 93e. Un vieil adjudant m'a envoyée promener...

Mon ami, à moi,

Il neige. La cloche de la vieille église romane de La Chaize sonne un glas. Il annonce la mort d'un jeune gars de vingt-deux ans, le frère d'une de mes petites élèves...

Ma vie, mon tout,

J'ai reçu la lettre de la sœur qui te soigne. Tu vas vivre ! Égoïstement j'ai pensé : nous allons vivre ! Peut-être allons-nous enfin connaître la fin de nos misères. Cette sœur m'a l'air très gentille. J'espère qu'elle ne l'est pas trop. Je suis méchante. Laisse-toi soigner, dorloter. Pense que c'est moi qui te soigne, mon petit époux. Dès que ton corps ira mieux, je m'occuperai de ton cœur qui a besoin des plus pressantes attentions. Viens vite.

Chaque soir, à la nuit tombée, les soins achevés, sœur Claire ne se retirait pas pour prier avec ses sœurs dans la chapelle de l'hôpital. Elle s'asseyait près du lit d'un blessé et récitait son chapelet. Elle était discrète. Elle glissait les mains dans la poche ventrale de son tablier pour empêcher son chapelet de cliqueter. Certains l'envoyaient promener.

— Vous nous emmerdez, ma sœur, avec vos oremus !

La plupart appréciaient la présence de cette femme à leur côté. En fin de soirée, la question devenait essentielle dans la salle des grands blessés : auprès de qui va-t-elle aller prier ?

Souvent elle se postait auprès des lits de blessés inconscients. Car de nouvelles fournées arrivaient sans cesse.

C'est un beau matin d'hiver 1916. La gelée blanche fond sur le toit d'ardoise du pavillon d'en face, seule vision du dehors à partir du lit d'Augustin. Des nuées d'un blanc de craie défilent, venant du sud. De temps à autre, l'une d'elles, plus volumineuse, fait écran au soleil. Il la perce de rayons, il la chauffe, il la ceint de ses bras, jusqu'à ce qu'elle lui cède et abandonne la place. Augustin mesure l'intensité du soleil à la réduction progressive de la surface de gelée blanche sur le toit. Des moineaux s'agrippent à la gouttière, s'ébrouent au soleil, piaillent. Leur bec s'ouvre. Augustin va mieux, il reprend appétit.

— C'est heureux ! lui a dit sœur Claire. Il ne vous reste plus que la peau sur les os.

Et puis, avec une vraie tristesse :

— Nous allons bientôt nous quitter. Vous allez passer en face, dans le pavillon des convalescents.

Elle l'a fait asseoir au bord du lit. Il a les jambes bandées de lourds pansements. Il a essayé de poser les pieds sur le carrelage. La tête lui a tourné. La sœur a souri.

— Recouchez-vous !

Et en le bordant, avec un sourire complice :

— Vous resterez un peu plus longtemps avec moi.

Augustin pense à sœur Claire, qui est arrachée à ses malades par leur bonne santé ou leur mort. On lui a amené un nouveau voisin, la veille. Il geint, délire. Il est blessé au ventre. Sœur Claire vient sans cesse lui rendre visite, soucieuse. Le médecin a eu cette parole peu encourageante au pied de son lit :

— Faites avec lui aussi bien que vous pourrez, ma sœur !

Augustin pense à son camarade Le Covec et à sa main posée sur ses tripes pour contenir son ventre ouvert. Dès qu'il ira un peu mieux, il écrira à sa famille. Le Covec le fixe encore avec surprise de ses yeux confiants. Augustin n'a écrit jusqu'à présent que quelques mots, d'une main tremblée, au bas de deux lettres dictées à sœur Claire, et envoyées aux Établières et à La Chaize. Il a déjà éprouvé la difficulté d'écrire sans main gauche pour maintenir la feuille.

Il pense à Élise. Il a honte en s'imaginant devant elle avec sa manche vide. Elle est en droit de le refuser tel qu'il est devenu. Il tire de dessous son oreiller la photographie qu'elle a jointe à l'une de ses lettres. Elle le regarde. Elle lui dit qu'elle n'a pas attendu si longtemps pour faire la difficile, à cause d'un bras.

Il pense que la prochaine paire de bœufs des Établières, il les appellera Asnais et Marly.

La sœur Bernadette l'a rasé, ce matin. Elle est petite, vieille. Elle a de la barbe. Elle fait la toilette des blessés en se gendarmant. Elle n'a pas la main douce. Elle passe son rasoir sur le cuir avec la vivacité d'un boucher aiguisant son couteau.

— Je vais vous faire la peau !

Elle lui a raclé le visage à grands coups de rasoir énergiques. Elle ne l'a pas coupé. Elle lui a proposé :

— Voulez-vous que je vous taille cette moustache qui vous cache la bouche ?

Il a accepté. Elle avait des ciseaux. Il a précisé :

— Mais pas trop !

Elle a grommelé :

— N'aie pas peur. Je sais faire. Depuis le temps que je lave, que je rase, que je taille !

Il se caresse le menton, rasé de frais. Il tire sur les poils de sa moustache. Est-ce qu'il rêve ? Sœur Claire s'avance entre la double rangée de lits. Elle est suivie. Elle sourit.

— Vous avez de la visite, Augustin !

Elle s'écarte. Mon Dieu, est-ce possible ? Est-ce bien Marthe et Élise ? Elles lui sourient. Elles pleurent. Les yeux d'Augustin s'emplissent. Marthe court vers le lit en pouffant. L'émotion la suffoque. Elle tend les bras. Elle l'embrasse. Elle pose sur ses joues des baisers bruyants. Elle dit :

— Mon petit ! Mon Augustin ! Te voilà !

Elle constate :

— Comme ils me l'ont fait !

Elle lui tapote les joues. Elle lui passe la main dans les cheveux. Elle a gardé l'anse de son panier noir à double couvercle dans la saignée du bras. Elle fait semblant de ne pas voir sa manche vide. Il la lui montre de la main. Elle secoue la tête.

— Tu es là !

Elle se détourne, s'écarte. Élise s'avance. Mon Dieu, comme elle est vivante ! Est-ce si beau, la vie ? Elle porte un chapeau avec une plume blanche. Comme elle pleure ! Comme elle sourit ! Comme ses yeux débordent de rivières d'or ! Comme elle a les mains chaudes ! Elle se penche, elle embrasse ses joues fraîchement rasées.

— Embrassez-vous mieux que ça ! pleure Marthe en s'essuyant les yeux et les joues avec son mouchoir.

Elle se détourne pour laisser Élise et Augustin s'embrasser en paix. Dressant le rempart de leurs corps, sœur Claire et Marthe les protègent des regards indiscrets.

TABLE DES MATIÈRES

ROMANS DE TERROIR EN POCKET

ANGLADE Jean
La bonne rosée
Le jardin de Mercure
Un parrain de cendre
Les permissions de mai
Qui t'a fait prince?
Le tilleul du soir
Le tour de doigt
Les ventres jaunes
Le voleur de coloquintes
Une pomme oubliée
Y'a pas de bon Dieu
La soupe à la fourchette
Un lit d'aubépine

ARMAND Marie-Paul
La courée
  tome 1
  tome 2, Louise
  tome 3, Benoit
La maîtresse d'école

BIÉVILLE (DE) Clémence
L'été des hannetons

BORDES Gilbert
Angélus de minuit
Le porteur de destins
Le chasseur de papillons
La nuit des hulottes
Le roi en son moulin
Le chat derrière la vitre
Un cheval sous la lune
Ce soir, il fera jour

BRADY Joan
L'enfant loué

CARRIERE Jean
L'épervier de Maheux

CORNAILLE Didier
Les labours d'hiver

COULONGES Georges
La liberté sur la montagne
La fête des écoles
La Madelon de l'an 40

HUMBERT Denis
La Malvialle
Un si joli village

JEURY Michel
La source au trésor
L'année du certif

MAZEAU Jacques
Le pré aux corbeaux

MICHELET Claude
Des grives aux loups
Les palombes ne passeront plus
L'appel des engoulevents
Cette terre est la vôtre
La grande muraille
J'ai choisi la terre
Rocheflame
Une fois sept
Vive l'heure d'hiver
La nuit de Calama
Histoire des paysans de France

MICHELET Claude et Bernadette
Les quatre saisons en Limousin

MULLER Marie-Martine
Terre mégère
Les amants du Pont d'Espagne
Froidure, le berger magnifique

PEYRAMAURE Michel
Les tambours sauvages
Les flammes du paradis
L'orange de Noël
Les demoiselles des écoles
Pacifique Sud

SAND George
La mare au diable
La petite Fadette

SEIGNOLLE Claude
Le diable en sabots

La malvenue
Marie la Louve
La nuit des halles
Le rond des sorciers

SIGNOL Christian
Les cailloux bleus
Les menthes sauvages
Adeline en Périgord
Les amandiers fleurissaient rouge
L'âme de la vallée
Antonin, paysan du Causse
Les chemins d'étoile
Marie des Brebis
La rivière Espérance
Le royaume du fleuve
L'enfant des terres blondes

TILLINAC Denis
L'été anglais
L'hôtel Kaolack
L'Irlandaise du Dakar
Maisons de famille
Le jeu et la chandelle

ÉGALEMENT CHEZ POCKET LITTÉRATURE « GÉNÉRALE »

Alberoni Francesco
Le choc amoureux
L'érotisme
L'amitié
Le vol nuptial
Les envieux
La morale

Arnaud Georges
Le salaire de la peur

Barjavel René
Les chemins de Katmandou
Les dames à la licorne
Le grand secret
La nuit des temps
Une rose au paradis

Berberova Nina
Histoire de la baronne Boudberg
Tchaïkovski

Bernanos Georges
Journal d'un curé de campagne
Nouvelle histoire de Mouchette
Un crime

Besson Patrick
Le dîner de fille

Blanc Henri-Frédéric
Combats de fauves au crépuscule
Jeu de massacre

Boulgakov Michael
Le maître et Marguerite
La garde blanche

Boulle Pierre
La baleine des Malouines
L'épreuve des hommes blancs
La planète des singes
Le pont de la rivière Kwaï
William Conrad

Boyle T. C.
Water Music

Bragance Anne
Anibal
Le voyageur de noces
Le chagrin des Resslingen

Brontë Charlotte
Jane Eyre

Burgess Anthony
L'orange mécanique
Le Testament de l'orange

Buzzati Dino
Le désert des Tartares
Le K
Nouvelles (Bilingue)

Carrière Jean
L'épervier de Maheux

Carrière Jean-Claude
La controverse de Valladolid
Le Mahabharata
La paix des braves
Simon le mage

Cesbron Gilbert
Il est minuit, Docteur Schweitzer

Chandernagor Françoise
L'allée du roi

Chang Jung
Les cygnes sauvages

Chateaureynaud G.-O.
Le congrès de fantomologie

Cholodenko Marc
Le roi des fées

Courrière Yves
Joseph Kessel

David-Néel Alexandra
Au pays des brigands gentilshommes

Le bouddhisme du Bouddha
Immortalité et réincarnation
L'Inde où j'ai vécu
Journal
  tome 1
  tome 2
Le Lama aux cinq sagesses
Magie d'amour et magie noire
Mystiques et magiciens du Tibet
La puissance du néant
Le sortilège du mystère
Sous une nuée d'orages
Voyage d'une Parisienne à Lhassa
La lampe de sagesse
la vie surhumaine de Guésar de Ling

DENIAU JEAN-FRANÇOIS
La Désirade
L'empire nocturne
Le secret du roi des serpents
Un héros très discret
Mémoires de 7 vies

FERNANDEZ DOMINIQUE
Le promeneur amoureux

FITZGERALD SCOTT
Un diamant gros comme le Ritz

FORESTER CECIL SCOTT
Aspirant de marine
Lieutenant de marine
Seul maître à bord
Trésor de guerre
Retour à bon port
Le vaisseau de ligne
Pavillon haut
Le seigneur de la mer
Lord Hornblower
Mission aux Antilles

FRANCE ANATOLE
Crainquebille
L'île des pingouins

FRANCK Dan/VAUTRIN JEAN
La dame de Berlin
Le temps des cerises
Les noces de Guernica

GENEVOIX MAURICE
Beau François
Bestiaire enchanté
Bestiaire sans oubli
La forêt perdue
Le jardin dans l'île
La Loire, Agnès et les garçons
Le roman de Renard
Tendre bestiaire

GIROUD FRANÇOISE
Alma Mahler
Jenny Marx

GRÈCE MICHEL DE
Le dernier sultan
L'envers du soleil – Louis XIV
La femme sacrée
Le palais des larmes
La Bouboulina

HERMARY-VIEILLE CATHERINE
Un amour fou
Lola

INOUÉ YASUSHI
Le geste des Sanada

JACQ CHRISTIAN
L'affaire Toutankhamon
Champollion l'Egyptien
Maître Hiram et le roi Salomon
Pour l'amour de Philae
Le Juge d'Egypte
  1. La pyramide assassinée
  2. La loi du désert
  3. La justice du Vizir
La reine soleil
Barrage sur le Nil
Le moine et le vénérable
Sagesse égyptienne
Ramsès
  1. Le fils de la lumière
  2. Le temple des millions d'années
  3. La bataille de Kadesh
  4. La dame d'Abou Simbel

JOYCE JAMES
Les gens de Dublin

Kafka Franz
Le château
Le procès

Kazantzaki Nikos
Alexis Zorba
Le Christ recrucifié
La dernière tentation du Christ
Lettre au Greco
Le pauvre d'Assise

Kessel Joseph
Les amants du Tage
L'armée des ombres
Le coup de grâce
Fortune carrée
Pour l'honneur

Lainé Pascal
Elena

Lapierre Dominique
La cité de la joie

Lapierre Dominique
et Collins Larry
Cette nuit la liberté
Le cinquième cavalier
Ô Jérusalem
... ou tu porteras mon deuil
Paris brûle-t-il ?

Lawrence D.H.
L'amant de Lady Chatterley

Léautaud Paul
Le petit ouvrage inachevé

Levi Primo
Si c'est un homme

Lewis Roy
Le dernier roi socialiste
Pourquoi j'ai mangé mon père

Loti Pierre
Pêcheur d'Islande

Mauriac François
Le romancier et ses personnages
Le sagouin

Messina Anna
La maison dans l'impasse

Michener James A.
Alaska
1. La citadelle de glace
2. La ceinture de feu
Caraïbes (2 tomes)
Hawaii (2 tomes)
Mexique

Mimouni Rachid
De la barbarie en général et de l'intégrisme en particulier
Le fleuve détourné
Une peine à vivre
Tombéza
La malédiction
Le printemps n'en sera que plus beau
Chroniques de Tanger

Monteilhet Hubert
Néropolis

Montupet Janine
La dentellière d'Alençon
La jeune amante
Un goût de miel et de bonheur sauvage

Morgièvre Richard
Fausto
Andrée
Cueille le jour

Nakagami Kenji
La mer aux arbres morts
Mille ans de plaisir

Nasr Eddin Hodja
Sublimes paroles et idioties

Nin Anaïs
Henry et June (Carnets secrets)

Perec Georges
Les choses

Queffelec Yann
La femme sous l'horizon
Le maître des chimères

Prends garde au loup
La menace

Radiguet Raymond
Le diable au corps

Ramuz C.F.
La pensée remonte les fleuves

Rey Françoise
La femme de papier
La rencontre
Nuits d'encre
Marcel facteur

Rouanet Marie
Nous les filles

Sagan Françoise
Aimez-vous Brahms...
... et toute ma sympathie
Bonjour tristesse
La chamade
Le chien couchant
Dans un mois, dans un an
Les faux-fuyants
Le garde du cœur
La laisse
Les merveilleux nuages
Musiques de scènes
Répliques
Sarah Bernhardt
Un certain sourire
Un orage immobile
Un piano dans l'herbe
Un profil perdu
Un chagrin de passage
Les violons parfois
Le lit défait
Un peu de soleil dans l'eau froide

Salinger Jerome-David
L'attrape-cœur
Nouvelles

Stocker Bram
Dracula

Tartt Donna
Le maître des illusions

Troyat Henri
Faux jour
La fosse commune
Grandeur nature
Le mort saisit le vif
Les semailles et les moissons
1. Les semailles et les moissons
2. Amélie
3. La Grive
4. Tendre et violente Elisabeth
5. La rencontre
La tête sur les épaules

Vialatte Alexandre
Antiquité du grand chosier
Badonce et les créatures
Les bananes de Königsberg
Les champignons du détroit de Behring
Chronique des grands micmacs
Dernières nouvelles de l'homme
L'éléphant est irréfutable
L'éloge du homard et autres insectes utiles
Et c'est ainsi qu'Allah est grand
La porte de Bath Rahbim

Wallace Lewis
Ben-Hur

Waltari Mika
Les amants de Byzance
Jean le Pérégrin

Achevé d'imprimer en mars 1998
sur les presses de l'Imprimerie Bussière
à Saint-Amand (Cher)

POCKET - 12, avenue d'Italie - 75627 Paris Cedex 13
Tél. : 01-44-16-05-00

— N° d'imp. 702. —
Dépôt légal : mars 1998.

Imprimé en France